TESTE MUNHO

DARCY RIBEIRO por ele mesmo

TESTE MUNHO

1ª edição

EDITORA RECORD
RIO DE JANEIRO • SÃO PAULO
2022

DARCY RIBEIRO
1922 - 2022

EDITOR-EXECUTIVO:
Rodrigo Lacerda

GERENTE EDITORIAL:
Duda Costa

ASSISTENTES EDITORIAIS:
Thaís Lima
Caíque Gomes
Nathalia Necchy (estagiária)

CRONOLOGIA:
José Domingos de Brito

PREPARAÇÃO DE ORIGINAL:
Maria Carolina Fenati

REVISÃO:
Cristina Freixinho e Wendell Setúbal

DIAGRAMAÇÃO:
Myla Guimarães (estagiária)

FOTOS DO ENCARTE:
Heinz Foerthmann (foto 2) e Acervo Fundação Darcy Ribeiro (demais fotos)

CIP-BRASIL. CATALOGAÇÃO NA PUBLICAÇÃO
SINDICATO NACIONAL DOS EDITORES DE LIVROS, RJ

R227t

Ribeiro, Darcy, 1922-1997
    Testemunho: Darcy Ribeiro por ele mesmo / Darcy Ribeiro. - 1. ed. - Rio de Janeiro : Record, 2022.

    Inclui bibliografia
    ISBN 978-65-5587-449-5

    1. Ribeiro, Darcy, 1922-1997. 2. Antropólogos - Biografia - Brasil. I. Título.

21-75092

CDD: 923
CDU: 929:572.028

Meri Gleice Rodrigues de Souza - Bibliotecária - CRB-7/6439

Copyright © Fundação Darcy Ribeiro, 1990, 1998 e 2022

Todos os esforços foram feitos para localizar os fotógrafos das imagens reproduzidas neste livro. A editora compromete-se a dar os devidos créditos numa próxima edição, caso os autores as reconheçam e possam provar sua autoria. Nossa intenção é divulgar o material iconográfico que marcou uma época, sem qualquer intuito de violar direitos de terceiros.

Todos os direitos reservados. Proibida a reprodução, armazenamento ou transmissão de partes deste livro, através de quaisquer meios, sem prévia autorização por escrito.

Texto revisado segundo o novo Acordo Ortográfico da Língua Portuguesa.

Direitos exclusivos desta edição reservados pela
EDITORA RECORD LTDA.
Rua Argentina, 171 – Rio de Janeiro, RJ – 20921-380 – Tel.: (21) 2585-2000.

Impresso no Brasil

ISBN 978-65-5587-449-5

Seja um leitor preferencial Record.
Cadastre-se em www.record.com.br
e receba informações sobre nossos
lançamentos e nossas promoções.

Atendimento e venda direta ao leitor:
sac@record.com.br

*Sem o zelo e a ajuda
de meus queridos
Mércio, Eric e Elyan
você não teria, hoje,
este novo livro meu para ler.*

Sumário

Sobre esta edição   11
Anotações sobre Darcy Ribeiro, *por Eric Nepomuceno*   13

I - Vivendo

    Ninguém me ama, ninguém me quer...   21
    Loa   23
    De fracasso em fracasso   25
    Sentimento do mundo   29
    Confissão   33
    Que rei sou eu?   35
    Amores   39

II – Etnologando

    [Meus mestres]   49
    Aprendizado   51
    [Gilberto Freyre]   55
    No ofício   57

Ética para antropólogos — 63
Transfiguração étnica — 65

III – Meus índios

[O encantamento] — 71
[Micro e macroetnias] — 75
Variantes — 79
Os Kadiwéu — 81
Os Tupi-Guarani — 83
Outros povos — 87

IV – Amazônia

[A voz da floresta] — 93
Éden e Inferno — 97
O assalto da civilização — 101
Amazônia, fronteira viva — 105
Réquiem — 109

V – Antropologando

[Ambições antropológicas] — 113
Antropologia dialética — 115
Antropologia da civilização — 119
O processo civilizatório — 121
[Ainda sobre *O processo civilizatório*] — 127
As Américas e a civilização — 131
O dilema da América Latina — 139
Os brasileiros — 147

VI – América Latina

[A língua inventada] — 155
[A unidade resultante] — 161

Tipologia política latino-americana — 171
Venutopias 2003 — 201

VII – Educando

Com Anísio — 217
Universidade de Brasília — 221
Nostalgia — 229
[Alguns irão se salvar] — 235

VIII – Politicando

[Em Brasília] — 241
Reformas de base — 245
Exílio — 247

IX – Pensando

Cunhãmbebe — 253
Marxismos — 261
Sem medo de pensar Cuba — 271

X – Retornando

[Meu povo] — 287
Espantos — 295
Heresias — 299
A pequena utopia — 303

XI – Fazendo

Política cultural — 309
Os CIEPs — 315
O Carnaval e o Sambódromo — 321

O Memorial da América Latina   325
[O Projeto Caboclo]   327

XII – Romanceando

[Quatro livros de ficção]   333
[*Maíra* e a experiência da ficção]   339

Epílogo   347
Cronologia de vida e obra   349
Bibliografia essencial de Darcy Ribeiro   367

Sobre esta edição

Testemunho foi lançado pela primeira vez em 1990. Esta nova edição resulta do texto original, publicado na íntegra, com acréscimos extraídos do livro *América Latina nação*, também composto por textos de Darcy Ribeiro, reunidos por José Domingos de Brito, e publicado em 1998. Disto resultou uma nova seção intitulada "América Latina". Aos textos, ou fragmentos de textos, antes reproduzidos sem título, o que nas edições anteriores desemparelhava o sumário do efetivo conteúdo do livro, aqui foram atribuídos títulos novos, identificados entre colchetes. Com isso, buscou-se facilitar a orientação do leitor. Foram acrescentadas também uma bibliografia atualizada da obra de Darcy Ribeiro e uma cronologia de sua vida e obra. O subtítulo "Darcy Ribeiro por ele mesmo" também é novo.

Anotações sobre Darcy Ribeiro

Darcy Ribeiro foi a definição perfeita da palavra *voragem*: o que sorve, devora. E que também pode significar abismo, qualquer abismo, esclarece o dicionário.

Ele era uma voragem só, e assim viveu cada segundo: sorvendo a vida, devorando o tempo, desafiando todos os abismos. Viver e arriscar eram sinônimos. "Só não erra quem jamais tenta acertar, e só acerta quem ousa, aceitando a margem de erro que sempre existe", escreveu certa vez, como quem fala de si.

Dizer que foi um homem agitado é fazer pouco da verdade. Sempre que lembro de Darcy — e lembro sempre — não escapo da pergunta mais óbvia e elementar: como foi possível fazer tanta coisa num tempo só, o tempo que lhe foi dado para viver?

Este livro é um bom atalho para mergulhar e se perder no emaranhado das muitas vidas que se escondem na vida que ele viveu. Terminada a leitura, o emaranhado (ou parte dele) terá sido desfeito, e o que surge é um retrato bastante nítido desse brasileiro múltiplo e absolutamente único.

Na última página de *Testemunho*, a certa altura ele diz: "Afinal, vivemos não só para servir, mas também e principalmente para viver, e é nisto que mais quisera me esbaldar."

Darcy gostava de usar em seus escritos palavras um tanto antigas, como *esbaldar*. "Atirar-se com grande entusiasmo a um divertimento", relembra o Caldas Aulete. E a esse divertimento chamado vida ele se atirou de peito aberto, atrevido e desafiante, com muito mais que grande entusiasmo: com sofreguidão quase desesperada.

Testemunho começou a surgir em 1989. Melhor dizendo: começou a tomar forma em 1989, porque a ideia de traçar um recorrido da sua trajetória, uma espécie de balanço devassado de sua vida, vinha de antes.

Darcy Ribeiro não era de fazer uma coisa de cada vez. Andava sempre com vários projetos ao mesmo tempo, uns de longo prazo, outros mais prementes. Volta e meia um desses projetos se desgarrava do enxame que zumbia em sua cabeça e em sua alma e tomava rumo próprio, deixando os outros para trás, ou então — o que era muito raro — se perdia no ar. E quase sempre acontecia de um projeto ficar pronto e se revelar grávido, ou seja, capaz de gerar outro. Assim foi com este livro: nasceu de outros.

Um ano antes de *Testemunho* começar a ganhar forma, Darcy tinha publicado *Migo*, que dizia ser um romance sobre a vida intelectual na província e sobre a mineiridade. Um livro um tanto confessional, bastante autobiográfico, estranho, irônico, melancólico, iracundo, divertido — e muito bem escrito.

Entre despachar os originais para a editora e esperar pela publicação, ele, além de muitos outros fazimentos, começou a estruturar *Testemunho*. Havia a necessidade de contar mais, não de forma romanceada, mas como um longo depoimento. Chamar o leitor para uma conversa sem véus nem distâncias.

Aliás, e a propósito de sua sofreguidão e de sua capacidade de fazer várias coisas ao mesmo tempo: escrever *Testemunho* aconteceu enquanto Darcy criava o Memorial da América Latina, que estava sendo construído em São Paulo com formidável projeto de Oscar Niemeyer, participava ativamente da campanha presidencial de Leonel Brizola, viajando Brasil afora, e atendia a convites para conferências em Munique, Roma e Paris, e viajava para Cuba, México, Guatemala, Peru, Equador, Argentina, Venezuela, e de novo Itália, e de novo Cuba, e mais Belgrado e Sarajevo.

Lembro daquela época como um tempo de vendaval: muitas vezes estava perguntando por uma cidade onde ele havia estado, e Darcy já falava de outra, para onde eu nem sabia que tinha ido e voltado.

O livro estava pronto quando Darcy se elegeu senador da República.

Além de sua incrível capacidade de trabalho, sempre me surpreendeu — e divertiu — a maneira de Darcy escrever seus livros. E é que ele não escrevia: espalhava garranchos em linhas tortas numa caligrafia que cobria a folha em branco e depois não conseguia desvendar. Não fossem suas fiéis e temerárias assistentes, seus escritos ficariam sem decifrar para sempre. Na imensa maioria das vezes, não escrevia mesmo: ditava para um gravador portátil conforme ia criando.

Feita a transcrição do que havia gravado, costumava chamar algum amigo para ler o texto em voz alta. Ficava com as folhas na mão, ouvia o amigo ler a cópia do texto, de repente mandava parar, pedia para repetir uma, duas, três vezes, e então punha a correção no papel — naqueles garranchos indecifráveis.

Várias vezes fui o amigo da vez. Lembro as noites na sala de seu apartamento sobre a avenida Atlântica, sozinhos os dois na sala, o esplêndido retrato de Darcy pintado por Glauco Rodrigues saltando do branco da parede e parecendo flutuar, e lembro que volta e meia tomávamos um vinho húngaro, áspero e voluntarioso, que ele dizia ter mistérios ocultos. Nada em Darcy era banal, nada podia ser.

Foi assim que li para ele longos trechos do *Testemunho* que ia tomando forma, e entendi que me chamava principalmente para ler os textos mais pessoais.

Era curioso ver como Darcy se divertia ironizando a si próprio, antecipando-se à maldade alheia. Recordo principalmente a abertura deste livro, quando me fez ler uma e mil vezes o segundo parágrafo, até fazer o primeiro acréscimo desejado: "Admito com toda desfaçatez que gosto demais de mim e que me acho admirável." Reli, já com a alteração, e ele, rindo, estendeu a estocada final: "O diabo é que ninguém me adianta as expressões de admiração a que faço jus. Injustiçado, entro na liça para tomar o que é meu: a admiração alheia." E foi adiante, cada vez mais afiado.

O senso de humor e a autoironia fulgurante eram outras das tantas características de Darcy.

Lembro disso e lembro também que ele era obcecado pelo trabalho, e que era um trabalhador extremamente meticuloso. Produzia sem parar, um manancial de ideias, e podia saltar de uma a outra com precisão de colibri e depois voltar para onde tinha saído com a certeza de um desassombrado. Mas sempre rigoroso.

Acompanhei o fazimento de vários de seus livros, os derradeiros que escreveu, e essa meticulosidade e essa capacidade não esmoreceram.

Testemunho é uma espécie de balanço, reúne alguns textos retirados de outros livros, de revistas, de entrevistas, e que Darcy reorganizou como peças de um jogo de armar. A maior parte, porém, foi escrita especialmente para compor este mosaico que mostra como era o seu autor.

Neste livro há uma nutrida e consistente mostra de sua maneira de pensar e ver a vida e o mundo, de ver os dois eixos principais de suas atenções, a América Latina e muito especialmente o Brasil. Darcy conta de sua formação intelectual, expõe as bases e vários meandros de seu pensamento, que deixava jorrar e explodir em frases velozes quando falava, e, quando escrevia — este livro é prova disso —, fazia ecoar em cada frase sua paixão de arauto de uma fé desafiadora e urgente.

Darcy Ribeiro foi um homem de seu tempo e um intelectual de permanência. Havia nele, acima de tudo, o compromisso ético de mudar a sociedade, tornar realidade o outro mundo que sabia possível, contribuir para nos transformar no que poderíamos e deveríamos ser, e para que não continuássemos a ser o que fizeram (ou que deixamos que fizessem) de nós.

Para ele, as várias vertentes dos mecanismos de dominação, opressão e atraso a que estamos submetidos eram um monstro feroz, que combateu sem trégua e sem sossego.

Darcy cometeu a suprema indelicadeza de ir-se embora num 17 de fevereiro de 1997, uma segunda-feira perversa. Muitas vezes me acossa a curiosidade de saber o que diria ele dos rumos deste mundo e deste país em que acreditou até o fim. Saberemos ser merecedores da sua memória?

Disse ele em setembro de 1990, no fecho deste livro: "As coisas importantes da minha vida estão por vir, são as que hei de fazer, me ajude."

Estaremos ajudando? Estaremos sendo dignos dessa certeza no futuro, desse pedido de ajuda de quem não fez mais do que tentar, a cada segundo de cada minuto, transformar a realidade?

Eric Nepomuceno
Petrópolis, maio de 2009

I
Vivendo

Ninguém me ama, ninguém me quer...

Sou um escritor tão abundante quanto desinibido. Escrever ou falar de mim mesmo é a tarefa que mais me agrada e gratifica. Todo entrevistador de rádio, jornal ou televisão sabe que nem é preciso me fazer pergunta; basta ligar o gravador e me deixar falar, que falo. Incansavelmente. Para mim, pelo menos.

Por que necessito falar tanto de mim mesmo? Vaidade, decerto. Admito com toda desfaçatez que gosto demais de mim e que me acho admirável. Creio mesmo que todo modesto tem razão: cada qual sabe de si. O diabo é que ninguém me adianta as expressões de admiração a que faço jus. Injustiçado, entro na liça para tomar o que é meu: a admiração alheia. Não precisava ser assim, mesmo porque gozo de algum prestígio, principalmente entre jovens que são a gente que mais me importa. Mas sou insaciável. Por quê?

A explicação não está em minha personalidade extrovertida, que me induziria a falar de mim, de todos e de tudo sem qualquer vexame, e geralmente com alegria. Creio, ao contrário, que essa conduta exibida não é sintoma, mas causa do meu mal interior. Vivendo sob a suspeita aterradora de que sou o contrário do que pareço, me viro ao avesso e represento aquilo que desejaria ser.

Algum antibloqueio atou minha timidez, desencadeando compensatoriamente este histrionismo, essa simulação de segurança, esta ousadia que, na verdade, escondem seu contrário — minha timidez e insegurança. Como se vê, preciso é de um analista, para ser modesto, triste e infeliz como corresponde. Se possível, tirando da tristeza o gosto mineiro de sofrer, com que tantos tanto se regalam.

Dou a seguir, através de vários textos em que me alabo, me explico e me justifico, um documentário exaustivo do sofrimento que me custa ser tal qual sou. Sofrimento que eu escondo, discreto, atrás da vaidade mais desvairada. Começo com uma autolouvação publicada na Argentina dando uma espécie de balanço de minha vida pública. Lendo-o, ninguém duvida de que o texto, embora escrito em terceira pessoa, seja meu. A prosápia e o estilo são inconfundíveis. Vejamos.

Loa[*]

"Darcy Ribeiro, escorpião, gosta de dizer que é mineiro de Montes Claros, a melhor cidade do mundo (a avenida principal tem o nome da mãe dele: Mestra Fininha). Depois de nascer de parto natural (dizem que foi fundado, mas não é verdade), cresceu e fez as bobagens habituais.

Moço já, quis muito ser médico, mas acabou antropólogo. Como tal, passou os dez melhores anos de sua vida (1946-1955) dormindo em rede nas aldeias indígenas da Amazônia e do Brasil Central e assessorando Rondon no Rio de Janeiro. Fundou então o Museu do Índio e o dirigiu alguns anos. Esforçou-se muito, nesta quadra, sem nenhum êxito, para formar antropólogos melhores. Criou para tanto o primeiro curso brasileiro de pós-graduação para antropólogos, o qual, aliás, frutificou prodigiosamente. Depois, seduzido por Anísio Teixeira, virou educador e fez carreira como educador, reitor e, afinal, ministro (1955-1964). Topou aí com Jango, que o desencaminhou para as tentativas de promover a reforma agrária e conter a ganância das multinacionais. Foi um desastre. Exilado, virou latino-americano e passou muitos anos (1964-1975) remendando universidades no Uruguai, na Venezuela, no Peru e até na Argélia.

[*] *Ensaios insólitos,* 1979, p. 41.

Nesses anos escreveu demasiados livros, que andam sendo editados mundo afora. Cinco deles compõem os seus Estudos de antropologia da civilização (*O processo civilizatório*, *As Américas e a civilização*, *O dilema da América Latina*, *Os índios e a civilização* e *Os brasileiros*), que exigem mais um para serem completados.

Estava Darcy nestes trabalhos, quando caiu do cavalo e deixaram que tornasse ao Brasil. Retornou, sempre disposto a cheirar ou feder, conforme o nariz.

Obras recentes de Darcy, escritas ainda no exílio, são: *A universidade necessária* e *Maíra*. O primeiro recapitula seus experimentos de criação e reforma de universidades. Este último, um romance pornô-mítico escrito em vernáculo, tupi e latim, vem sendo traduzido para o francês, alemão, italiano, espanhol, polonês e hebraico.

Incansável, mesmo morando em Copacabana, Darcy continua escrevendo. Lançou há meses um livro precioso, ilustrado por Oscar Niemeyer: *UnB: invenção e descaminho*. Agora, entrega a público estes *Ensaios insólitos*. Dizem que está escrevendo outro romance: *O mulo*.

Parece incrível, mas no ano passado ele gravou um long-play no México, em portunhol, na série Vozes da América, com selo da UNAM.

Sua última façanha foi receber, em vestes talares de meia confecção, o título de doutor *honoris causa* da Sorbonne. Ninguém sabe por quê."

*De fracasso em fracasso**

Em 1978, recebi o título de doutor *honoris causa* da Sorbonne. Dei, então, um testemunho pessoal, aproveitando a oportunidade única de autoapreciação que a velha universidade me abria. Sendo quem sou, jamais a perderia.

O desafio foi quase paralisante. De fato, nunca tive tanta dificuldade de escrever um discurso. Dois eram os obstáculos. Por um lado, não queria fazer o elogio da Sorbonne em seu papel de suposta avó das universidades ou de mãe fecunda da cultura ocidental. Tendo planejado a Universidade de Brasília, repensando a universidade desde a raiz, não podia cair em basbaquices. A outra dificuldade era não fazer o elogio da antropologia francesa, especialmente de Lévi-Strauss, tão admirado e papagaiado por toda parte, principalmente aqui, por uma antropologia desumana, insensata e infiel.

Minha saída foi pelo menos imaginosa; em lugar de louvações me pus a lamentar, modesto, os fracassos de minha vida inteira. Falsos fracassos, logo se vê. Modéstia mais falsa ainda. Num golpe de mágica, assumi, imperialmente, os fracassos do Brasil na luta para apossar-se de

---

* Extraído do texto "O artista e a universidade", publicado em *Módulo: Revista de Arquitetura, Arte e Cultura*, nº 55, 1979.

si mesmo, fazendo deles fracassos meus. Meus e dos brasileiros todos, disse eu lá no heráldico salão das grandes escadarias:

"Senhoras e Senhores:
Obrigado. Muito obrigado pelo honroso título que me conferem. Eu me pergunto se o mereci. Talvez sim, não, certamente, por qualquer feito ou qualidade minha. Sim, como consolação de meus muitos fracassos.

Fracassei como antropólogo no propósito mais generoso que me propus: salvar os índios do Brasil. Sim, simplesmente salvá-los. Isto foi o que quis. Isto é o que tento há trinta anos. Sem êxito.

Salvá-los das atrocidades que conduziram tantos povos indígenas ao extermínio: mais de oitenta, sobre um total de 230, neste século.

Salvá-los da expropriação de suas terras, da contaminação de suas águas e da dizimação da fauna e da flora que compunham o quadro de vida dentro do qual eles sabiam viver; mas cujo saqueio, desapropriação e corrupção convertem a eles também em mortos viventes.

Salvá-los da amargura e do desengano, levados às suas aldeias, em nome da civilização, pelos missionários, pelos protetores oficiais, pelos cientistas e, sobretudo, pelos fazendeiros, que de mil modos lhes negam o mais elementar dos direitos: o de serem e permanecerem tal qual eles são.

Fracassei também na realização de minha principal meta como ministro da Educação: a de pôr em marcha um programa educacional que permitisse escolarizar todas as crianças brasileiras. Elas não foram escolarizadas. Menos da metade das nossas crianças completam quatro séries de estudos primários. Anualmente, alcançam os 18 anos de idade, no Brasil, 500 mil rapazes e moças analfabetos.

Fracassei, por igual, nos dois objetivos maiores que me propus como político e como homem de governo: o de realizar a reforma agrária e de pôr sob o controle do Estado o capital estrangeiro de caráter mais aventureiro e voraz.

A reforma agrária que queríamos consistiria em entregar uma parcela da imensidade de terras de meu país — mais de 8 milhões de km² —

à nossa não menos imensa população — cerca de 120 milhões de habitantes — na forma de propriedades familiares de vinte a cinquenta hectares. O que se fez, efetivamente, nestes 15 anos de governo militar, foi estender mais o latifúndio sobre o país. Agora é a floresta amazônica que eles loteiam em glebas de 500 mil, de um milhão, de um milhão e meio de hectares, como propriedades gigantescas às quais o trabalhador brasileiro continua atado em condições de servidão.

Em lugar de submeter as empresas multinacionais ao controle do Estado, o que se fez, no Brasil, foi entregar o Estado às multinacionais. Nós, latino-americanos, estamos aprendendo nos últimos anos que muito pior do que ser República de Bananas é ser República das Multinacionais. Com efeito, as empresas produtoras de bananas e abacaxis do Caribe produziam dólares para os ricos, pobreza para os pobres e ditaduras para todos. Mas sempre produziam dólares. As economias das Repúblicas que as multinacionais estão montando no hemisfério inferior do planeta, não produzindo dólares, exigem um endividamento crescente de cada país — o Brasil já deve cerca de 50 bilhões de dólares. Mas, como as do Caribe, produzem fartamente ditadura, repressão, violências e tortura.

Outro fracasso meu, nosso, que me dói especialmente rememorar neste augusto recinto da Sorbonne — mãe da universidade — foi o de reitor da Universidade de Brasília. Tentamos lá, conjuntamente com o melhor da intelectualidade brasileira, e tentamos em vão, dar à nova capital do Brasil a universidade necessária ao desenvolvimento nacional autônomo. Ousamos ali — e esta foi a maior façanha de minha geração — repensar radicalmente a universidade, como instituição central da civilização, com o objetivo de refazê-la desde as bases. Refazê-la para que, em vez de ser mais uma universidade fruto, reflexo do desenvolvimento social e cultural prévio da sociedade que cria e mantém, fosse uma universidade-semente, destinada a cumprir a função inversa, de promover o desenvolvimento.

Nosso propósito era plantar na cidade capital a sede da consciência crítica brasileira que para lá convocasse todo o saber humano e todo o élan revolucionário, para a única missão que realmente importa ao intelectual dos povos que fracassaram na história: a de expressar suas potencialidades por uma civilização própria.

O que pedíamos à Universidade de Brasília é que se organizasse para atuar como um acelerador da história, que nos ajudasse a superar o círculo vicioso do subdesenvolvimento, que quanto mais progride mais gera dependência e subdesenvolvimento.

Desses fracassos da minha vida inteira, que são os únicos orgulhos que eu tenho dela, eu me sinto compensado pelo título que a Universidade de Paris VII me confere aqui, agora. Compensado e estimulado a retomar minha luta contra o genocídio e o etnocídio das populações indígenas; e contra todos os que querem manter o povo brasileiro atado ao atraso e à dependência.

Obrigado. Muito obrigado."

Sentimento do mundo[*]

Para me encontrar num tom de revelação autêntica do que sou, lendo o que escrevo ou ouvindo o que digo sobre mim mesmo, é preciso cavar mais fundo. Numa entrevista ao escritor João Antônio, quando convalescia de uma operação, há algo disto. Vejamos:

"Nono andar.
    Havia policial à paisana, grisalho e blusão fora da calça na porta de entrada do edifício e com ele precisei deixar tudo, embora fosse avisando, tinha hora marcada, 6 da tarde, com o professor.
    O homem me pegou nome, ar, endereço, barba por fazer, a que vinha e quanto ia demorar. Percebo. O professor está sendo sondado à risca, todos os movimentos.
    O policial garatujou, com esforço, errando duas vezes os meus dados num caderno de anotações. Não era um homem habituado a escrever e devia tomar o registro de todas as visitas do professor. Peguei o elevador, pé atrás.

---

[*] Entrevista a João Antônio, publicada no jornal *Ex*, 1975, e, posteriormente, no livro de João Antônio *Casa de loucos*, Rio de Janeiro, Civilização Brasileira, 1976.

O professor havia envelhecido um pouco. Apesar de nunca tê-lo visto é o mesmo homem das fotografias, 11 anos antes, ministro, antes de o cassarem e de ir para o exílio. Lépido, miúdo, baixinho, rosto escanhoado, olhos firmes, vivos, alegria das pessoas dinâmicas, coisas que não tenho. Com sotaque nosso, blusão fora da calça, me atendeu de pés no chão no seu apartamento do Posto Seis, em Copacabana. Aquele, o homem. Eu lhe apertei a mão duas vezes: à segunda, ele notou, para lhe olhar nos olhos. Achou graça e começou a falar, engraçada, pitorescamente. Curioso alguém se interessar em como ele havia vencido o câncer. Despejou tudo de vez, quase tudo. Ou: o trânsito ridículo dos médicos estrangeiros, que lhe escondiam a doença, dizendo tuberculose. Ridículos, principalmente em Paris, onde ele exigia ver e ouvir os resultados de todos os exames. As pessoas evitavam o nome da doença como se evitassem a morte. Era um câncer mortal e, como amasse a vida, sentiu que não iria ter nada para colocar no lugar. Afinal, câncer era coisa que poderia acontecer a um primo seu, a um parente ou contraparente distante, ao vizinho do prédio, não a ele. Nunca havia pensado, sentido, amargado que era mortal. Confessa que lhe deu medo. E pressa. Urgente fazer as coisas, terminar um livro. Resolveu jogar franco com o médico parisiense:

— O senhor pode me dar três meses de vida lúcido? Nada. Tinha de operar.

— O senhor tem uma bomba no peito.

Paris é o grande centro dessa medicina na Europa e já tinham tudo para, em três dias, operá-lo. Mas preferiu operar no Brasil. Os franceses torceram o nariz, escandalizados.

Todos que o deixaram entrar aqui contavam com a sua morte infalível, inadiável, cancerígena. Por isso, exilado político de 64, foi deixado vir. O apartamento de sua propriedade, na rua Sousa Lima, estava ocupado, alugado. Então, o permitiram num hotelzinho do Leme, sob vigia permanente.

Ele, falando, procura tirar a prisão domiciliar de letra, cariocamente. Humorado, recebe e responde à estupidez que o vigia. Oficialmente, comunicam-lhe, está protegido contra atos terroristas. Olhos miúdos, cara limpa, aconselha:

— Ótimo. Mas me protejam só a 5 metros de distância, pelo menos.

Câncer maldito mesmo. Às vezes, as pessoas que o cercavam, amigos, um irmão, um parente, amigas, botavam uma cara de pavor. Parecia que tinham a doença e não ele, a um passo da operação delicadíssima: 95% morriam.

A diferença entre ele e os outros, uma só, esta: os outros pensaram que 95% morrem; ele procurou encarar o outro lado — 5% se salvam. E tratou de se meter entre os 5%. Provavelmente todos, além dos homens que o vigiam, contavam com sua morte. Os amigos, os admiradores, o geral das criaturas. Todos a um."

Confissão

Um tom de revelação, ainda mais fundo e autêntico — porque aparentemente não se refere a mim —, se encontra em certos passos de meu romance *Maíra*. Principalmente num louco capítulo autobiográfico, "Egosum", posto no meio do texto sem qualquer razão nem explicação, senão a já aludida enfermidade interior.

Um romance qualquer já é uma autobiografia inventada. Insatisfeito de expressar-me assim em quatrocentas páginas, envergando o couro de um índio-santo sofredor e o de uma jovem e ardente pecadora, eu tive ainda de meter no texto aquele capítulo de testemunho pessoal. Só errei no título, devia ser *Ergo sum*. Ali, depois de contar a história de um índio que explodiu de raiva dentro dos preceitos de sua cultura para os raivosos, e de minha loucura de ir vê-lo, saiu a explicar-me:

"Mas não aprendi. Continuo pela vida afora querendo ver furiosos, cara a cara. Creio que só para depois sair correndo apavorado. Quando tive, eu mesmo, que ficar furioso uma vez, me controlei e quase sufoquei tomado da tristeza mais vil. Mas quando me veio a hora do medo, do medo derradeiro, do medo feroz de saber, afinal, com certeza certa que sou mortal e que viverei, doravante, de mãos dadas com a minha morte; então, só então, percebi que o urgente é viver. Estou aprendendo.

Que dizer? Que calar, da golfada de amor? Corpo e Alma de tantas santanas que escorrem de meus recordes. Quantas foram? Quantas serão? Dez, uma, nenhuma? Os longos breves enganos que salgam a carne da vida. Salve. *Gratia plena. Ave.*

Um dia disse que seria Imperador, para pasmo dos meus súditos. Não supunham sequer, os inocentes, que meu reisado é o divino, na antiga capela do Rosário.

Minas, aquela, há ainda, ó Carlos, e haverá, enquanto eu houver. É um território da memória que vou recuperar, se o tempo der. Ali luzem, eu vi, barrocos profetas vociferantes. Entre eles, um me fala sem pausa nem termo. É o da boca queimada pela palavra de Deus: Isaías.

Ó feros fogos que não me queimam. Quisera o fogo inteiro da verdade toda, eu que só conheci brasas fumegantes e o gosto de fel diluído no mar. Que mais quisera, implacável, esse meu pobre coração insaciável? A beleza, talvez, se fosse um exercício livre, inocente, aberto. Impossível? Também e principalmente quisera a glória — como o oxim. A glória de ficar depois de mim, por muito tempo, cavalgando na memória dos netos do filho que nunca tive. Permanecer. Mas como? Não sei. O que sei é da minha inveja enorme das vidas na morte dos meus dois amigos amados e apagados: Ernesto e Salvador.

Ai vida que esvai distraída, entre os dedos da hora, tirando da mão até a memória do tato dos meus idos. Só persistimos, se tanto, na usura da memória alheia, à véspera do longo esquecimento."*

---

* *Maíra*, 1976, p. 210.

Que rei sou eu?

Um retrato íntimo meu me saiu, a meu pesar, por artes de um capeta que meti em *Migo* para ler os recônditos de meus personagens e que acabou, o danado, me lendo a mim também. Mergulhemos com ele:

"Eu? Sei perfeitamente quem sou eu, que sou. Um ser minúsculo, sei, mortal, de existência brevíssima colocado na calota do planeta. Aqui posto, olho as infinitudes que para além de mim, sem fim, se desdobram num universo imenso, eterno. Inútil. Também posso voltar-me para mim, atento às voltas dos meus intestinos ou para meu sentimento do mundo. O atrativo mesmo é olhar a meu redor, ver as gentes parecidas comigo, sobretudo as de sexo complementar que aí estejam pelejando, conviviveis. Espantosa é a visão, se me exorbito e olho lá pra fora, para esse mundão de grandeza inesgotável, independentemente de mim, a mim indiferente. Um despautério: tanta magnitude fútil, tanta eternidade oca. A outra perspectiva, personalista demais, é a visão de um mortal, miúda, chã e realista, além de medíocre. Mas é ela que me ata a mim, a meu migo e me comunica com os mais. A visão grandiloquente me lança no mistério, à busca de deuses e consolações; a miúda me devolve a meu ser bichal. Vivo no descompasso binário dessas visões, pé lá, pé cá. Bicho e espírito. No culto de mim mesmo, a que me dou emocionado. Na busca angustiada de razões pretéritas e futuras, de mim, dos outros, do mundo, a que me dou, sem me entregar. O que me comove mesmo é a relação: eu e os mais. Não é nunca uma visão de mim sem eles, nem deles sem mim. É sempre a visão de mim com eles, parte deles; nós todos nos comunicando com espermas e palavras para nos perpetuarmos e nos entendermos. Há muita coisa mais que estou abstraindo: fomes, fazimentos, disputas, muito mais. Medo e amor, desejo e nojo, vida e morte. Muitíssimo mais, o essencial, porém, é o vínculo fecundante e a comunicação verbal: carne e espírito, corpo e cultura. Por um lado, a vastidão da paisagem do mundo amanhecendo e anoitecendo. Sóis e luas em seus ritmos curtos — dias, horas, instantes — e nos largos — estações, chuvaradas, estiagens, anos, séculos, milênios. Do outro lado, a vida mesmo variada demais: micróbios, pulgas, vacas. Nada disso, tudo me intriga muito. O universo, frio ou quente, morto ou vivente em que existo me é indiferente. O que me intriga sempre demais é a humana gente, eu e eles, nós, os povos, seu ser, seus modos, seus gêneros. Quantas vezes me estranhei, indagando quem sou, se sou mesmo eu, como e por quê. Mais ainda estranho os outros, espantado de vê-los, tão diferentes de mim, tão inexplicáveis, tão iguais. Fui buscar por anos, nas gentes mais contrastadas que encontrei, a compreensão que podiam me dar, deles e de nós. Alarguei depois esta inquirição no tempo, em mergulhos de muitos milênios e me espraiei, no espaço, pelo mundo inteiro, atento a toda a sorte de gentes. Colhi o quê? Tão só os discursos que compus de minhas perplexidades. Por que o Brasil não deu certo? Ainda não deu! Vai dar? Como? Por que caminho? Precisa dar. Desenganado, cansado de tanta arguição na caça de verdades, mergulhei na fantasia para ter ao menos minha imagem emotiva do mundo, e uma vivida convivência inventada, no lugar da vida que me faltava. Para tanto, a que gênero me dar? Autobiografias escrevem gentes que se acham exemplares. Não é meu caso. Biografias são esforços gentis de escritores predispostos a vestir peles alheias para curti-las. Também isso não me atrai. O que me cabia mesmo era romancear, logo vi. O romance como forma livre de repensar a existência, com as suas paixões insondáveis: o amor, a santidade, a sexualidade, a libertinagem, o assassínio, o suicídio, o incesto, o fascínio, o horror, o desprezo, a abnegação, a angústia, e todos os outros aguilhões do corpo e da alma. Nada disso se sabe olhando para fora, objetivamente. Só se sabe, só se sente, olhando para dentro, subjetivamente. Romanceando. Nisto é que me alço com algum sustém no registro da realidade presente; outro, em passados recordados e até arriscando um pé em futuros viáveis. Assim é que, fantasiando, exacerbando, romanceio ecumênico, compondo esta mistura de um diário de mentira — atento a um cotidiano suposto — com uma biografia inventada — como outra vida minha possível — para me ser, neste romance meu e de quem me lê. Sabendo sempre e tendo sempre bem presente que a existência descrita de meu personagem não relata a mim nem a ninguém. Retraía, num exemplo verossímil, uma categoria de gentes em que me incluo. Reconstitui suas miúdas paixões, que, convertidas em romance, ganham verdade e carnalidade, para serem melhor expressão de mim ou de uma pessoa qualquer do que um retrato biográfico. Diferentíssimos somos todos e cada um, mas na verdade das coisas somos iguais, eu e nós todos. Urgidos por fomes, desejos, anseios, necessidades muito carnais, mas também movidos por sentimentos, esperanças, vaguidades espirituais. Tudo isto misturado. As fomes do corpo, tidas como impuras, materiais, não tendo de ser confessadas, aqui se exibem, cruamente, sem disfarce de palavreado. As emoções da alma, se dizem confessionalmente, sem pousar angelicalidades. Para mim, esta é a beleza do romance: dizer-se, inocente, como uma descrição impávida e tranquila. Não falando de mim, mas deles, meus heterônimos, minhas máscaras, escapo das mistificações e me digo todo em carne e espírito, com uma clareza de qualquer outro modo inalcançável. Isto é o que sou: um romancista confessional."*

---

* *Migo*, 1988-89, p. 354.

Amores

As mulheres sempre me interessaram soberanamente. Desde que me lembro de mim, criança ainda, me vejo embolado nelas. Carente, pedindo carinho. Encantado, querendo encantar. Quis ter muitíssimas, se conto as duas ou três que sempre tive em mente como senhoras dos meus desejos. Alcancei as graças de pouquíssimas. Uma pena.

Foram elas, são elas, o sal de minha carne, o gosto e gozo de meu viver. Marinheiro neste mundo, amor é o vento que sopra minhas velas nas travessias. Amando, navego por mares calmos e bravios, me sentindo ser e viver. Não posso é viver sem amor, desamado, na pasmaceira das calmarias; parado, bradando de ver o mar da vida marulhar à toa.

Um olhar trocado, instantâneo, me ascende todo em expectativas. Antigamente, jovem, tímido demais, ficava nisto, esperando outra piscadela, com medo que me fugisse, nem olhares me desse mais. Maduro, fiquei meio ousado, impaciente. Ao primeiro sinal de assentimento provável me precipito. Assusto, assim, muitas vezes, amores levemente prometidos; nem isso, apenas insinuados, que perco porque os quero ter ali e agora, pressuroso.

Aos olhos das moças de hoje, minhas netas, sou um velho. Sou mesmo e isto me dói muito demais. Quisera o impossível de ser confundido com a rapaziada de agora, felizarda. A sedução intelectual às vezes remedeia um pouco. Raramente. Quando ocorre um desses encantamentos, são elas que avançam. Um beijo facial inocente, que passa raspante, lambido, pela boca, dá sinal de que ela, talvez, esteja a fim. Se acontece, nos precipitamos no canal vertiginoso. Para amar é que eu quisera viver mais e mais. Viver jovem, tesudo, seduzido, seduzindo. Quem me dera.

O amor é a mais funda, mais sentida e mais gozosa e mais sofrida das vivências humanas e suspeito muito que o seja também para todo ser vivente. Cada pessoa devia amar todos os amores de que fosse capaz. Sucessivamente em amores apaixonados, cada um deles vivido e fruído como se fosse eterno. Pode-se amar até simultaneamente amores apaixonados. Mas é um perigo, faça isso não, arrebenta coração.

Haverá quem diga, imprudente, que não falo de amor, mas de carnalidade. É certo. Amor, uma doida já disse: é carne feita espírito. Todo amor, amor mesmo de homem a mulher e vice-versa, de homem a homem, de mulher a mulher, tem sua base carnal ou é um mero encantamento. Há uns pobres amores chamados paternais, filiais, fraternais, amigais — embora se diga que são contaminados, eles também, de carnalidade — mas este é outro departamento.

Amor sem desejo e confluência é fervor, bem-querer, ou o que se queira. Mas amor não é. Somos seres irremediavelmente solitários. Ao nascer, rompemos, sangrando nossa mãe, o vínculo carnal com ela que se recupera em nostalgia, mamando, sonhando. A única comunicação possível, desde então, é a carnal do amor. Nele é que, comungando nossos corpos engolfados um no outro, rompemos por instantes a solidão para, sendo dois, nos fazermos um naquele sagrado instante.

O só desejo de confluir, ainda que irrealizado, porque inalcançável, é ainda amor. A ausência de desejo é, já, desamor. Às vezes a um ser muito querido, mas que é tão só um amor amado. Há, concordo, carnalidade sem amor. São prevaricações. Gratificantes por vezes, até demais. Tanto que alguma gente, homens sobretudo, se vicia nelas, só querendo fornicar e variar. São bichos-gente, incapazes de amar.

Na sucessão das estações da vida, o tempo, fera, nos vai comendo. Primeiro, os anos infantis da idade dos dentes de leite, mal capazes de morder, quando todo amor é vão e temporão. Depois, os juvenis tão aflitos, excitantes, tímidos, frente a um mundo suculento, frutuoso, oferecido ao desejo, e a gente sem coragem de colher o seu, deixando passar, enquanto o tempo nos esgota aquela idade. Mais tarde, apenas maduro, maduro já ou madurão, nos chega pleno em atracações de meses, de anos, todas eternas enquanto duram, disse ele. Depois? Ora, depois, depois vem a era de quem era, triste era.

Eu, pobre de mim, estive sempre tão ocupado em planos e fazimentos, com a vida me jogando daqui pr'ali, desatento de mim mesmo, que até do amor vivi, senão abstente, quase sempre meio ausente. E o tempo a me acabar, inclemente. Agora, me espanto de ver aquele menino antigo, aquele rapaz, tímido, aquele homem feito, posto na idade provecta, respeitável. Só agora, tão tardiamente, sinto a dor dos buracos de mim, em que vivi ausente, desamado, enquanto o tempo me comia os idos. Inapelavelmente.

Há o amor dessa idade? Querem que haja, platônico decerto. Quer dizer: sem dentes, impotente. Conheci muita gente que me falou dela antes que eu a alcançasse. Todos, como eu agora, estavam acesos, querendo amar, sofrendo não poder, mas querendo, insaciáveis. O amor é o assunto preferido de velhos que têm juízo e coragem. Muito mais que os jovens, eles falam, incansavelmente, de amores imaginados, havidos ou esperados. Trêmulos já, dos anos que lhes pesam, continuam balbuciando, querendo amar. Que força terrível a desse motor da vida que vibra em todo ser, forçando-o a transar, multiplicar. Isto é a vida, este clamor do desejo, esta confluência sem fim, este gozo, ou a ruminação longuíssima da memória deles.

Falei uma outra vez, sinceramente, pela boca de Gê no romance *Migo*. Amores dele, decerto. Veja lá: "Umas mulheres, das mais mulheres desse mundo tão bem provido delas, atravessaram meu caminho e eu, graças a Deus, o delas. Todas se imprimiram em mim: prazer e dor. Cada qual a seu modo foi meu eterno amor naquela sua, nossa hora. Algumas ficaram em mim. Eu as terei sempre. Quais?

Minhas mulheres indeléveis não são aquelas com quem breve transei. Nem as tantas que amei pouco ou demais. É por vezes alguma com quem apenas cruzei de passo, só vi longínqua, por instantes; mas senti, reconheci, que podia ter sido minha amada mais amada. Serão principalmente aquelas mulheres que tive ou inventei e tanto amei, em carne ou fantasia. Umas quantas dessas amadas reais e imaginadas me habitam. Sempre habitarão. A jovem alemã dos meus trintanos que andou lado a lado comigo, uma rua inteira, numa cidade estrangeira. Ela falando, eu calado. A moça mineira do carro-restaurante numa viagem ao Rio. Ela de vestido abotoado de alto a baixo que eu, beijando leve, desabotoava, tocando leve, e ela abotoava. A do alpendre, tão risonha que toda tarde me esperava e eu passava, passava, e não tocava. Tímido demais. Como esquecer — por quê? — as noivas alvoroçadas, me dando premissas. A do desastre de avião quase mortal, que nos deixou com um medo de cal, abraçados, no quarto de hotel. Eu, trêmulo, querendo. Ela, ardente, se guardando e se dando, continente. A outra, já casada, recém-casada, em sua lua de mel, na cidade serrana, enlaçando os dedos de seus pés nos dedos de meus pés, debaixo da mesa. Com o marido em flor, ali ao lado e minha noiva também ali ao lado. A quitenha, inda menina e tão macia, deixando os braços do barbudo dela pra se enrolar nos meus e rolar. Nunca tinha visto ninguém tão cheirosa. Ó, doces e acres amadas minhas de amor recôndito e passageiro, que no seu instante nosso me iluminaram, e sempre me retornaram. A hospedeira severa, que coando café, me dava, fazendo de conta que não dava. A moleca maranhense, rendeira, feita de rapadura escura, empapando o pixaim de brilhantina, para me mostrar que dava. A mulher do sargento que eu amava ao anoitecer debaixo do umbuzeiro, apavorado.

A nissei, tão doce e tão atada que só me dava se sentindo estuprada.

As duas moças daquela viagem antiga. A genebrina esguia e doce, morrendo de saudades do Rio que eu tão mal amei e abandonei. A moça de Araraquara, que quase me matou, rapaz, no metrô de Paris. A menina carioca, que me deu sua flor na hora da aula e mostrou depois, orgulhosa, a rosa rubra no lençol. As minhas paulistas mal-amadas: a despelada e a dos joelhos belos, ambas de mãos quentes, sexo ardente. Aquela virgem bretã, tão bem lembrada, que na hora do amor sangrou demais, se apavorou, me apavorou. A moça virando rapaz que chorava e queria e não queria e chorava. A roceira uruguaia, cheirando a feno, que me acolheu carinhosa e tanto mereceu. A fotógrafa orgulhosa de seu grelo estufado. Minha colega portenha de púbis alto, bocetinha bicuda, estreitíssima. Minha amada *pied-noir*, amorosa, sutil e sábia, com suas toalhas embebidas de vapor, que me animava a retornelos. A suíça bela, longa, bela, fumando comigo na cama e falando ao telefone com o marido, amando e comendo bombons.

Mais que tudo contam minhas amadas tantas, tão poucas, que eu amei muito demais. Amei de paixão assumida, soltas as rédeas, na cavalgada, subindo a céus celestiais e baixando a infernos infernais. Estas minhas amadas mais amadas aí estão, sempre estarão, esvoaçando sobre as ondas de minha memória, prontas a retornar. Ontem tão carnais, são hoje parte espiritual de mim.

Ó minhas donas que amei, que comovi e que me comoveram tanto. Quais? Quantas? Sei lá. Muitas. Muito poucas. Na verdade, só uma. Uma só. Amamos eternamente é o amor de cada hora, em suas encarnações inumeráveis. De quem vou me lembrar, aqui, agora? Sei não.

Aquela grã-senhora, dona de minha inocência, que veio, me ganhou e se guardou secreta, a meu lado, recôndita, por séculos.

A moça doce, de convivência longa, confluência breve, com sua verruga no beiço, a cabeleira espessa de noite escura, boca de hortelã. Quebramos o catre no primeiro encontro.

A morena esguia, cheirando a rosa, boca em relevo, pele de seda sobre óleo, tesuda como ninguém. Tanto me amou e me traiu. Eu tanto amei e traí, tanto, tanto, tanto. Um dia quebrei a cara dela. Ainda me dói.

A paulistinha minha, bela, fresca, dengosa, fútil como ela só, descobrindo comigo, encantada, como era bom ser tão gostosa. Seu tubinho de amar, na santa hora, meio que saía pra fora.

A sulina barroca de meus encantos, dourada, testa de anjo, abaulada, com sua cicatriz, tanto me amou e que eu amei total, aqui está, a vejo, suprema doçura e graça. Juntos, redescobrimos o amor sobre colchões e o desejo sobre pedras à beira-mar.

Ó minha amada de alegria prateada, risinho infantil em cascata, feita para brincar, sorrir e amar. Sôfrega e assustada, com as pernas muito abertas, a boca muito trêmula, ofegante.

A hispana bela, peluda, odiando ser tão cabeluda, capaz de tirar todo sumo do amor, sempre surpresa de suas prendas. Um dia saí dela, glorioso, como uma sangrenta adaga.

A sábia tigra Sardenha, fêmea sempre no cio, morrendo de medo de prenhar e gostando tanto de amar como de pensar; responsável pelos destinos do mundo.

A clara musa bela, loura, louca, olhos de sóis no céu azul. Larga marido, casa e tudo, para sair pelo mundo comigo, itinerante. Eu atrás dela. Ela atrás de mim. Nos amando e nos detestando. Em quantas cidades e ilhas nos amamos?

A minha bela amada alada, artista da carne, da pedra e da musicalidade. Enormíssima. Bela, bela, criando formas com as mãos e amor com seu imenso corpo inteiro. Tudo nela era grande, abismal, femeal, principalmente os mamilos e o grelo, grandes, duros, rubros.

Ai, amadas minhas, redescobertas, em saudades recuperadas, lembradas. A dama dramática passeando comigo, de noite, na praia carioca de camisa de meia sobre a calcinha. Vivida, amava como criança, se vendo amar extasiada.

Como esquecer — por quê? — aquele meu amor pecaminoso da minha menina de seu amado desenganada? E a moça bela, quase pusela, solar, luminosa e dengosa, com mil sinos na voz, que só me queria para marido. Sempre amanhecendo com medo de ser dia, toda ternura, tesão, receio.

Estava eu a viver esses meus eternos amores fulminantes, quando chegou, afinal, o amor de ficar. Era ela, a bela. O próprio amor encarnado. A Esperada, que numa noite de milagre desencantou e me veio. Cabeleira escorrendo na cara, olhos de céu lavado, beleza infinda. Linda ela me habita, me faz, me refaz. Graça plena, suprema graça."

"*Na verdade, eu já te esperava desde o princípio.*"*

---
* *Idem*, p. 143-145.

II
Etnologando

[Meus mestres]

Pertenço à primeira geração de cientistas sociais brasileiros profissionalizados, e com formação universitária específica. Meus mestres foram alguns dos pais fundadores das ciências sociais modernas no Brasil.

No caso da antropologia, essa fundação se dá principalmente em São Paulo, que é onde a moderna antropologia brasileira nasce de muitas mudas. Anteriormente, alguns transplantes floresceram aqui e ali, mas não frutificaram.

Esse é o caso, principalmente, de Curt Nimuendajú, autodidata, nascido na Alemanha, que veio muito jovem para o Brasil e aqui viveu longa vida de etnólogo. Alcançou a maior intimidade com os índios e realizou a obra etnológica mais fecunda que temos. Ou teríamos, porque, até hoje, permanece inédita no Brasil. Lamentavelmente não deixou discípulos.

O mesmo ocorre com Artur Ramos, grande estudioso dos negros brasileiros, da nossa herança africana e autor do painel mais amplo e compreensivo do processo de formação do povo brasileiro. Apesar de professor universitário, não formou discípulos que prosseguissem sua obra.

O terceiro é Gilberto Freyre, que teve formação acadêmica do melhor padrão nos Estados Unidos e na Europa, escreveu a obra mais importante da antropologia brasileira — *Casa-grande & senzala* —, mas não preparou ninguém que tenha realizado obra relevante e frutífera dentro dos campos que cultivou.

Outros eminentes pensadores brasileiros que foram antropólogos sem saber por igual não se multiplicaram. Penso em Manuel Bomfim, o intérprete mais lúcido que tivemos, no Brasil e em toda a América Latina, da natureza do racismo. E também em Capistrano de Abreu, que, pensando que fazia história, por vezes fez antropologia da melhor, sobre o processo de edificação do povo brasileiro, por exemplo. Neste grupo está também, por direito próprio de sua fecundidade antropológica e infecundidade pedagógica, o preclaro Josué de Castro, que teve olhos para ver nossa fome crônica como um problema social.

Mesmo os mestres estrangeiros da implantação paulista das ciências sociais aqui não se reproduziram. Lévi-Strauss, que fez etnologia de campo entre índios do Brasil e escreveu copiosamente sobre eles, não formou etnólogos. Sua principal influência foi posterior e se exerceu como mestre teórico parisino, enquanto o estruturalismo esteve em moda. Roger Bastide, cuja obra é também essencialmente antropológica, viu, provavelmente com tristeza, quase todos os seus discípulos se bandearem para a sociologia.

*Aprendizado**

Estudei na Escola de Sociologia e Política de São Paulo, que durante a guerra foi um dos melhores centros de estudo de ciências sociais que se podia encontrar fora dos Estados Unidos. Por São Paulo haviam passado Lévi-Strauss, ali andava ainda Radcliffe-Brown, que fugindo da guerra acampou durante algum tempo na capital paulista. Falei disto numa entrevista, advertindo, aliás, que nunca os vi. Tive, é certo, uma quantidade de professores estrangeiros competentíssimos, entre eles Baldus, Willems, Pierson e outros e outros.

Obviamente, tudo era muito mais avançado do que o ambiente tacanho de Minas, de onde eu vinha.

"É até provável que em modernidade o ambiente de São Paulo fosse mais avançado e melhor para se estudar sociologia ou antropologia do que qualquer outro na França ou noutro país da Europa. Suspeito mesmo, e não estou brincando, que o Lévi-Strauss veio aprender antropologia no Brasil, com os nossos índios e os livros da Escola de Sociologia e Política, que tinha então uma biblioteca admirável, doada pela Fundação Rockefeller. Lá eu vi as fichas de revistas consultadas pelos professores estrangeiros.

---

* Depoimento publicado no livro *História vivida* (org.) Lourenço Dantas Mota. Rio de Janeiro, Topbooks, 1981, p. 335.

As mesmas que eu compulsava, tinham fichas com aqueles nomes ilustres. O jovem sábio Lévi-Strauss era mais filósofo do que antropólogo, que saía de sua vertente cultural franco-alemã para passar naqueles anos à vertente norte-americana. Esta mistura feita em São Paulo é que, depois, entroncada com a linguística, deu no estruturalismo. Eu, pobre estudante mineiro, querendo ser aplicado, mergulhei naquilo que, para mim, era a própria sabedoria. Na verdade, depois percebi, tratava-se de uma técnica moderna com respeito à erudição arcaica de que eu saía, mas igualmente alienadora. Nessa época, o risco que corri foi o de ficar tão empolgado pela doutrina nova, em moda, que não pudesse nunca mais me libertar dela. O fato é que claudiquei me entregando, inteiramente, ao sociologismo funcionalista mais extremado."

(...)

Da sociologia de Pierson e outros, aprendi o discurso acadêmico norte-americano e algumas técnicas operativas da pesquisa de campo. Aprendi mais do que Pierson queria, isto porque, sendo estudante bolsista, tive o encargo de ajudar a ele e ao professor Mário Wagner Vieira da Cunha na elaboração de uma bibliografia brasileira de interesse sociológico.

Assim é que, ainda estudante em São Paulo, tive de ler um número enorme de obras de interesse social. Li não apenas o ciclo de romances regionalistas e coisas do gênero, como também Sílvio Romero, Capistrano, Oliveira Vianna e outros autores.

Isso foi muito importante, pois assim tomei contato com o pensamento brasileiro, que no meu curso jamais seria objeto de interesse, senão, talvez, como exemplo desprezível de filosofia social. Obrigado pela bolsa, tive de me inteirar dos estudos brasilianos. Não somente no campo da ficção, mas também na ensaística, inteirando-me assim de algum modo — ainda que precariamente — dos esforços dos brasileiros para compreenderem a si mesmos.

Não quero esquecer aqui a grande importância que teve para mim o fato de ter estudado como militante comunista, naqueles anos da guerra. Os comunistas é que me fizeram sentir responsável pelo destino humano, com a tarefa de combater o nazismo lá fora e a reação aqui dentro. Foram também eles, apesar de todo o dogmatismo stalinista que imperava então, que atiçaram meu fervor utópico, fazendo ver a realidade brasileira como a base de um projeto de criação de uma sociedade solidária.

Numa entrevista recente, recordo aqueles anos de estudante de sociologia, indagando se ao me fazer cientista em São Paulo não estava sendo, de fato, contrapolitizado. Gosto de comparar a temática dos meus estudos de então sobre arte plumária, o parentesco, a religião e a mitologia dos índios com a dos estudos do Florestan Fernandes sobre a organização social ou sobre a guerra na sociedade tupinambá. Ele era um engenho de tirar sumo teórico daquela palha funcionalista. Só se salvou pela reconstituição que nos deu do viver tupinambá. Alguém disse que aluávamos como tratores de esteira, usados para colher alfaces. De fato, parecia absurdo tanto esforço de pesquisa direta ou bibliográfica, tanta construção metodológica de andaimes maiores que a própria obra, para versar temas que não tinham a menor relevância social e se situavam a uma imensa distância de nossa problemática. O interesse do Florestan, trotskista, e o meu interesse de estudante comunista eram a sociedade nacional, a revolução. Mas que lugar havia para nos ocuparmos dela naquela máquina de domesticação acadêmica? A Escola e a Faculdade de Filosofia me tiravam da revolução e me metiam a estudar arte plumária Kaapor e o Florestan a reconstituir as guerras tupinambás, de antes de 1500. Dopados, doutrinados sem o saber, estávamos empolgadíssimos com as tarefas que nos levariam a um cientificismo que se esgotava como uma finalidade em si, desligado de qualquer problemática social.

Devo reiterar, porém, que ainda hoje acho muito legítimo estudar qualquer tema, só movido pelo desejo de saber. Afinal, nosso ofício de cientistas tem por fim melhorar o discurso humano sobre a natureza das coisas. O que desejo assinalar aqui é o caráter alienador de uma escolástica científica que fechava nossos olhos para o contexto circundante, nos desatrelava do ativismo político para fazer de nós futuras eminências intelectuais e acadêmicas. Em nome da neutralidade científica estávamos sendo doutrinados para aceitar como despolitização nossa contrapolitização com sinal invertido. E gostávamos."

[Gilberto Freyre]*

Esta soma de ativismo político com a herança brasilianista e o interesse pela literatura impediram que eu me convertesse num acadêmico completo, perfeitamente idiota. Desses que só servem para pôr ponto e vírgula nos textos de seus mestres estrangeiros.

Dos cientistas sociais modernos do Brasil só Gilberto Freyre, com *Casa-grande & senzala*, de fato me empolgou. Sendo o Brasil um país de paixões intelectuais desenfreadas — em que cada pensador se agarra cedo a um teórico da moda e a ele tanto se apega que converte em servidão a sua atividade criadora —, foi muito bom para mim deparar com alguém com tal rechaço a pais teóricos. O que a maioria dos cientistas e dos ensaístas brasileiros faz é, no máximo, ilustrar com exemplos locais a genialidade das teses de seus mestres.

Gilberto, não. Ele não só se manteve independente, sem se fazer seguidor de nenhum mestre estrangeiro, mas se fez herdeiro de todos os brasileiros que se esforçaram por nos compreender. Ao contrário do que ocorreu com as ciências sociais "escolásticas" introduzidas no Brasil por franceses e norte-americanos — que floresceram como transplantes,

---

* Introdução à edição venezuelana de *Casa-grande & senzala* (ed. Ayacucho).

ignorando solenemente como um matinho à toa tudo quanto floresceu antes delas —, Gilberto Freyre é herdeiro e conhecedor profundo de Joaquim Nabuco, de Sílvio Romero, de Euclides da Cunha, de Nina Rodrigues, cujas obras leu, todas, apreciou o que nelas permanece válido, utilizou amplissimamente e levou adiante.

Observe-se que não falo aqui de afinidades e consonâncias com teses enunciadas antes. Falo de algo mais relevante, que é prosseguimento do esforço coletivo de ir construindo, geração após geração, cada qual como pode, o edifício do autoconhecimento nacional. Ninguém pode contribuir para ele, é óbvio, se não conhece a bibliografia antecedente. E isto é o que ocorre com a generalidade dos cientistas sociais. Desgraçadamente, para eles, aquela bibliografia é inútil. Inútil porque, na verdade, as contribuições deles são palpites dados a um outro discurso, composto no estrangeiro para ser lido e admirado. Por isso mesmo, para nós também, quase sempre as suas obras são inúteis ou, no máximo, irrelevantes.

É realmente admirável que Gilberto, tão anglófilo e tão achegado aos norte-americanos, não se tenha colonizado culturalmente. O risco foi enorme. Na verdade, dele não escapou quase ninguém dos muitos mil brasileiros de talento submetidos à lavagem de cérebro nas universidades norte-americanas no curso do século XX.

No ofício

Meu principal mestre foi Herbert Baldus, alemão antinazista que viveu no Brasil quase toda a sua vida como exilado político. Era um intelectual europeu, de velho estilo, poeta e liberal, o que fazia dele um alemão e um cientista atípicos. Discípulo de Thurnwald, se preocupava tanto com a teoria e a história como com a pesquisa de campo. Baldus realizou, além de uma obra etnológica própria, um trabalho erudito de extraordinário valor na ordenação e peneiramento da bibliografia referente aos índios do Brasil que, deste modo, se tornou disponível a todos os estudiosos. Dirigindo durante mais de uma década um Seminário de Etnologia Brasileira na Escola de Sociologia e Política de São Paulo, ali formou a Egon Schaden, a Florestan Fernandes e a mim, entre outros.

Ao me formar, quatro portas se abriam para mim. Uma, muito tentadora, naqueles anos, era a de assumir a direção do jornal *Hoje,* do Partido Comunista, o que felizmente não me foi dado, porque a direção nacional, mais ajuizada do que eu, me achava agitado demais para funcionário da revolução. A segunda porta era prosseguir nas perícias para a Justiça do Trabalho, que rendiam um bom dinheiro, mas não me satisfaziam absolutamente. Outra seria aceitar o cargo de assessor de Roberto Simonsen, na Federação das Indústrias, que me foi proposto por Alexandre Kafka, e que eu passei rapidamente a um colega, horrorizado com o que teria sido uma adesão à direita.

Duas outras opções me pareceram positivas. Uma seria integrar a equipe de Rodrigo de Melo Franco, do Patrimônio Histórico, no Rio de Janeiro, para trabalhar na reconstituição da tecnologia que o português introduziu no Brasil no século XVI. Só a recusei porque teria que mergulhar no papelório das pesquisas historiográficas e o que queria mesmo era aquilo para o que me tinha preparado: os estudos de observação direta da conduta humana, através da pesquisa de campo, sociológica e antropológica.

Afinal, encontrei a minha porta e entrei por ela adentro: foi a de etnólogo indigenista, que alcancei através de uma apresentação de Baldus para o general Rondon e do apoio do ministro Daniel de Carvalho.

Esta foi minha opção. Todos estranharam demais. Minha mãe sofreu anos, calada, o que supunha ser o fracasso profissional do filho, num obscuro emprego que ela achava ser o de amansador de índios bravos. Os amigos todos rechaçavam, às vezes indignados. Ninguém se solidarizou com minha opção. Uns, dizendo que eu era uma espécie de *bright young man*, capaz de vencer em qualquer campo, perguntavam por que eu fazia o que lhes parecia um suicídio, metendo-me na selva, com os índios. Não suspeitavam sequer os inocentes que arriscada e insossa era a vida citadina que eles levavam.

Minha família, com mamãe à frente de todos, só percebeu que eu não tinha uma carreira de fracassado quando, em 1950, ganhei o Prêmio Fábio Prado de ensaios pelo livro *Religião e mitologia Kadiwéu*, que alcançou certa repercussão de imprensa. Foram os jornais, chegando a Montes Claros com meu retrato, que convenceram minha gente de que eu não era um caso totalmente perdido.

Mas eu me pergunto agora, tal como eles se perguntavam então: por que me meti no mato, com os índios? Por que lá permaneci, atrelado à natureza e a eles, por tanto tempo? Sei lá... Curiosidade intelectual, me incentivando uma carreira de pesquisador profissional? Esta bem podia ser minha motivação principal. Insatisfação com a vida que se oferecia a mim, em São Paulo, ganhando dinheiro ou na boa vida do Rio de Janeiro? Também podia ser. Creio que todas essas coisas funcionaram, mas o que me reteve lá, anos e anos, foi, acho agora, o encantamento pelo Pantanal e depois pela Selva Selvagem e um deslumbramento com a humanidade índia, tão ínvia e tão essencial.

Só décadas depois, escrevendo *Maíra* e *Utopia selvagem*, consegui expressar de alguma maneira o sentimento do mundo que hauri naqueles anos. Na verdade, aquela opção improvável a mim e aos mais parece, agora, natural e até necessária. Mas não foi assim naqueles anos. Ninguém de minha geração, de minha classe, do meu tipo de formação fazia nada parecido. Não havia nem mesmo nome para designar minha função. O mais próximo seria o de naturalista, aplicado a botânicos, zoólogos, geólogos, que se metiam mato adentro, à frente de expedições científicas.

O certo é que, uma vez formado, exerci com dedicação, por quase dez anos, o ofício de etnólogo de campo, planejando e realizando pesquisas próprias e alheias. Sempre com algum senso de objetividade e atento à temática da antropologia que se fazia mundo afora. Mas, principalmente, com a imaginação despegada, na busca das formas mais astutas de ler, na realidade da vida indígena diretamente observável, o sentido oculto das suas crenças e instituições.

Nunca fui um exemplificador servil, com material local, de teses de mestre algum. Assinalo isto porque constituí justamente o oposto da postura corrente. A maioria dos nossos pesquisadores assume uma atitude seguidista que faz de suas pesquisas meras operações de comprovação das teses em moda na antropologia metropolitana, só visando redigir seu discurso doutoral, sem qualquer compromisso etnográfico nem indigenista. O resultado é a reiteração do já sabido e o desperdício de preciosas oportunidades de ampliar o conhecimento da etnografia brasileira enquanto isso é praticável e de exercer o ofício de antropólogo com fidelidade aos povos que estuda.

Vivi muito tempo com os índios, voltando cada ano às aldeias para observar incansavelmente seu modo de ser e de viver e para dele participar, no exercício de minha função de antropólogo. Supus que fosse assim até suspeitar de motivações mais lúdicas do que cognitivas. Acho hoje que eu gostava mesmo era de estar ali vendo, encantado, os índios serem tal qual são ou eram. Este encantamento tinha raiz na simpatia que eles, com seus modos peculiares de serem e de fazerem, suscitavam em mim.

Meditando, agora, sobre este meu sentimento, tantos anos depois, descubro nele dois componentes principais. Primeiro, que me encantava nos índios sua dignidade inalcançável para nós, de gente que não passou pela mó da estratificação social. Não tendo sido nem sabido, jamais, de senhores e escravos, nem de patrões e empregados ou de elites e massas, cada índio desabrocha como um ser humano em toda a sua inteireza e individualidade. Pode, assim, olhar o outro e ser visto por todos como um ser único e irrepetível. Um ser humano respeitável em si, tão só por ser gente nossa, de seu povo. Creio mesmo que lutamos pelo socialismo é por nostalgia daquele "paraíso perdido" de homens vivendo uma vida igualitária, sem nenhuma necessidade ou possibilidade de explorarem ou de serem explorados, de alienarem e de serem alienados.

A outra vertente daquele encantamento vinha de meu assombro diante do exercício da vontade de beleza que eu via expressar-se ali, de mil modos. Aos poucos fui percebendo que as sociedades singelas guardam, entre outras características que perdemos, a de não terem despersonalizado nem mercantilizado sua produção, o que lhes permite exercer a criatividade como um ato natural da vida diária. Cada índio é um fazedor que encontra enorme prazer em fazer bem tudo que faz. É também um usador, com plena consciência das qualidades singulares dos objetos que usa.

Quero dizer com isto, tão somente, que a índia que trança um reles cesto de carregar mandioca coloca no seu fazimento dez vezes mais zelo e trabalho do que seria necessário para o cumprimento de sua função de utilidade. Este trabalho a mais e este zelo prodigiosamente maior só se explicam como o atendimento a uma necessidade imperativa, pelo cumprimento de uma determinação tão assentada na vida indígena que é inimaginável que alguém descuide dela. Aquela cesteira, que põe tanto empenho no fazimento do seu cesto, sabe que ela própria se retraía inteiramente nele. Uma vez feito, ele é seu retrato reconhecível por qualquer outra mulher da aldeia que, olhando, lerá nele, imediatamente, pela caligrafia cestaria que exibe, a autoria de quem o fez.

Não havendo para os índios fronteiras entre uma categoria de coisas tidas como artísticas e outras, vistas como vulgares, eles ficam livres para criar o belo. Lá, uma pessoa, ao pintar seu corpo, ao modelar um vaso ou ao trançar um cesto, põe no seu trabalho o máximo de vontade de perfeição e um sentido desejo de beleza, só comparável com o de nossos artistas quando criam. Um índio que ganha de outro um utensílio ou adorno ganha, com ele, a expressão do ser de quem o fez. O presente estará ali recordando sempre que aquele bom amigo existe e é capaz de fazer coisas tão lindas.

Ética para antropólogos

Nos meus vividos anos de trabalho como etnólogo fui mudando de atitude com respeito aos índios. Originalmente, por força da visão acadêmica em que tinha sido formado, me servi deles para estudar o homem, enquanto exemplos típicos de formas primitivas de organização social ou como amostra de concepções arcaicas da cultura. Serviam também, é certo, para estudar uma das matrizes formadoras da sociedade brasileira, mas eram sempre o objeto externo que se olhava de fora, como uma coisa. Aos poucos, com a acumulação das experiências e vivências, os índios me foram desasnando, fazendo-me ver que eles eram gente. Gente capaz de dor, de tristeza, de amor, de gozo, de desengano, de vergonha. Gente que sofria a dor suprema de ser índio num mundo hostil, mas ainda assim guardava no peito um louco orgulho de si mesmos como índios. Gente muito mais capaz que nós de compor existências livres e solidárias.

Acabei percebendo a futilidade da temática clássica dos estudos etnológicos e sua infecundidade científica. Capacitei-me do alto valor explicativo que podem ter os estudos que focalizam os índios, não como amostras de uma humanidade prístina, mas como gente humana adaptando-se penosamente aos novos tempos para sobreviver tal qual é ou era.

Assim foi que aprendi a olhar os índios com os olhos deles mesmos. A partir de então caí num questionamento de mim mesmo como antropólogo. Primeiro, pela crítica da etnologia aparentemente científica e inocente que cultivei até então, estudando parentescos ou mitologias ou colecionando artefatos, num total descaso pelo trágico destino dos índios que contavam os contos ou faziam os artefatos.

Disso resultava uma etnologia acadêmica, incapaz de compreender com profundidade os povos que estudava. E, o que é pior, a tendência em que caíram muitos antropólogos de se converterem, como ocorre com tantos sociólogos, no que passei a chamar "cavalos de santo". Ou seja, pessoas por cuja boca falam sumidades metropolitanas que os deixam boquiabertos de admiração, tal como Exu e outras potestades dos cultos afrobrasileiros falam pela boca de seus "cavalos" quando estes entram em possessão.

Exemplifiquei certa vez — para desgosto de colegas meus, enfermos de consciência culposa — que estudar etnografias indígenas indiferente às condições de existência dos índios que se observa seria a mesma coisa que estudar a estrutura da família alemã debaixo dos bombardeios de Berlim durante a guerra.

Estabeleci assim o divisor de águas entre os que entendem que é possível e legítima uma posição neutra, indiferente, diante do drama indígena — o que me parece abominável, como seria a de um médico que não se interessasse pelos doentes, mas pela doença — e de nós que assumimos uma atitude de fidelidade aos povos que estudamos, incorporando o problema indígena na temática de nossas pesquisas como uma das questões cientificamente mais relevantes e humanisticamente mais frutíferas.

Transfiguração étnica

Minha convivência gratificante com os índios acabou por se desdobrar numa identificação com eles e com seus problemas. Desde então, passei a estar mais atento para os fatores que afetam o destino das populações indígenas, enquanto gente vivente, do que para as bizarrices etnográficas que podia colher nas aldeias ou as ilações gramaticais de seus costumes e falas com os de outros povos.

Coincide então que a Unesco, fascinada pelo que parecia ser a tão decantada democracia racial brasileira e a aparentemente feliz assimilação das nossas populações indígenas, debaixo da proteção do Estado, pôs em marcha um amplo programa de pesquisas sobre as relações de raça em nosso país. Formadas as equipes, fui encarregado do estudo das relações entre índios e brancos no Brasil.

Para decepção da Unesco, todos os estudos demonstraram que havia e há um velho e ativo e amargo preconceito, bem como uma odiosa discriminação nas relações de negros e índios com brancos. Verificou-se ainda que nossa forma de preconceito é especialmente perversa porque se introduz na consciência do negro e do índio, fazendo-os aceitar a ideia branca de uma inferioridade inata da qual só podem fugir pela branquização através da mestiçagem. Isto é certamente melhor que o *apartheid,* mas também é preconceito.

De nosso estudo resultou, como conclusão principal, a demonstração de que "nenhuma tribo indígena foi assimilada em tempo algum. É falsa a tese básica da historiografia brasileira, reiterada por todos, segundo a qual os índios, ao se aculturarem, amadurecem para a civilização convertendo-se progressivamente as aldeias em vilas e cidades, os selvagens em civilizados, os índios em brasileiros".

Entro neste debate dizendo justamente o contrário, mostrando que onde quer que haja dados pode-se verificar que as tribos indígenas se vão reduzindo à medida que, ao lado delas e sobre elas, crescem as comunidades neobrasileiras. O trânsito que se dá no curso da "integração" inevitável e crescente dos índios alcançados e engolfados pelas fronteiras da civilização — e que vão ficando cada vez mais semelhantes no seu modo de ser e de viver da gente do seu contexto — não é o passo de índio a brasileiro. É, isto sim, a transfiguração de índios específicos, com sua língua e cultura originais, à condição de índios genéricos, cada vez mais aculturados, mas apesar de tudo irredutivelmente índios.

Foi na pesquisa de campo e no estudo teórico dos problemas que se apresentam no universo das relações de índios e brancos que libertei minha antropologia do formalismo estruturalista das análises sociológicas, bem como da estreiteza funcionalista da etnografia e, sobretudo, da esterilidade dos estudos de aculturação.

Percebi que elas reduzem a meras fricções ou a registros irrelevantes de episódios de interinfluenciação cultural os graves conflitos entre etnias indígenas e a sociedade nacional. Deixam inexplicáveis os complexos processos de formação e de transformação das etnias e das culturas, tudo reduzindo a um formalismo tão incapaz de apreender o que sucede na vertente indígena do enfrentamento, como na frente de expansão do processo civilizatório que avança sobre ela. Tampouco contribui para a compreensão do processo, através do qual os índios desaparecem ou sobrevivem e as sociedades nacionais se conformam e se transformam.

Em lugar desse esquema, propus a abordagem da transfiguração étnica. Esta, através da análise dos vários níveis em que se dão as relações entre grupos indígenas e agentes da sociedade nacional, sucessiva ou simultaneamente, no plano biótico, no ecológico, no econômico, no cultural e no sociopsicológico, reconstrói a história natural das relações índios-civilizados, fixando neste passo as generalizações que se podem alcançar sobre os modos de ser e de mudar das culturas tribais ou nacionais. Qualquer desses níveis em certas instâncias pode ser mais relevante e mais explicativo do destino indígena do que uma análise meramente social. Mas só através da análise de todos eles se alcança uma explicação cientificamente satisfatória dessa ordem de fenômeno.

Estas foram tarefas cumpridas da etnologia brasileira no corpo da antropologia. Ajudei a levá-las adiante, junto a companheiros admiráveis como Eduardo Galvão e Carlos Moreira. Outras tarefas se colocam hoje para a nova geração de antropólogos que vai surgindo por todo o país. Alegra-me vê-los arar em campos que eu também arei, animados pelos mesmos valores. Eles são os verdes antropólogos da linhagem ecológica, que resgatarão a dignidade da nossa ciência. Preocupados supremamente com a salvação da natureza selvagem e, dentro dela, de seu componente essencial que é o homem, seja o índio, seja o caboclo.

III

Meus índios

[O encantamento]

Durante meus dez anos de etnólogo convivi com diversos grupos indígenas. Exercia, então, simplesmente, meu ofício de etnólogo de campo. Só que, ao contrário dos meus colegas que passam alguns meses, um ano no máximo, com sua tribo, eu alonguei por todo aquele tempo minha estada com eles.

Por quê?

Primeiro porque, não realizando uma pesquisa acadêmica, como é corrente, mas trabalhando no órgão de estudos de um serviço governamental de proteção aos índios, eu podia estudar quantos grupos quisesse, por quanto tempo desejasse. Foram, porém, outras as razões maiores de meus longos, belos anos de vida de índio, dormindo em redes e esteiras, comendo o que eles comem, eu só, em suas aldeias, contente de mim e deles.

Entre estas razões, conforme já disse, sobressai o encantamento em que caí diante dos meus índios e a curiosidade inesgotável que eles despertaram em mim. Desde então, até hoje, me pergunto o como e o porquê dos seus modos tão extraordinários de serem tal qual são. Repensando agora, tantos anos depois, aquelas vivências minhas, ressaltam certas características distintivas dos índios, visíveis ao primeiro contato, que desencadearam aquele meu encantamento e esta longa arguição.

Esta fascinação confessa não é, aliás, nenhuma novidade. Já os primeiros europeus que depararam com nossos índios nas praias de 1500 se encantaram com a peregrina beleza de seus corpos e de seus modos. Qualquer civilizado que conviveu com uma tribo isolada carrega, pela vida afora, a lembrança gratíssima do sentimento de espanto e simpatia que eles suscitam.

Também há no índio silvícola o encanto de uma convivência amena que vem, talvez, do fato de não ter experimentado jamais as agruras da estratificação social. Não tendo senhores nem subalternos a quem obedecer ou dominar, todos ali são igualmente pessoas humanas, assim se veem e se tratam, sem nunca se olharem sem se verem, ou se vendo com desprezo.

Creio mesmo que o socialismo a que aspiramos será, talvez, a recuperação daquela convivialidade perdida, num nível civilizatório de altíssimo avanço.

Como não recordar, também, a generosidade de meus amigos índios, sempre mais predispostos a dar que a guardar? Ou a ausência de qualquer mandonismo? Lá, ninguém manda jamais em ninguém. No máximo, um cabeça de família, exercendo discreta liderança, sugere que talvez seja bom fazer, agora, tal ou qual coisa. Alguém pode até querer mandar, mas nunca será obedecido. Rirão dele.

Quando pedi ajuda, uma vez, a quem eu tratava como chefe índio, para levar a carga de minha expedição a outra aldeia, o que ele fez foi toda uma lição: simplesmente disse, de tarde, ao grupo de índios sentados a seu redor, que no dia seguinte viajaria comigo, para me ajudar. Imediatamente, alguns outros homens se ofereceram para ir também conosco. Descobri, naquele dia, que o que eu chamava *capitão* supondo que fosse um chefe, eles entendiam como *akang-pitang*, ou seja, "cabeça vermelha". Compreendi ali por que os homens me pediam, tantas vezes, que eu lhes desse bonés de pano vermelho. Queriam, eles também, receber o tratamento que eu dava àqueles que designava e distinguia como "capitães".

Entre as lembranças que me afloram, pensando naqueles longos anos de convívio com os índios, ressaltam a espontânea e tranquila alegria com que nos tratávamos. E, também, a limpeza dos índios e o seu gosto de se embelezarem. Uma vez, pelo menos, às vezes duas ou três por dia, saíamos em grupo para tomar banho, espadanando água. Sempre havia por perto algum homem ou mulher sendo pintado, fosse com a tinta rubra do urucum, fosse com a negro-azulada do jenipapo, em pinturas de corpo inteiro, ou traçando linhas e volutas nas retículas mais inventivas e delicadas.

Os jovens, homens e mulheres, andam quase sempre enxadrezados dessas pinturas. Nos dias festivos, quando se reúne gente de muitas aldeias, ou até de tribos diferentes, o luxo é muito maior. Então, sobre a nudez de seus belos corpos, recoberta de pinturas, sobressai a glória dos adornos de plumas, dos colares de miçangas e madrepérola, realçados pelos cintos de fibras e de palhas.

[Micro e macroetnias]*

O indígena é outro tema constante na minha vida intelectual. Graduado na universidade, o meu primeiro emprego, meu primeiro trabalho, foi estudar populações indígenas. E essas populações indígenas, principalmente da Amazônia brasileira, me ensinaram a não ser um etnólogo do tipo antigo, a não ser antropólogo, neutralista, objetivista, distanciado da realidade; me ensinaram a ser gente como eles, a me preocupar com seus problemas, e eu comecei a fazer uma nova antropologia, na qual a preocupação fundamental era compreender o destino das populações que eu estudava; era devolver-lhes o saber que eu desenvolvia.

Eu me mantive fiel a este tema. Ainda há pouco tempo eu estava em Paris presidindo um congresso, um congresso de americanistas, um simpósio sobre o problema indígena; eu venho agora de uma reunião em Barbados em que se discutia o problema indígena, ou seja, ao longo de trinta anos eu tenho pensado neste problema. Mas o problema indígena deve ser visto em seus dois aspectos fundamentais. O primeiro aspecto é o das microetnias tribais, particularmente da floresta tropical de toda a América do Sul. São grupos de cinquenta pessoas, duzentas pessoas,

---

* Depoimento gravado no México, em 1978, para o LP *Voz viva da América* e reproduzido originalmente no livro *América Latina nação*, p. 23-25.

5 mil pessoas, no máximo 10 mil pessoas falando a sua própria língua, tendo a sua própria visão de mundo. São povos inviáveis. Desesperados com a sua inviabilidade, vendo a civilização crescer sobre eles, povos cujo ritmo de conservação e de transformação não depende deles, depende das estradas que se construam sobre os seus territórios, e eles olham perplexos a civilização que está chegando.

Esta situação das microetnias é totalmente diferente da situação das macroetnias. É o caso da Guatemala, do México, do Peru, da Bolívia. Aqui é totalmente diferente. Aqui havia uma alta civilização com a qual se chocou o invasor europeu. Deste choque resultou um esforço incrível de subordinar, colonizar, "espanholizar", ocidentalizar estas populações. O que se conseguiu foi uma camada crioula, esta integrada e espanholizada. Mas aí estão as massas indígenas, 8 milhões de quéchua falantes, no México 10 milhões de indígenas, na Guatemala 85% da população indígena, na Bolívia a maioria também. E populações que permanecem elas mesmas, tais como os vascos. A Espanha, no decorrer de séculos, de um milênio, tentou reduzir os vascos. A Espanha vive um drama de ser uma sociedade multiétnica, organizar-se como um Estado uninacional, o que a torna opressiva. Pois bem, foi o modelo da Espanha o que o México copiou, o que a Bolívia copiou, ou seja, sendo sociedades multiétnicas, se organizaram como Estados uninacionais. Mas o que acontece é que isso não vai acontecer, assim como é certo que no ano 2200 vai haver vascos, catalãos e galegos, vai haver também maias, quéchuas, aymaras e mapuches e esta gente começa, tal como ocorreu também com as minorias nacionais na Europa, a levantar-se; começa a reivindicar uma nova participação nas decisões que afetam o seu destino; começa, sobretudo, a exigir a redefinição dos quadros nacionais.

Eu suponho que o que está ocorrendo é um movimento das civilizações, porque acontece no mundo todo. Alguma coisa faz com que os quadros nacionais, as nacionalidades burguesas, que eram capazes de oprimir e calar todos os povos, de uma hora para outra já não o possam fazer, e estes povos já começam a reivindicar: curdos, flamengos, bretões, galeses, mas também aymaras, quéchuas e tantos outros grupos, e num movimento comum em que eles se aceitam como são, se afirmam e procuram uma nova posição no mundo. É totalmente diferente do primeiro problema. O primeiro problema são microetnias que reivindicam território e isolamento para continuar vivendo o seu destino e que veem a civilização crescer sobre eles como uma avalanche. Mas os outros são povos que conservaram a sua identidade, são povos que até agora os melhores teóricos percebiam, equivocadamente, como se fosse um campesinato e afirmavam que enquanto campesinato, feita a reforma agrária, eles perderiam a sua identidade. Não é verdade, não era um campesinato, era mais do que um campesinato, eram povos, eram nacionalidades, são nacionalidades. O problema destes povos é o problema de refazer os quadros da América Latina.

Eu acho que nas próximas décadas vamos ter conflitos muito sérios e uma grave possibilidade de guerras interétnicas na América Latina, que podem ser tanto mais dramáticas quanto menos compreensão se tenha para estes movimentos das populações indígenas, de autonomia e de emancipação das populações indígenas. Os revolucionários que se colocarem contra isso, indicando, por incompreensão, que a revolução que se deve fazer é a das classes, desconhecem que todas as etnias são anteriores às classes e provavelmente sobreviverão às classes. É preciso aceitar que uma das fontes da história, um dos motores da história, além da luta de classes, antes da luta de classes, é a luta interétnica, a luta de emancipação, e na medida que as mesmas forças revolucionárias se oponham ou não compreendam, o processo vai se convulsionar no nosso país, e, na medida também em que todo o quadro institucional imponha resistências como a Espanha, será muito mais dramático. Afinal, o que sofreram os indígenas do México é muito mais grave do que o que sofreram os catalães, ou os vascos, sempre é muito mais dura a sua história e o ressentimento é muito maior. Então, é preciso ter juízo, é preciso olhar este quadro com cuidado. Esta é uma situação explosiva.

Variantes

Voltando àquelas características distintivas, preciso deixar claro que não existe um índio genérico, cuja língua, usos e costumes sejam comuns e coparticipados. Há índios e índios, mais diferentes que semelhantes uns dos outros.

Para avaliar a amplitude dessas variações, basta considerar que ainda hoje eles falam mais de 150 línguas, classificáveis em cerca de uma dezena de troncos linguísticos, totalmente diferentes uns dos outros. O nosso indo-europeu de que se esgalham, como línguas, do russo ao inglês e ao português, é um mero tronco, equivalente a um daqueles dez e tantos que já se registraram entre os índios.

Seus mitos, seus costumes, suas técnicas variam muito menos; mesmo porque passam facilmente de uma tribo a outra tanto a técnica de fazer cerâmica como o mito sobre a origem das cores, por exemplo, que se incorporam à nova cultura, sem que ela perca nada de sua singularidade e genuinidade.

O certo, porém, é que cada uma das dezenas de tribos indígenas que conheci — meia dúzia delas profundamente — é totalmente diferente de todas as outras. Cada qual tem alguma coisa de muito singular a ensinar, tanto sobre ela mesma, para entendê-la, como sobre a natureza humana para nos entendermos.

É de assinalar, entretanto, que muito mais do que por suas singularidades linguísticas e culturais, os índios se diferenciam, hoje, principalmente por seus graus de integração à sociedade nacional. Os mais integrados que se veem envolvidos pela população brasileira, tendo que conviver intensamente com ela, vivem a pobre existência dos camponeses mais pobres, vestindo seus molambos, falando o dialeto regional que eles falam, rezando aos mesmos santos. São índios, porém, tal como os ciganos são ciganos e os judeus, judeus. O são, apesar de tão aculturados, porque assim se veem e se definem e assim são vistos pelas gentes com que convivem.

Os mais isolados que sobrevivem para além das fronteiras da civilização, vestidos de sua nudez emplumada e revestidos de todas as características interiores e exteriores de sua indianidade, veem o brasileiro que chega ali com quinhentos anos de atraso como os primeiros índios viram chegar as naus quinhentistas.

Entre uns e outros há toda uma escala de indianidade. Em qualquer delas, porém, estamos diante de índios, como descendentes da gente que estava aqui antes de Colombo e de Cabral. Gente que, milagrosamente, permanece ela mesma, menos pelo seu modo de ser e de viver, que se alterou enormemente ao longo dos séculos, do que por um sentimento íntimo e indelével de sua própria identidade. Posso falar, com saber de experiência própria e vivida, de muitas dessas indianidades prístinas ou corrompidas.

Os Kadiwéu

A primeira tribo com que trabalhei longamente foi a dos Kadiwéu, remanescentes dos antigos Guaicurus, únicos índios do Brasil que dominaram o cavalo e com ele impuseram sua suserania a muitas tribos de uma área extensíssima, que ia desde o Pantanal até todo o sul de Mato Grosso.

Com os Kadiwéu foi que, de fato, aprendi a ser etnólogo, porque tanto eu os estudava como eles me estudavam e, por meu intermédio, à minha gente. Esta interação fecunda — a mais rica que tive — se viabilizou devido a um episódio eventual. Logo depois de chegar a suas aldeias, os índios, vendo-me com um livro de Guido Boggiani nas mãos, se interessaram vivissimamente por suas próprias pinturas e desenhos ali reproduzidos. Como para eles não cabia a informação de que era apenas um livro comprado numa livraria, eu passei a ser o senhor daqueles vetustos papéis. Acresce que nas nossas conversas eles acabaram por recordar-se de Boggiani como um homem que tinha vivido muito tempo entre eles. Tinha até se casado como um homem Kadiwéu e era recordado com alegria.

Pude verificar isto muito bem quando vi a reação emocionadíssima deles à notícia de que, ao sair de suas aldeias, ele havia sido assassinado por outros índios. Desde então, eu não era só o senhor daqueles papéis com seus desenhos arcaicos: era o novo Bet'há que voltava a eles. Vale dizer, era quase um membro da tribo, ignorante de tudo, mas com plenos direitos de se assenhorar do seu saber, perguntando sobre o que eu bem quisesse.

Minha etnologia dos Kadiwéu só não foi melhor porque eu era um etnólogo bisonho. De fato, nunca um povo se abriu tanto a mim como eles se abriram. Dos Kadiwéu guardo como impressão maior a primeira percepção que tive da intensidade de uma identificação étnica tribal. Neles eu vi um povo em si, orgulhoso de ser ele mesmo. Apesar de muito aculturados pelo convívio com a gente brasileira que circunda suas aldeias, e até de muito mestiçados com negros e com brancos, permaneciam sempre eles próprios, com uma genuinidade feroz.

Sua mitologia conta que, tendo sido feitos por último, quando o criador não tinha com que aquinhoá-los, deu-lhes, em compensação, sua propensão guerreira para conquistar na guerra contra outros povos tudo o que quisessem ter. É a típica genealogia de um povo guerreiro, saqueador. Um *herrenvolk* que levou tão a fundo seu papel, que as suas mulheres deixaram quase totalmente de parir para substituir os filhos próprios por crianças tomadas de outras tribos que eles dominavam flagrantemente.

Os Tupi-Guarani

Os índios Guarani que estudei na mesma época, em lugar do orgulho tribal, exibiam uma humildade impressionante. Vivem tão maltrapilhos e submissos que eu levei tempos para começar a ver, debaixo daquela pobreza exibida, a intensa vida espiritual que eles cultivavam. Tendo convertido os mitos da criação em mitos de anunciação do fim do mundo, eles pedem continuamente ao Grande Tigre Azul de deus-pai, que voa sobre os céus, que baixe, para acabar com a vida: estamos exaustos, dizem, a própria Terra está cansada de comer cadáveres, ponha um fim.

Os Guaranis são a consciência viva da desgraça que a civilização desencadeou sobre os índios. Liderados por seus pajés, eles estão migrando há séculos rumo ao mar, à procura da Terra Sem Males. Migram, andando de dia e dançando e cantando à noite, na esperança de que seus corpos se tornem tão leves que eles levitem, para entrar vivos na morada de deus-pai.

Convivi muito longamente, também, com outra tribo do tronco Tupi, os Kaapor, da orla paraense da Amazônia. São típicos silvícolas, seu próprio nome significa "gente da mata". Uma das características assinaláveis deles é a sua identificação profunda com a floresta, assim como seu conhecimento detalhadíssimo dela. Conhecem pelo nome cada árvore, os bichos, todos, grandes ou pequenos, os pássaros, até os insetos que enxameiam.

Vivem em clareiras abertas no meio da mata virgem, onde fazem suas casas e plantam seus roçados. Os Kaapor são grandes agricultores. Cultivam várias espécies de mandioca e de milho, além de favas, batatas, cará, amendoim, abóbora, melancia, maxixe, ananás, tabaco, pimentas e algodão. Na orla das suas roças ou nas capoeiras de roças antigas cultivam cuias, urucum, caju, piqui, bananeiras, canas-de-flecha, além de muita miudeza, como as contas para colares e as raízes aromáticas. Estas roças, abertas pelos homens, mas cultivadas e mantidas pelas mulheres, lhes garantem uma subsistência farta que só precisa ser completada pela caça e pela pesca.

Os Kaapor estão sempre cuidando uns dos outros, pela certeza de que a entrada na mata representa o perigo. Vivendo ali com eles, meses e meses, às vezes eu me sentia tão desesperado de saudades de mim mesmo e de minha gente que tentava fugir, subindo rio acima para livrar-me por algum tempo daquela vigilância ininterrupta. Os índios, descobrindo estas minhas tendências escapistas, puseram logo todas as crianças da aldeia a cuidar-me.

Eles precisam saber, em cada momento, onde está cada membro do seu grupo. Claro que os homens saem para caçar por dias, ou que grupos saem para prolongadas pescarias coletivas. Mas todos conhecem bem o rumo que tomaram e sabem em que dia vão voltar. Sabem, igualmente, sobretudo as crianças, dos casais que entram no mato para se amarem, em amores clandestinos — uma mulher que aproveita a ausência do marido, um marido que consegue desvencilhar-se da mulher. Eu precisava, também, cair no mato, ainda que por outras razões. Depois de meses isolado no meio deles, me desesperava sua vida de convívio tão intenso, em casas sem paredes nem portas, em que todos se veem e se sabem continuadamente. Feitos mais para nos isolar do que para nos comunicar, não suportamos tamanha convivência humana. Para voltar a mim mesmo, ao meu natural, tinha que fugir deles.

Curioso é que, apesar de toda essa convivência intensíssima, não há lugar, ali, para nenhum conflito. Nunca vi dois índios Kaapor brigando a sopapos, nem nunca vi um marido batendo em mulher, nem mesmo pais castigando filhos. Aliás, o respeito pela criança entre os Kaapor e os outros índios que conheci é um dos traços mais simpáticos da indianidade. Este respeito é tão acentuado que, conforme uma vez comprovei, um pai não se permite nem mesmo fazer uma boa troca — de uma cuia, por exemplo, por uma faca ou uma tesoura — para o filho se ele não está ali presente para consultar e consentir.

Também frente a estranhos não predefinidos como hostis, sua atitude é amistosa. Começam por lhe dar o tratamento de *saé*, que quer dizer cunhado e significa "fodível", ou seja, pessoa com cujas irmãs eu posso transar e que pode transar com as minhas sem risco de incesto. A própria saudação habitual tem sua graça, pois em lugar de nossos *bons-dias*, eles gostam de dizer: *Sururucatu* ou *Fodagostoso*.

O que mais me fascinou entre os Kaapor foi a beleza incomparável de seus adornos plumários. Colecionando penas e plumas, selecionadas pela forma e pela cor, os Kaapor compõem com elas coroas flexíveis como a asa de um pássaro, penachos que se abrem, se fecham e até esvoaçam, como a cauda de uma ave. Fazem muitíssimos adornos mais, todos belíssimos. Adornados com eles, os Kaapor se dão um pouco a beleza mais bela da sua floresta: a passarada.

A imagem mais viva, distintiva mesmo, dos Kaapor que guardo na memória é o de sua profunda solidariedade. Convivendo com eles na quadra de maior penúria, que é a das águas altas na Amazônia, em que a caça se torna impraticável e a pesca também, vi cenas comoventes. Por exemplo, a de um grupo de sessenta pessoas comerem uma piabinha, assada e socada em farinha. A quantidade daquele peixinho que cabia a cada pessoa era insubstancial. O que faziam, de fato, era uma comunhão solidária da sua fome.

Vi, também, em outra quadra — aquela em que a Amazônia parece o paraíso terrenal, tal a quantidade de frutas deliciosas, de caças e de peixes que se oferecem, dias da maior fartura e alegria. Entre eles, o da chegada à aldeia de uma enorme anta, que vi assar e ajudei a comer, das quatro horas da tarde de um dia às quatro horas da tarde do outro dia, ininterruptamente. Comendo pedacinho a pedacinho, misturado com farinha, degustando cada naco que se comia.

A princípio, me revoltei achando pouquíssima a quantidade que me deram, e demoradíssimo o tempo que levaram para me servir outra vez. Levei tempo para perceber que, não tendo como guardar aquela carne toda, o que se tinha de fazer era mesmo ir lentamente comendo-a e descomendo-a.

Os Kaapor, ao contrário dos Guaranis, não tinham quase nenhum contato com a civilização. Ninguém na aldeia falava português. Pouquíssimos haviam viajado até a vila brasileira mais próxima, que ficava a uns cinco dias de viagem de canoa, rio abaixo. Assim sendo, a sua curiosidade quanto a mim e à minha gente era pelo menos igual à minha quanto a eles.

Na aldeia mais isolada a que cheguei, fui examinado detidamente em todas as minhas partes e peças. Ao descalçar-me para examinar minhas botas, descobrindo a fineza da planta dos meus pés, eles só queriam ficar roçando com elas na cara. Maior foi o susto de descobrirem o meu molar de ouro: eu tinha de escancarar a boca para atender a seu espanto de ver o que para eles era meu dente de pedra. Mas o espanto maior mesmo dos Kaapor foi com o meu cozinheiro negro. Para se convencerem de que ele não estava pintado de preto, levaram-no mais de uma vez ao rio para o lavar e arear. O pobre esperneava, protestando, pedindo socorro. Talvez porque, como cozinheiro, supusesse que a intenção dos índios não fosse propriamente antropológica do estudo de suas formas, mas lavá-lo para assar e comer.

Outros povos

Com os Bororo, um povo solar, aprendi a ver outra forma de espiritualidade, completamente diferente da Guarani. No seu caso, trata-se da religiosidade intensíssima de uma comunidade liderada por sacerdotes, a cujos olhos os vivos e os mortos estão todos presentes. Os mortos, formando uma espiral, que da casa central da aldeia se abre pelo céu acima, com a multidão de todos os Bororo que viveram, indo e vindo, para dar e pedir notícias.

Para eles, o que os vivos veem como caça ou pesca é aquilo que para os mortos é planta ou matéria inerte. A morte não tem, nessas circunstâncias, nenhuma importância. Quando uma pessoa sofre, sobretudo se é homem idoso ou mulher madura, eles simplesmente a ajudam a morrer, dizendo:

— Você já dançou muitas vezes. Você já cantou muito. Vá agora, vá. Passe para o outro lado.

Com os índios da nascente do rio Xingu, no centro do Brasil, eu aprendi demais. Primeiro que tudo, ver todas aquelas tribos falando línguas diferentes, mas com suas culturas uniformizadas — as mesmas formas de casas, as mesmas comidas, as mesmas cerimônias, as mesmas danças — performadas por gente que, entretanto, guarda a sua identidade própria, orgulhosa dela.

Estes xinguanos estabeleceram uma sorte de Liga das Nações, substituindo a guerra por prélios esportivos. Periodicamente, juntam-se os índios das várias tribos na mesma aldeia para realizar grandes cerimoniais, no curso dos quais armam-se competições esportivas, de lançamento de dardos ou lanças, ou de lutas de corpo a corpo, em que põem toda a alma, numa torcida fervorosa. Um dia, ali, quando um jovem de uma tribo pequena e débil — os Lawaiapiti — conseguiu vencer o campeão do grupo mais poderoso — os Waurá —, vi sua mãe correr sobre ele, fazê-lo deitar-se outra vez na terra para colocar seu pé nas costas do rapaz, abrir-se e se exibir, a todos, gritando:

— Ele saiu daqui! Ele saiu daqui! Saiu de mim. Eu o pari!

Entretanto, o que mais ficou marcado em mim, do convívio com os xinguanos, foi sua pungente vontade de beleza. Eu a encontrei em todos os grupos indígenas com que convivi. Ali, porém, ela é muito mais veemente. Um índio põe em cada obra que faz, por singela ou utilitária que seja, mais vontade de perfeição, muito mais primor do que seria necessário para que ela cumpra sua função prática. Isto porque cada obra — um cesto, uma flecha ou uma panela de cerâmica — é o retrato vivo de quem a fez, reconhecível por todos. Vi um índio tomar um maço de flechas que tinha nas mãos, colhidas de várias aldeias, e dizer-me, uma a uma, de quem era. Vale dizer, quem a fez, reconhecendo tão claramente o estilo do fazedor como nós reconhecemos a caligrafia de uma carta.

Com os Xokieng do sul do Brasil conheci um povo que percorreu em cinquenta anos todo o caminho de silvícolas bravios, em guerra contra todos, ao de pobres índios integrados na civilização, como assalariados. A civilização, no caso deles, é uma área agrícola próspera de colonos alemães, aos quais foram dadas as suas matas. Ali vi, comovido, o esforço ingente que eles faziam para serem reconhecidos como gente pelos seus vizinhos teutos. O melhor que lhes aconteceu neste duro caminho foi o encontro com um pastor protestante que, de Bíblia na mão, lhes mostrou que eles também são filhos de Adão e Eva, culpados pelo pecado original. Nos cultos a que se entregavam, eu vi multidões deles, dançando, frenéticos, braços alçados, clamando:

— Deus, me leve! Deus, me salve!

Passaram-se muitos anos desde aqueles meus verdes anos de convívio com meus índios. Periodicamente, me chegam notícias deles, o que me dá a grata certeza de que eles também se lembram de mim. É, por exemplo, o caso de uma fita magnética, gravada pelos Kadiwéu, metade em português, para que eu entendesse, a outra metade na sua língua, de que eu já não entendo mais nada.

Noutro caso, foi o recado urgente que me veio, dos índios Guaranis, comunicando a morte, por assassinato, do seu líder maior: Marçal, o índio mais eloquente que conheci. Esperavam de mim que eu clamasse por justiça contra a barbaridade de seu assassinato por fazendeiros vizinhos. Clamei, reclamei quanto pude, mas como acontece desde sempre, neste meu triste e perverso país, também desta vez, nenhum assassino foi incriminado e punido pela morte do meu querido Marçal.

A mais comovente dessas mensagens para mim foi a da foto que me chegou às mãos, mostrando a beleza de um cerimonial do Kwuarup armado pelos índios xinguanos, numa aldeia Kamaiurá, para representarem com troncos o ato divino da criação dos primeiros homens. É fácil imaginar a emoção em que caí, quando vi que aquele Kwuarup se realizava para mim, para ajudar-me a sair vivo da operação de câncer a que eu me submetia naqueles dias. Isto se via pela inscrição do meu nome num dos troncos da cerimônia.

Uns anos atrás, estava eu carpindo meu exílio quando encontrei um modo de fugir por horas, diariamente, daquele desterro. Para estas fugas é que me pus a escrever *Maíra*, revivendo minhas vivências nas aldeias indígenas. Nunca escrevi nada com tão grande emoção. Meu tema ali era dar expressão ao que aprendi no longo convívio com os índios, sobre a dor de ser índio, mas também sobre a glória de ser índio, e que nunca havia encontrado espaço nos meus escritos etnográficos. Enquanto o escrevia, eu estava lá na aldeia com eles. Era, outra vez, um jovem etnólogo aprendendo a ver seu povo e a ver o meu mundo com os olhos deles.

IV
Amazônia

[A voz da floresta]

Logo depois de graduado, vivi uns anos em aldeias indígenas da Amazônia. Gosto muito de recordar aqueles tempos meus, em que andava com os índios pela floresta virgem, caçando, pescando, olhando e vendo. Belos anos meus, juvenis. Beleza plena da floresta intocada.

Na verdade, só a vivi inteiramente, aceso de lá estar, nas horas da madrugada e ao anoitecer, quando a floresta fala, clama. Então, a selva toda, silenciosa sempre, de repente atroa e brama. É a hora sagrada em que a bicharada grande e pequena, os pássaros e até os insetos clamam, na alegria de adivinhar o dia que vem, outra vez; ou berram, aterrados, no terror da noite que cai, outra vez.

Esse estardalhaço começa com a berraria dos bandos de macacos guariba, saltando na fronde das árvores mais altas e gritando a todo o peito, com o zoador que têm na goela. Os berros dos guaribas acordam a bicharada, que entoa, cada qual com a sua voz na algazarra infernal: as antas espirram, as onças esturram, os veados berram, os caititus e queixadas grunhem, as aves piam. Só se alegram, creio eu, os morcegos e as corujas na gamaria; e no chão, as cobras e jabutis.

O amanhecer, ao contrário, é alegria geral. Os índios e eu, ali, entre eles, acampados na mata, também nos alegrávamos e nos entristecíamos, no mesmo ritmo. De madrugada, vendo abrir um novo dia daquele nosso viver alvoroçado, saíamos logo para o banho, e de lá, para comer alguma coisa e ganhar outra vez a mata virgem, para criar, com nossos pés, uma nova picada, de aldeia a aldeia, atravessando a floresta.

Vista do céu, a floresta é um tapete ondulante, feito de todos os tons de verde, salpicada de copas coloridas. Vista de baixo, pisando folhas mortas, é um mundo sombrio, de onde milhares de colunas, esguias ou grossas, que saem do chão limpo para o alto, se esgalham e se esfolham, formando um teto de ramagem entrelaçada. Aqui e ali, onde um raio derrubou uma árvore, o sol penetra na mata, iluminando. Então, ao lado do tronco que apodrece, brotam e crescem rapidamente plantas novas, querendo ser árvores ou cipós.

Certa vez, quando nos aproximávamos de uma dessas clareiras, o índio que ia à minha frente parou, de estalo. O que vinha atrás tocou meu ombro, advertindo. Olhei então e vi assombrado, sobre o tronco caído, uma onça negra, enorme, que nos olhava.

Decerto, curiosa de ver, pela primeira vez, uns bichos tão despelados e no meio deles um outro bicho, eu, enrolado em panos. Meu amigo índio deu outro toque de advertência como se dissesse:

— Cuidado! Atire!

Mas eu não tirava meus olhos dos olhos amarelados da onça, que também me fitava. Ali ficamos, atados nós ambos pelo olhar, num recíproco encantamento, que logo, de abrupto, se desencantou. Com um salto instantâneo a onça estirou-se em todo o comprimento de seu corpo, elástico, ganhou a mata e foi-se embora. Exceto em ocasiões assim, raramente eu tinha olhos para ver a mata por onde andava e que hoje, saudoso, revejo na memória. Mas me lembro bem de instantes de susto e encantamento, quando eu me via parado, olhando uma árvore muito florida, toda branca, ou toda amarela, ou toda rubra, ou toda lilás, assombrosa de beleza. Ou alguma outra planta, de forte cheiro, fétido ou perfumado, que me chamava a atenção. Não me esquecerei das vezes em que, procurando na mata lugares em que melhor podia filmá-la, eu a vi, com toda a força dos meus olhos, maravilhado. Recordo, agora, um igarapé cristalino, que vi correndo, murmurante, sobre areias, pedras e musgos. Iridescente das luzes filtradas pelas folhas que caíam sobre ele, luzindo, vívido, nas piabas metálicas que saltavam, faiscantes.

Resplandecente no esplendor de alguma itã negra, que eu abria para ver a beleza de sua madrepérola escondida.

Éden e Inferno

Foi esta vivência íntima com a floresta que me inspirou um ensaio, publicado há anos, em que eu mostrava que eram igualmente verdadeiras as imagens da Amazônia como inferno verde e como o paraíso terrenal.

A Amazônia é, de fato — eu o vi no Pará —, uma coisa e outra nas duas quadras do ano em que se transfigura: a das enchentes — fevereiro a junho — e a das vazantes, agosto a dezembro.

Quem a vir numa só dessas estações levará dela uma imagem tão verdadeira como enganosa. Será o Paraíso Terrenal, que Colombo e Américo Vespúcio viram e descreveram, em espanto, cuidando que tinham achado o paraíso perdido. Assim é, pela variedade esplêndida de frutas cheirosas e deliciosas que amadurecem ao mesmo tempo: bacuris, cupuaçus, cacaus, cajus, piquiás, maçarandubas, jenipapos, cutitis, gravidas, beribás, ou cocos, açaís, bacabas, pupunhas, caindo em imensos cachos das esguias palmeiras. Assim é, também, pelo mundo que zumbe de abelhas cintilantes, de pássaros coloridos e canoros; pelos bichos, todos de cascos, de pelos ou de pele nua, saltando, brigando, amando, numa alegria desenfreada. É a natureza no cio.

A mata é justamente o contrário, quando se configura como Inferno Verde, na estação das enchentes. Depois de meses de chuvas ininterruptas, que incham os rios, a mata se encharca, só deixando fora, e ainda muito úmidos, os tesos mais alçados. Então, por longos meses, é impossível encontrar um peixe que seja naquele aguai incomensurável. Mais difícil ainda é dar com uma caça, buscando-a através das águas, nos coitos em que se escondem, inacessíveis.

Vi meus índios Kaapor, do rio Gurupi, engordarem dez quilos, retomando as cores e a alegria de viver dos meses de fartura; como também os vi emagrecer aqueles dez quilos, atolados na tristeza da aldeia, clareira aberta na mata inundada. Tendo uma agricultura própria e rica, eles atravessam bem aqueles meses de penúria, comendo mandioca e batatas das roças em que as armazenam. Os seus vizinhos Guajá, que não têm roças, sofrem demais, quebrando coquinhos, na esperança de encontrar uma larva dentro da noz. De natureza já pouco vigorosos, nesta quadra eles ficam esquálidos; olhos vivos, ávidos por qualquer coisa que possam mastigar e engolir.

Os Kaapor são gente da mata, *silvícolas,* no mais estrito sentido do termo. Assim eles mesmos se chamam, uma vez que *kaa* é mata, e *por* é morador. Mas o são, principalmente, porque portam um saber minucioso, acumulado em milênios de convívio com a mata. Conhecem detidamente cada zona diferenciada de um raio de mais de 100 km ao redor da aldeia. E mais: sabem de cada árvore, a espécie e a serventia. Reconhecem também cada tipo de pedra, ou musgo. Chamam cada bicho ou inseto com que se defrontam por seu nome.

Para meus Kaapor, a mata — seu mundo — é uma entidade viva. Sua mitologia ensina até como surgiu. O velho deus-pai, Maíra-Monan, sentindo-se muito só, na solidão em que existia, convivendo apenas com os morcegos sagrados, soltou um alento para ter seu filho. O alento de deus-pai, Maíra, sobrevoou por longo tempo, buscando onde se assentar, até que encontrou uma árvore alta. Encantado com aquele ser tão destacado, o penetrou. Foi até o cerne, de lá desceu pelas raízes, para sentir o gosto das terras e das águas; subiu depois pelos galhos até as folhas, onde sentiu o farfalhar dos ventos. Gostou tanto daquela criatura de deus-pai que a fez multiplicar-se.

Assim nasceu a floresta.

Os índios se adaptam à floresta, abrindo nelas pequenas clareiras, onde plantam suas roças durante alguns anos, e as abandonam depois, deixando o mato crescer em capoeiras que logo se encorpam, refazendo a floresta.

A população mestiça neobrasileira da Amazônia herdou boa parte dessa sabedoria adaptativa. Vive, também, ao mesmo ritmo, em clareiras da mata, à beira-rio, nos barrancos mais altos ou terra adentro. Apesar de viverem a vida singela e de grande pobreza, que corresponde à economia extrativista, alcançam uma interação harmoniosa com a floresta virgem. Cultivam em suas roças dezenas de plantas alimentícias, medicinais, ou de tempero. Combinando-as com carnes e peixes, desenvolveram uma culinária exótica, de sabor fabuloso, que um dia, espero, o mundo venha a conhecer. Seu principal molho é o tucupi indígena: uma maravilha! É obtido pelo cozimento do suco da mandioca venenosa que, fervido, converte o ácido cianídrico numa infusão mais forte que o vinagre, mas sem nenhuma acidez.

O assalto da civilização

Esta vida singela é tão bela, nas quadras melhores do ano, que cheguei a pensar uma vez que o Brasil poderia talvez sair da pobreza, permitindo que gente do mundo inteiro viesse passar suas férias na Amazônia, andando nus, pela mata, vivendo vida de índios. Na mesma linha utópica, há uns anos, voltando do exílio, propus ao órgão governamental que financia imensos projetos agrários na Amazônia, com milhões de dólares, que patrocinasse uma experiência de assentamento de caboclos pobres.

Meu plano era criar comunidades que plantariam e cuidariam dos bosques de árvores frutíferas da região, como o bacuri ou o cupuaçu; ou cooperativas de criação de peixes e jacarés, na infinidade de lagos da Amazônia. Cada um desses projetos, ocupando umas cinquenta famílias, custaria pouco mais que o salário de dois ou três tecnocratas. Quando alcançassem uma forma economicamente viável, passariam a constituir alternativas de ocupação humana, harmoniosa, da Amazônia.

Pois bem: meu projeto, apesar de apoiado por uma universidade, não alcançou a menor atenção. O mesmo ocorreu com os planos de racionalizar a exploração dos seringais e castanhais nativos, devidamente enriquecidos, que abririam perspectivas de prosperidade para numerosas populações caboclas. Os tecnocratas amazônicos só se preocupam com projetos que cheiram a lucro e a propina. Mesmo quando promovem programas de colonização com pequenos agricultores, o fazem de forma tão insana e tão oposta à natureza da floresta que esta gente, estruturada para produzir para o mercado, mal consegue sobreviver. O corrente, na Amazônia, tem sido sempre, e é ainda, desalojar as populações indígenas e caboclas, destruindo seus nichos adaptativos, para entregar a terra ao gado, ou à miragem de grandes lavouras. Para isto é que o governo dá ricos financiamentos que jamais se recuperam.

Sonhos meus, bem sei, inviáveis neste mundo duplamente pecuniário. O que se está fazendo, de fato, é destruir ao ritmo de 100 mil km² por ano a área de 4,5 milhões de km², onde ainda viceja a floresta virgem, para plantar capinzais, cada vez mais extensos. Seu plano insano parece ser o de converter a Amazônia florestal num pampa pobre. Tanto mais porque a mata, uma vez derrubada, expondo a terra nua às chuvaradas, frequentemente a torna estéril, fazendo aflorar massas de areia à superfície. O que se está construindo, em muitas áreas, dizem os cientistas, é um novo e imenso deserto. Isto é o que se vê nas áreas em que a mata foi tombada, há uns vinte anos.

Mas o projeto destrutivo prossegue, célere, financiado pelos governos, que não só dão subsídios diretos, mas permitem que qualquer empresa deixe de pagar metade do que deveria de Imposto de Renda, desde que ela se comprometa a aplicar a importância na derrubada de matas na Amazônia. Como estranhar, nessas circunstâncias, que grandes empresas multinacionais se assanhem, elas também, como a Volkswagen, para em lugar de fuscas produzir gado zebu? Muitas outras empresas multinacionais, como a Shell, a Alcan, a Swift, a Liquifarm, a Singer, a Eider-Mitsubishi e outras, estão dançando pela mesma música. Contando com uma competência técnica e organizativa mais alta, essas empresas, apoiadas e subsidiadas pelo governo, cumprem rápida e eficazmente a tarefa hedionda que se propõem: matar a mata virgem.

Mesmo elas, porém, seriam impotentes, parece, para acabar com toda a mata imensíssima de que se apropriaram. As dimensões desta expropriação da Amazônia foram medidas num levantamento feito nos anos 1980, no qual se verificou que as 152 maiores empresas latifundiárias da região possuem 40 milhões de hectares, ou seja, uma área maior que todas as terras cultivadas do país. Num grupo de dez dessas fazendas, que vão de 40 mil a 4,3 milhões de hectares, não se encontrou uma só cabeça de gado, e todo o pessoal ocupado mal excedia a trezentos trabalhadores.

Outra forma sinistra de agressão à floresta amazônica são as hidrelétricas que lá se instalam. O caso mais escandaloso é o da represa de Balbina, recém-inaugurada. Ela inundou uma área de 2.346 km² para produzir tão só 250 MW. Para avaliar a insignificância dessa produção, basta considerar que a de Tucuruí, que represa área equivalente, produzirá 8 mil MW. Acresce que a Balbina vai converter uma imensa floresta, das mais pujantes, num enorme lago podre. O faz desalojando e martirizando os índios Waimiri-Atroai que ali viviam desde sempre.

Apesar de provocar protestos por toda a parte, nacionais e internacionais, foi impossível demover o Banco Mundial do compromisso de financiar a obra, ou de levar à desistência os tecnocratas que inventaram aquele absurdo e as empreiteiras que o implantaram. Venceu, uma vez mais, a insanidade que é a lógica racional e mercantil do sistema vigente de exploração da Amazônia.

Esses fatos demonstram como é falsa a afirmação de que os índios e os caboclos sejam os culpados do desmatamento da Amazônia. Este crime não é atribuível a eles, mas sim às empresas latifundiárias, mineradoras, hidrelétricas e, ultimamente, às produtoras de ferro-gusa com carvão vegetal, por sua ocupação infecunda ou destrutiva da floresta. A alegação de todas e de cada uma delas é a de serem agentes do progresso na ação meritória de integrar a Amazônia na civilização.

Amazônia, fronteira viva

É certo que o Brasil enfrenta o desafio de povoar a Amazônia, que é a sua porção mais erma. Mas o que se está fazendo não é instalar ali as populações excedentes de outras áreas. É, isto sim, entregar a Amazônia à especulação fundiária. Isto se comprova pelo fato de que a maior parte dos conflitos pela posse da terra e a maioria dos assassinatos de trabalhadores rurais ocorridos nos últimos anos se deram na Amazônia. É a sangrenta e desigual luta entre pequenos lavradores que lá vão se instalar com suas famílias, procurando um pedaço de chão em que possam sobreviver; e as grandes empresas que, obtendo do governo títulos oficiais de posse daquelas terras, exigem imediatamente, da justiça e da polícia, a retirada dos lavradores pobres como invasores.

A Amazônia é hoje uma fronteira viva de expansão, tal como o foi a norte-americana no século passado. Só que sua ocupação se fez no sentido inverso. Enquanto a norte-americana assegurava às famílias que fossem para o Oeste e lá fizessem uma casa e plantassem uma roça, nela permanecendo por cinco anos, o direito de demarcarem trinta hectares como propriedade familiar, a lei brasileira determina que a posse não garante a propriedade. Aqui se optou foi pela expansão do latifúndio, tanto como forma de apropriação da terra quanto como meio de obrigar a população rural a trabalhar numa fazenda ou noutra igual porque para onde quer que vá, encontra toda a terra apropriada, seja através de concessões governamentais, seja através de *grilagens,* que são falsificações cartoriais de direitos.

O golpe militar de 64 contra o governo João Goulart foi dado em grande parte para impedir que se levasse adiante seu programa de uma reforma agrária, que fixasse 10 milhões de famílias na terra, como pequenos proprietários. O governo militar que se seguiu proscreveu este programa e reforçou a política de expansão do latifúndio, aumentando exponencialmente o número de grandes propriedades e suas dimensões. Elas hoje cobrem já toda a imensidade do território nacional.

Os efeitos dessa política foram, por um lado, o crescimento exponencial de cidades, sobretudo o Rio e São Paulo, e o desencadeamento consequente da violência urbana. Foram, por outro lado, o desmatamento mais antiecológico da Amazônia e a violência rural que já explodiu.

Vozes ingênuas às vezes argumentam que o desmatamento da Amazônia não é tão grave, dadas as dimensões gigantescas da floresta. Temo que não seja assim. Vimos na primeira metade deste século ser destruída uma floresta pujante, como a do Vale do Rio Doce, que parecia também imensa demais para que pudesse ser tombada. Aquela floresta foi posta abaixo por fazendeiros, armados de caixas de fósforos. Eles nem pagavam aos trabalhadores pelo desflorestamento: apenas deixavam que plantassem uma roça de feijão na terra recém-desvestida da mata, antes de semearem o capim.

Hoje, toda aquela imensidade é um capinzal só, cortado por lanhos de terra ferida, exposta, onde o capim não pegou e a erosão cria uma paisagem lunar. Toda aquela pastaria imensa lá está, à espera, ainda, de um gado que os fazendeiros não têm. Percorrendo recentemente 1.200 km de estrada da rodovia Rio-Bahia, coberta toda ela no passado por uma mata, o que vi ali foi um capinzal imenso. Eu o olhava com tristeza, lembrando que numa extensão semelhante, que havia percorrido pouco antes, viajando da Alemanha para a França, tinha visto muito mais floresta e muitíssimo mais cultivo.

Assim é que não posso ter ilusões de que fracassem na sua tarefa igualmente sinistra aqueles que estão desmatando a Amazônia. Eles são, de fato, muito mais poderosos, com seus capitais, sua organização empresarial, seu domínio tecnológico e suas imensas disponibilidades de meios: enormes tratores de esteira, enlaçados por correntes que podem arrancar pela raiz florestas inteiras, aviões que espargem desfolhantes mortais sobre as árvores; motosserras e toda a parafernália com que atacam a floresta amazônica.

Entretanto, a peça mais poderosa desse exército marciano de assassinos do verde é, de fato, o sistema social brasileiro. Aqui, desde sempre, o povo existiu como uma fonte energética, que se gastava na produção do que não consumia. Primeiro, se gastaram milhões de índios nativos; depois, outros tantos milhões de escravos, caçados na África. Mais tarde, vieram imigrantes europeus e japoneses, também aos milhões, excedentes das necessidades de mão de obra de seus países. Agora, o que excede também no Brasil é gente que só quer trabalhar para viver, e que só sabe plantar. Gente a quem se nega um palmo de terra. Tais são as massas brasileiras, que nunca foram levadas em consideração e continuam sendo olhadas com o maior desprezo. O que se expande no Brasil é uma economia de prosperidade socialmente irresponsável, insensível aos requisitos essenciais da vida, porque só se preocupa com o lucro.

O que está sendo criado, já se vê, é uma situação na qual os pobres, concentrados nas cidades, morrerão de fome, enquanto os ricos, açoitados em luxuosos condomínios fechados que são quase campos de concentração, cercados de arame farpado e eletrificados, morrerão de medo dos pobres. Este paroxismo começa já a configurar-se, e pode vê-lo quem queira visitar hoje os bairros ricos das metrópoles brasileiras.

Réquiem

Concluindo, deixe-me recordar que as florestas tropicais úmidas, com sua massa prodigiosa de vida vegetal e animal, habitadas por povos morenos, armados de um saber de experiência feita, de um imenso gozo de viver e de uma alegria espantosa, vão se convertendo em obsolescências num mundo caduco, cego para a vida, para o humano e para a beleza.

Estamos diante de um processo, aparentemente irreversível, de liquidação, em prazo breve e previsível, das bases da vida numa imensa província de terra. Os atentados ecológicos contra a floresta amazônica são assaltos contra a vida no planeta.

O que se está deteriorando e destruindo é a gigantesca floresta amazônica, batizada de *Hileia*, por Humboldt e tida como a *sylva primaeva*, a maior e a mais exuberante formação florestal que se conhece e que constitui grande pulmão de oxigenação do planeta. Tão imensa e portentosa como frágil.

Com efeito, a floresta amazônica é um ecossistema que se constrói continuamente a si mesmo, como uma massa de vida fantasticamente diversificada e milagrosamente integrada. Assentada sobre terras áridas, envolta numa nuvem de calor úmido, banhada por chuvas torrenciais, a floresta se faz e refaz pela circulação de nutrientes tirados principalmente da atmosfera, que ela converte em vida vegetal e animal. Que vive, morre e revive, reabsorvendo seus detritos, num sistema de reciclagem que constitui em si um ecossistema fechado da mais alta complexidade.

Através de um esforço milenar as populações indígenas haviam conseguido implantar-se dentro desse ecossistema, tirando dele sua sobrevivência, sem ameaçar a reprodução da floresta. A civilização surgiu ali como uma peste de agressão ecológica avassaladora que, simultaneamente, extermina quase toda a população indígena e liquida a própria floresta, com intensidade cada vez maior. Em nossos dias, a eficácia da destruição civilizatória é já tão grande que não se pode mais duvidar de que a floresta amazônica está ameaçada de morte.

V
Antropologando

[Ambições antropológicas]

É bem provável que eu exagere nas ambições pessoais que projeto sobre a antropologia geral e para a antropologia brasileira. Afinal, a ciência se funda no direito de cada pensador fazer o que lhe dê na santa gana. Só assim ela pode andar e progredir. Nada mais compreensível que tantos se dediquem aos temas de moda e se filiem a escolas lá de fora. O que peço à antropologia excede, evidentemente, ao que uma disciplina científica tem que dar a partir de seus compromissos acadêmicos e de suas servidões à ordem vigente.

Aponto é para uma antropologia não conivente e irredenta, que não existe articulada em parte alguma, ainda que constitua a ambição maior de todos os cientistas sociais de esquerda. Este registro tem o objetivo de afirmar que, para além de suas divergências adjetivadas — antropologia social, cultural, estrutural e funcional —, há uma antropologia de direita identificada com a ordem social vigente, geralmente chamada de antropologia relativista, e outra de esquerda, descontente com o mundo que aí está e predisposta a transformá-lo e que se designa como antropologia dialética. Ocorre, como é óbvio, que a primeira, não sendo confessável pelos que a professam, os leva a desconversar, enquanto a segunda, não tendo por que escamotear-se, se proclama, combate e incomoda.

Antropologia dialética*

Expressei muitas vezes meu duplo descontentamento teórico, tanto com as ciências sociais acadêmicas quanto com o marxismo dogmatizado. Ambos precisam ser superados pelos que querem e necessitam compreender a realidade social, para melhor atuar sobre ela. Cumpre para tanto superar as falsas ciências do homem e da sociedade, desmascarando sua inaptidão para elaborar uma teoria da realidade social em virtude do seu comprometimento com a perpetuação do status. Superar também o marxismo dogmático, denunciando seu caráter de escola de exegetas de textos clássicos, incapaz de focalizar a realidade social em si mesma, a fim de, a partir daí, gerar o seu conhecimento.

"Esta dupla superação importa no retorno à postura indagativa e à metodologia científica de Marx. Mas importa, também, na dessacralização de seus textos dos quais o mais importante foi escrito precisamente há um século e não pode permanecer atual e capaz de explicar toda a realidade. Importa recordar aqui que Marx não pretendeu criar uma nova doutrina filosófica, mas sim assentar as bases de uma teoria científica da sociedade, fundada no estudo acurado de todas as manifestações

---

* *As Américas e a civilização*, 1988, p. 29-30.

da vida social. Em razão deste esforço é que ele se fez o fundador das ciências sociais modernas.

Três ordens de compromisso são requeridas aos que querem estar à altura de sua obra. Primeiro, o de tratar as suas proposições como qualquer afirmação científica, ou seja, submetendo-as permanentemente à crítica diante dos fatos, só aceitando sua validez mediante a sua contínua reformulação. Segundo, prosseguir seu esforço, não através da exegese dos textos que deixou, mas voltando à observação da realidade social para, por meio da análise sistemática, inferir de suas formas aparentes as estruturas que a conformam e os processos que a ativam. Terceiro, tratar o próprio Marx como o fundador das ciências sociais; nem maior nem menor que Newton ou Einstein para a física e, por isso mesmo, igualmente incorporado à história da ciência, que não pode ser confundida com a ciência mesma.

A ciência que herdou a temática e a metodologia do materialismo histórico é a antropologia (J. P. Sartre, 1963) enquanto o mais amplo esforço de elaboração de uma teoria explicativa de como as sociedades humanas chegaram a ser o que são agora e das perspectivas que têm pela frente, no futuro imediato. Esta herança não pertence, porém, a qualquer das antropologias adjetivadas como culturais, sociais ou estruturais que se cultivam atualmente e que sofreram um desgaste semelhante ao da sociologia acadêmica.

Pertence a uma nova antropologia que terá como características distintivas uma perspectiva evolucionista multimilenar que permita situar cada povo do presente ou do passado numa escala geral do desenvolvimento sociocultural; uma noção de causalidade necessária, fundada no reconhecimento das diferentes capacidades de determinação dos diversos conteúdos da realidade sociocultural; uma atitude deliberadamente participante da vida social e capacitada a ajuizá-la com lucidez, como uma ciência comprometida com o destino humano."

(...)

Procuro contribuir para a construção dessa "antropologia dialética" com os meus estudos de antropologia da civilização. Neles apresento quatro esquemas conceituais mutuamente complementares.

Primeiro, o estudo das formações econômico-sociais e sua sucessão no tempo, pela análise das formas que elas assumiram nas Américas, uma vez que aqui se registraram melhor que em outras áreas todas as etapas da evolução cultural.

Segundo, o estudo comparativo das configurações histórico-culturais que se registram nas Américas e o exame do modo pelo qual aqui se conformaram a sociedade e a cultura, buscando a explicação das causas do desenvolvimento desigual dos povos americanos.

Terceiro, a análise das formas de estratificação social, empiricamente discerníveis na América Latina, bem como das estruturas de poder que lhes correspondem.

Quarto, o exame crítico das construções ideológicas através das quais se vem construindo nossas culturas e dos obstáculos que se opõem à elaboração de uma consciência crítica.

"A primeira abordagem, utilizada originalmente por Marx, foi depois empregada muitas vezes em estudos de teoria da história e em pesquisas sociológicas e antropológicas referentes ao surgimento e ao declínio das civilizações. Lamentavelmente, nenhuma delas chega a definir congruentemente uma teoria (O. Spengler, 1985; A. Weber, 1960; P. Sorokin, 1937/41 e 1960; A. L. Kroeber, 1944) e nem mesmo a retomar, criativamente, as contribuições de Marx. A segunda abordagem foi utilizada abundantemente nas pesquisas antropológicas sobre áreas culturais e sobre problemas de aculturação, antes como uma intenção (G. M. Foster, 1962; J. Steward, 1955) do que como uma metodologia explícita. As outras abordagens foram também desenvolvidas por Karl Marx, na forma de uma teoria das classes sociais, do papel da luta de classes na história e do estudo do papel social das ideologias e da alienação (1958, 1962 e 1963). Cada uma destas ordens de problemas chamou a atenção de muitos estudiosos que os focalizaram em numerosos estudos de estratificação social e de estruturas de poder (Max Weber, 1964; Wright Mills, 1960), e de análises funcionais das crenças e das ideologias (W. G. Summer, 1949; K. Mannheim, 1950; G. Lukács, I960)."

Nada há de novo, portanto, em nossa abordagem. Senão, talvez, sua utilização conjunta de forma integrada, sua reavaliação crítica à luz dos progressos recentes das pesquisas sociais no estudo sistemático de situações concretas e sua apresentação explícita como uma teoria explicativa. Isto é, como um sistema coerente de proposições relativas à formação da sociedade e da cultura brasileira e à análise das causas do subdesenvolvimento em que mergulhamos.

"Esta antropologia dialética — para a qual procuramos contribuir aqui — tem como característica comum com as demais antropologias o interesse pelos estudos de sociedades e culturas concretas com base em pesquisas de observação direta, como as que realizam os etnólogos ao estudar tribos indígenas, ou em estudos de reconstituição histórica, como as que os arqueólogos e os historiadores realizam no estudo de civilizações desaparecidas. Mas tem como características distintivas, em primeiro lugar, a de fundar-se numa teoria de alto alcance histórico sobre a evolução sociocultural do homem, que permite situar no mesmo esquema evolutivo tanto as sociedades do passado quanto as contemporâneas.

Em segundo lugar, a de assentar-se em uma concepção da causalidade social que reconhece o poder determinante das inovações tecnológicas, a capacidade condicionante das estruturas sociais e o caráter literário ou limitativo das ideologias.

E, em terceiro lugar, a de apelar para análises conjunturais das forças sociais em interação em cada situação histórica concreta, de acordo com a noção de que suas contradições e antagonismos são tanto ou mais explicativos do que suas complementaridades funcionais.

Estas últimas características aproximam a antropologia dialética do materialismo histórico com o qual tem também em comum uma atitude de franca participação na vida social. Neste sentido, procura ser uma ciência comprometida com o destino humano, que indaga os efeitos sociais dos estudos que empreende e os coloca a serviço dos povos que focaliza."

Antropologia da civilização

É raro, mas sucede às vezes que o desterro, principalmente o exílio, que é o desterro compulsório, se faz fecundo. Triste fecundidade, é certo, que se alcança pela dor de uma privação tanto mais doída porque são exiladas principalmente as pessoas mais chegadas a seu povo e mais metidas nos dramas de seu tempo.

Para mim, confesso, o exílio foi extremamente fecundo. Nele me refiz como intelectual, escrevendo uma vasta obra que jamais teria produzido no Brasil, em razão mesmo de minha paixão participatória. Dando-me inteiramente cada dia a tantas causas que me comovem, eu teria exaurido minhas energias nessas batalhas sem me dar oportunidade de realizar uma obra meditada que a década do exílio me permitiu elaborar.

Escrevi longuissimamente nos meus longos anos de exílio. Minha série de *Estudos de antropologia da civilização* é de seis volumes que somam quase 2 mil páginas e ainda estão inconclusos. Representa o mais amplo esforço até hoje realizado para dotar a América Latina e o Brasil de uma teoria de si mesmos.

Sua repercussão foi muito maior do que seria de esperar, pois aqueles seis volumes têm hoje mais de cem edições em português, espanhol, italiano, alemão e inglês.

Nos *Estudos de antropologia da civilização* proponho a teoria de nós mesmos que sempre nos faltou. Com efeito, o norte-americano pode tomar o passado europeu como seu próprio, achando que viveu lá o escravismo, em Roma, o feudalismo, no medievalismo, os alvores do capitalismo com a Revolução Industrial, e pôs os pés até no socialismo, seja na URSS, seja na Escandinávia.

O latino-americano feito e refeito, mais com carnes e almas índias e negras do que europeias, cujo passado é todo o passado humano, não é explicável nem inteligível como mero europeu de ultramar. Nem a própria Ibéria, tão atípica, é explicável no seu momento de expansão com base nas teorias eurocêntricas. Que feudalismo teria aquele vigor e aquela unidade de ação e de propósito que permitiu unificar todo o mundo num só sistema?

Que capitalismo era aquele, produtor de mercadorias à romana com mão de obra escrava, mas incapaz de ascender ao verdadeiro capitalismo que veio a florescer mais tarde e mais longe?

Por tudo isto é que se impunha a necessidade de uma teoria crítica centrada na América Latina e fundamentada na leitura teórica de nossas realidades, passadas e presentes, teoria que, sendo capaz de explicar-nos, tornasse mais inteligível o próprio processo de formação dos povos europeus.

Isto é o que percebi quando acabei de redigir *Os brasileiros*, ao fim do meu segundo ano de exílio. Verifiquei, então, que tinha em mãos um livro reiterativo que apenas compunha variações estilísticas em torno do discurso corrente sobre a formação do povo brasileiro, dentro de uma civilização agrária. A redação daquele primeiro esboço serviu fundamentalmente para devolver-me a calma depois das turbulências dos últimos anos de governo, do golpe e da ilusão de um pronto retorno.

Convencido, afinal, de que não se podia compreender o Brasil do passado e do presente sem elaborar previamente uma teoria explicativa que não fosse uma mera reiteração das visões eurocêntricas, engavetei meu texto e me pus a compor essa teoria. Imaginava a princípio que seria apenas a introdução de umas cem páginas do texto de *Os brasileiros*. Resultou numa vastidão, todo um rio de palavras, que comento a seguir.

O processo civilizatório*

O processo civilizatório é uma revisão crítica das teorias da evolução sociocultural e a proposição de um novo esquema da evolução humana, elaborado com o propósito específico de estabelecer categorias classificatórias aplicáveis ao estudo da evolução dos povos americanos do passado e do presente.

Abro o livro dizendo "quanto é temerária uma tentativa de reformulação das teorias de alto alcance histórico como a que aqui apresentamos, que focaliza a evolução sociocultural nos últimos dez milênios. No entanto, esta tarefa se impôs como requisito prévio indispensável àquele estudo da formação dos povos americanos. Na verdade, só poderíamos eludi-la se deixássemos inexplícito o esquema conceitual com que trabalhamos ou se apelássemos para esquemas evolutivos clássicos, visivelmente inadequados para explicar as situações com que nos deparamos.

Com efeito, queiramo-lo ou não, agimos todos com base numa teoria global explicativa do processo histórico, quando usamos conceitos referentes a fases evolutivas — tais como escravismo, feudalismo, capitalismo, socialismo — ou conceitos concernentes a processos universais de

---

* *O processo civilizatório*, 1988, p. 7-8.

mudança sociocultural — como revolução agrícola, revolução mercantil ou revolução industrial. Isto é o que faz a maioria dos cientistas sociais de perfil acadêmico, mesmo em contextos em que negam a possibilidade de estabelecer sequências evolutivas.

Os cientistas de orientação marxista, aceitando embora uma teoria geral do processo histórico, pouco têm contribuído para desenvolvê-la, em virtude da tendência a converter a maioria dos seus estudos em meras exemplificações, com novos materiais, das teses marxistas clássicas. Acresce ainda que, nas últimas décadas, acumulou-se copioso material etnográfico, arqueológico e histórico descritivo das sociedades humanas de diversos tipos, bem como uma série de estudos especiais sobre os processos de mudança cultural e sobre certas vias multilineares de evolução sociocultural que tornaram viável, e inadiável, a formulação de uma teoria geral da evolução".

(...)

Pondero a certa altura que a imensa massa de conhecimento antropológico já acumulada no estudo etnográfico e arqueológico dos povos americanos não só estava a exigir uma elaboração teórica, como possibilitava a sua concretização:

"Exigia porque tornava imperativa a construção de uma tipologia para classificar diversos contingentes que se conjugaram para formar as sociedades nacionais americanas de hoje.

- *Como classificar, uns em relação aos outros, os povos indígenas que viveram desde altas civilizações até hordas pré-agrícolas e que reagiram à conquista segundo o grau de desenvolvimento que haviam alcançado?*
- *Como situar, em relação àqueles povos e aos europeus, os africanos desgarrados em distintos graus de desenvolvimento para serem transladados à América como mão de obra escrava?*
- *Como classificar os europeus que regeram a conquista? Os ibéricos que chegaram primeiro e os nórdicos que vieram depois — sucedendo-se*

no domínio de extensas áreas — configuravam o mesmo tipo de formação sociocultural?
* *Finalmente, como classificar e relacionar as sociedades nacionais americanas por seu grau de incorporação aos modos de vida da civilização agrário-mercantil e, já agora, da civilização industrial?*

Todas estas questões e muitas outras igualmente cruciais exigiam a elaboração de uma teoria geral do processo evolutivo que definisse de forma mais precisa os conceitos faseológicos (geralmente usados de maneira arbitrária) e que explicitasse mais acuradamente os modos pelos quais interagem as sociedades diversamente desenvolvidas."*

(...)

Obviamente, os cientistas de perfil acadêmico, com seu vezo relativista e sua correspondente postura reacionária, não tinham por que se propor uma tarefa dessa envergadura. O mesmo ocorria com os marxistas dogmáticos, sempre predispostos a continuar mastigando velhos textos e a defendê-los com unhas e dentes contra qualquer atualização.

"Estes ruminantes de Marx deviam ter presente que, havendo dois esquemas legitimamente atribuíveis ao marxismo sobre a evolução sociocultural humana, caberia pelo menos o esforço de engendrar um terceiro que os conciliasse. Efetivamente, isto é o que sucede, uma vez que o esquema de Engels em *A origem da família, da propriedade privada e do Estado* (1884) — que Marx conheceu e aprovou — é não só diferente, mas oposto ao esquema do próprio Marx no *Grundrisse* (escrito em 1857/59, mas só editado em 1939 e difundido depois de 1950), o qual, por sua vez, Engels conhecia muito bem. A divulgação tardia do texto de Marx veio criar uma grande celeuma, porque ele se revelou muito superior ao de Engels ou, pelo menos, mais conciliável com os conhecimentos antropológicos acumulados no último século. Onde ficamos neste debate entre os dois ilustres defuntos, se não nos consentimos repensá-los?"**

---
* *Idem*, p. 7-8.
** *Idem*, p. 23.

(...)
O efeito principal da publicação tardia dos *Grundrisse* foi desencadear um surto de monografias pretensamente teóricas sobre o *modo de produção asiático*. Sem qualquer esforço fecundo para utilizar este conceito na reformulação dos esquemas gerais da evolução social e até se opondo raivosamente a isto.

"Este tipo de contestação é especialmente irritante quando parte dos pretensos marxólogos que convertem o marxismo numa técnica erudita de exegese de textos. Eles querem que se leiam as obras de Marx partindo da suposição de que nelas — como na Bíblia, para Lutero — residisse toda a sabedoria. Uma sabedoria, aliás, só recuperável se lidos e relidos com a devida atenção e com a indispensável obediência ao guia parisino, inglês ou romano que esteja em moda.

Penso que a verdade, no que tenha de apreensível, não está em texto algum, mas na vida e na história. Penso que ela só pode ser lida através da observação direta ou da reconstituição histórica criteriosa de contextos sociais concretos e da comparação sistemática dos mesmos. Os clássicos — e, com eles, todos os que teorizaram fecundamente com base em pesquisas científicas e históricas — nos provêm, no máximo, orientações, diretrizes, a partir das quais temos é de abrir os olhos para olhar e ver e rever a experiência vivida dos povos, como a única fonte de saber referente à sua vida e ao seu destino.

Nosso papel é, pois, o de nos fazermos herdeiros do discurso da ciência, apenas para refazê-lo com base na exploração exaustiva do valor explicativo tanto dos contextos sociais concretos que observamos como das circunstâncias de lugar e posição, desde as quais vemos a eles e aos seus contornos. Para fazê-lo com a ousadia de Marx, porém, é indispensável observar, comparar e interpretar de olhos postos no trânsito entre o que foi e o que pode ser, e com a predisposição de conhecer para intervir e influir, no sentido de que venham a se concretizar na história, amanhã, as possibilidades mais generosas que ela pode oferecer.

Com esta postura é que escrevemos *O processo civilizatório*. Ele é o melhor discurso que podemos formular sobre o caráter necessário — e, portanto, compreensível — de nosso passado de nações que fracassaram na história. É também a mais clara advertência que podíamos escrever sobre as ameaças que pesam sobre nós de recairmos na condição de povos explorados e subalternizados, ameaça maior porque este é o projeto de nossas classes dominantes. É, por fim, a expressão mais eloquente que conseguimos formular sobre as possibilidades reais que se abrem à nossa frente de ruptura revolucionária dos fatores causais do atraso autoperpetuante, para a realização das potencialidades dos nossos povos, dentro da civilização emergente."*

---

* *Idem*, p. 23-24.

[*Ainda sobre* O processo civilizatório]*

Na elaboração de *O processo* retomo, como disse, a visão de Marx no *Grundrisse*, que, uma vez publicado, deixou o marxismo sem voz porque desautorou as teorias de Engels, e sigo as linhas básicas do pensamento neoevolucionista de Gordon Childe, Leslie White, Julian Steward, Karl Wittfogel, Marvin Harris e muitos mais. Mas tenho a atenção sempre posta não só na copiosíssima documentação reunida pelos arqueólogos e etnólogos como também nos estudos recentes da história moderna e contemporânea, sobretudo nas sínteses interpretativas.

Focalizando as múltiplas linhas dispersas da evolução humana que a partir de 1500 confluíram para pôr em marcha um só processo civilizatório de amplitude mundial que nos deu nascimento, pude transitar de uma teoria da evolução para uma teoria da história. Esta modernidade de nosso esquema evolutivo é que conduziu Robert MacAdams, da Universidade de Chicago, a escrever:

"O que Ribeiro nos apresenta é um quadro sem precedentes, uma análise frequentemente incisiva e de uma independência surpreendente. Sua crítica se estende a todas as escolas de pensamento, e ele nos dá

---

* Publicado na revista *Current Anthropology*, Chicago, 1977.

uma visão dos últimos quatro ou cinco séculos que, pela primeira vez, vincula indissoluvelmente as nações 'desenvolvidas' e as 'subdesenvolvidas', não como representantes de etapas sucessivas da evolução, senão como manifestações complementares de um padrão único de crescimento institucional."

(...)

Um dos aspectos distintivos da teoria evolutiva que propomos é a utilização pioneira do desenvolvimento tecnológico como critério e diagnóstico básico das etapas evolutivas. Precisamente esta opção, entretanto, é que foi objeto de contestações por autores que alegavam que ela importava em invalidar o critério marxista, que faz das lutas de classes o motor da história e do desenvolvimento dos modos de produção, o critério fundamental da evolução social. Não há nesses argumentos senão palavreado vazio. Primeiro, porque não negamos a luta de classes, apenas assinalamos que, apesar de serem tão importantes, elas não se prestam ao papel de categorias diagnósticas da evolução humana. Assim é porque muitas das suas formas básicas se reiteram em formações sociais inteiramente diferentes e com defasagem evidente, como o escravismo romano e o escravismo brasileiro. Esta ambiguidade ratifica, por um lado, sua relevância e comprova, por outro lado, sua desvalia como critério distintivo de etapas da evolução. Em segundo lugar, porque os componentes estratégicos do modo de produção para o estudo da evolução social são precisamente os meios de produção, vale dizer, a tecnologia e não as relações de produção, que seriam os antagonismos de classe acima referidos.

Contestar em nome de Marx a utilização do critério tecnológico no estudo da evolução social humana é tanto mais absurdo porque é o próprio Marx quem reclama no primeiro tomo de *O capital* (1961:303) a necessidade imperiosa de se escrever a história crítica da tecnologia. Isto porque, a seu juízo, ela seria, no plano social, o equivalente da obra de Darwin no plano da evolução das espécies. Com efeito, depois de salientar a importância da história da tecnologia natural de Darwin,

Marx pergunta: *Será que a história da criação dos órgãos produtivos do homem social* (quer dizer, dos meios de produção, isto é, das técnicas produtivas, esclareço eu), *que são a base natural de toda organização específica da sociedade, não merece a mesma atenção?*
(...)
Nesse passo, já impaciente com tanta burrice, saí com uma caçoada dizendo: "Conforme se verifica, foi Marx quem me pediu que escrevesse *O processo civilizatório*. Obviamente, ele esperaria uma obra mais lúcida e alentada do que minhas forças permitiam. Ainda assim, fico com o direito de crer que, apesar de tudo, o herdeiro de Marx sou eu."*

---

* *Idem*, p. 27.

As Américas e a civilização*

Escrevi *As Américas e a civilização* num esforço de me fazer latino-americano através da reconstituição do processo de formação de nossos povos. Afora este aprendizado, minha ambição era realizar uma exploração exaustiva das potencialidades da antropologia na explicação da realidade social e cultural das nações modernas. Queria saltar, com minha nova antropologia, da barbarologia habitual das monografias sobre primitivos contemporâneos e dos chamados estudos de sociedades letradas, que são pesquisas de comunidades vistas como tribos ou ainda dos estudos temáticos de grupos de conduta desviada, para o estudo das etnias nacionais, como os brasileiros, os canadenses ou os cubanos.

"A realização de uma empresa desta envergadura apresentou, naturalmente, enormes dificuldades. A primeira delas, decorrente das limitações das próprias disciplinas científicas que proporcionam os instrumentos de análise de que se pode dispor. Na verdade, os cientistas sociais estão preparados para a realização de estudos preciosos e acurados sobre temas restritos e, em última análise, irrelevantes. Entretanto, sempre que se exorbita destes limites, elegendo temas por sua relevância social,

---

* *As Américas e a civilização*, 1988, p. 9-12.

exorbita-se, também, da capacidade de tratá-los 'cientificamente'. Que fazer diante deste dilema? Prosseguir acumulando pesquisas detalhadas, que em algum tempo imprevisível permitirão elaborar uma síntese significativa? Ou aceitar os riscos de erro em que incorrem as tentativas pioneiras de acertar quanto a temas amplos e complexos que não estamos armados para enfrentar de forma tão sistemática como seria desejável?

Nas sociedades que se defrontam com graves crises sociais, as exigências de ação prática não deixam margem a dúvidas quanto ao que cumpre fazer. Os cientistas dos povos contentes com seu destino podem dedicar-se a pesquisas válidas em si mesmas como contribuição para melhorar o discurso humano sobre o homem. Os cientistas dos países descontentes consigo mesmos são urgidos, ao contrário, a usar os instrumentos da ciência para tornar mais lúcida a ação dos seus povos na guerra contra o atraso e a ignorância. Submetidos a esta compulsão, lhes cabe utilizar da melhor forma possível a metodologia científica, mas fazê-lo urgentemente, a fim de discernir, tática e estrategicamente, tudo o que é relevante dentro da perspectiva desta guerra.

Em nossas sociedades subdesenvolvidas e, por isso mesmo, descontentes consigo mesmas, tudo deve estar em causa. Cumpre a todos indagar os fundamentos de tudo, perguntando a cada instituição, a cada forma de luta e até a cada pessoa se contribui para manter e perpetuar a ordem vigente ou se atua no sentido de transformá-la e instituir uma ordem social melhor.

Esta ordem melhor não representa qualquer enteléquia que possa confundir quem quer que seja. Representa, tão somente, aquilo que permitirá o maior número de pessoas comer mais, morar decentemente e educar-se. Alcançados os níveis de fartura, de salubridade e de educação viabilizados pela tecnologia moderna mas vetados pela estrutura social vigente, poderemos entrar no diálogo dos ricos sobre os dissabores da abundância que tornam tão 'infelizes' os povos prósperos e talvez tenhamos, então, o que dizer dos debates acadêmicos da ciência conformista. Por agora, se trata de enfrentar nossa guerra contra a penúria e contra todos os que, de dentro ou de fora de nossas sociedades, as querem tal qual são, não importa quais sejam suas motivações. Nesta guerra, as ciências sociais, como tudo o mais, estão conscritas e, por sua vontade ou a seu pesar, servem a uma das facções em pugna.

Muitos pensarão que é prematuro um empreendimento desta natureza. Outros dirão que ele só poderia ser realizado por uma equipe, através de um estudo interdisciplinar. Os primeiros são os que estão dispostos a esperar a acumulação de estudos parciais que permita viabilizar, um dia, a macroanálise. Nossa postura é diferente. Acreditamos ser inadiável este esforço, quando mais não seja para colocar ao lado das compreensões correntes da realidade, fundadas no senso comum, estudos sistemáticos em que o leitor possa confrontar sua percepção dos problemas sociais com uma análise mais cuidadosa dos mesmos.

Concordamos plenamente em que seria desejável que tal análise fosse realizada por uma equipe. Mas é impossível que as ricas instituições dedicadas à pesquisa social na América Latina se voltem a essa tarefa. Seu campo de trabalho será sempre o dos microestudos com pretensões científicas e o dos relatórios programáticos redigidos em equipe com propósitos muito realistas de concorrer para a perpetuação do *status quo*. Sabemos que nossa contribuição tem o valor limitado de um trabalho pessoal e que sofre de uma deformação antropologística decorrente da especialidade do autor. Como tal deverá ser entendida.

A abordagem básica do presente estudo consistiu no desenvolvimento de uma tipologia histórico-cultural que permitiu reunir os povos americanos em três categorias concretas e uma eventual, explicativas do seu modo de ser e elucidativas de suas perspectivas de desenvolvimento. Essa tipologia possibilitou superar o nível de análise meramente histórico, incapaz de generalizações, e focalizar cada povo de forma mais ampla e compreensível do que seria praticável com as categorias antropológicas e sociológicas habituais.

Nos estudos de caso realizados à luz desta tipologia, o procedimento mais recomendável seria a análise de cada povo com base no mesmo esquema, a fim de permitir comparações sistemáticas. Tal abordagem teria, porém, o inconveniente de tornar o texto extremamente reiterativo e de explorar com igual profundidade situações relevantes e irrelevantes.

Para evitar esses inconvenientes, orientamos os estudos de caso para a análise daqueles aspectos da realidade sociocultural que oferecem maior valor explicativo. Assim, por exemplo, no caso da Venezuela, examinamos detalhadamente os mecanismos de dominação econômica exercidos pelas empresas norte-americanas que ali se apresentam macroscopicamente, em toda a sua crueza. Pelas mesmas razões, aprofundamos, no caso da Colômbia, o estudo da função social da violência. No caso das Antilhas, estudamos as relações inter-raciais e os efeitos da dominação colonial através do sistema de *plantations*, bem como a primeira experiência socialista americana. No caso do Brasil, analisamos a estrutura agrária — especialmente o papel e a função da fazenda como instituição ordenadora da vida social — e procedemos a um exame mais aprofundado do caráter de industrialização recolonizadora. Em todos os demais casos, selecionamos os aspectos significativos para um exame mais acurado.

Combinando aquela tipologia histórico-cultural com este tratamento temático, pudemos estudar exaustivamente diversas situações exemplares, preservando suas características concretas e integrando todas as análises no final do volume em uma interpretação conjunta dos moldes de desenvolvimento autônomo e dos padrões de atraso histórico. Bem sabemos que as ambições deste estudo são excessivas. Por isto mesmo, ele não pretende mais do que abrir um debate sobre a qualidade do conhecimento que os povos americanos têm de si próprios e sobre seus problemas de desenvolvimento. Esperamos que este painel geral estimule estudos monográficos mais detalhados à luz dos quais ele possa ser refeito, amanhã, com mais saber e arte."

(...)

Retomei a tipologia das configurações histórico-culturais desenvolvidas em *As Américas e a civilização* num ensaio publicado em 1970 na *Current Anthropology,* que é a principal revista mundial de antropologia.

Como ocorre com os artigos de tese publicados naquela revista, este ensaio, e também sua obra de mais fôlego, *O processo civilizatório,* foram submetidos ao *Current Anthropology Treatment.* Ele consiste em submeter os trabalhos de grande relevância teórica publicados pela revista a uma avaliação crítica prévia por um grupo de antropólogos de diversas nacionalidades, escolhidos entre os mais interessados no tema. Estas avaliações são enviadas ao autor para que redija sua réplica. Finalmente são publicados o texto original, os comentários críticos, a réplica e a bibliografia citada pelo autor e pelos comentadores.

Minha tipologia distingue nas Américas quatro configurações dos seus povos, correspondentes a uniformidades e discrepâncias nos seus respectivos processos de formação histórica e de conformação cultural e nos desafios socioeconômicos de desenvolvimento com que se defrontam. Tais são: primeiro, a dos *Povos Transplantados* constituídos pela expansão de nações europeias sobre territórios de ultramar onde, sem se misturarem com a população local, reconstruíram sua paisagem e retomaram suas formas originais de vida. A seguir, se desenvolveram culturalmente dentro das linhas paralelas e similares às da metrópole, como povos brancos de ultramar. É o caso dos Estados Unidos e do Canadá. É também o caso da Nova Zelândia e da Austrália. Cabem ainda nesta categoria a Argentina e o Uruguai, ainda que no seu caso de forma limitada, uma vez que ambos só se europeizaram depois de estruturados como povos mestiços que construíram seus países e fizeram a independência. Isto ocorreu por uma transfiguração cultural posterior, decorrente do enorme vulto da imigração europeia que caiu sobre eles.

Nesta configuração de *Povos Transplantados* se encontram, orgulhosos de si mesmos, os representantes e herdeiros da civilização europeia ocidental, beneficiários e vítimas de sua própria expansão. São os povos mais modernos e, como tal, os que mais radicalmente perderam a cara ou a singularidade. Em consequência são, hoje, a gente humana mais letrada, mais estandardizada e mais uniforme. Mas também a mais desinteressante e sensaborona.

Em nossa tipologia vêm, em segundo lugar, os *Povos Testemunhos*, formados pelos remanescentes atuais de altas civilizações originais contra as quais se chocou a expansão europeia, sem conseguir, contudo, assimilá-los na condição de novos implantes seus. Nesta categoria estão os indianos, os muçulmanos, os chineses, os indo-chineses, os japoneses etc., que não nos interessam aqui e agora. Nas Américas eles são representados pelo México, pelo Peru, pela Bolívia e pela Guatemala.

Cada um destes *Povos Testemunhos* experimentou enormes vicissitudes e sofreu profunda europeização. Insuficiente, porém, para fundir num ente etnicamente unificado toda a sua população. Vivem o drama da ambiguidade de povos situados entre dois mundos culturais contrapostos, sem poder optar por nenhum deles. Já não são índios. Jamais serão europeus.

A civilização emergente representará para eles, no plano cultural, um imenso desafio: o de se desfazerem de uma falsa imagem unitária a fim de que cada um de seus componentes étnicos assuma seu próprio perfil e o comando autônomo de seu destino para voltarem a florescer.

Nossa terceira categoria, a dos *Povos Novos,* concerne àquelas populações oriundas da mestiçagem e do entrecruzamento cultural de brancos com negros e com índios de nível tribal, sob a dominação dos primeiros. Tais são, entre outros, os brasileiros, os colombianos, os venezuelanos ou os cubanos. Sua característica diferencial é a de povos desculturados de sua indianidade, africanidade ou europeidade para serem um ente étnico novo.

Comparados com os *Povos Transplantados*, que são os europeus de além-mar, ou com os *Povos Testemunhos*, que carregam duas heranças culturais imiscíveis, os *Povos Novos* são uma espécie de povos tábua rasa, deserdados que foram de seu parco acervo original. Desapegados de passados sem glória nem grandeza, eles só têm futuro. Sua façanha não está no passado, mas no porvir. Seu feito único é, debaixo de todas as vicissitudes, terem construído a si mesmos como vastos povos linguística, cultural e etnicamente unificados. Resumindo em si a genialidade e as taras de todas as raças e castas de homens, eles estão chamados a criar uma nova condição humana, quiçá mais solidária.

É certo que na configuração de cada *Povo Novo* predominou, por força da hegemonia colonial, o europeu que lhes deu a língua e uma visão degradada da cultura ibérica. Mas ela foi tão recheada de valores que clandestinamente a impregnaram, oriundos das culturas indígenas e africanas, que ganhou um perfil próprio e inconfundível. Estas discrepâncias, aliás, é que emprestam aos *Povos Novos* a singularidade que acaso tenham.

Por muito tempo as elites destes *Povos Novos* se tiveram, nostalgicamente, por crioulos europeus desterrados. Seus intelectuais não se consolavam de viver nos trópicos, suspiravam tanto pelas doçuras dos climas nórdicos como pelo brilho da vida parisina. Intoxicados pelo racismo europeu, se amarguravam de suas caras mestiças. Só em tempos recentes se generalizou a percepção de que são outra coisa, tão diferente da Europa como da América indígena e da África negra. Mas ainda há muitos macaquinhos basbaques por aí, simulando ser o que não são: boquiabertos, papagueiam europeidades ou simulam negritudes.

Dos índios os *Povos Novos* receberam duas heranças substanciais.

Primeiro, a própria fórmula de sobrevivência nos trópicos, fundada em milênios de esforços adaptativos realizados pelos indígenas que lhes ensinaram como produzir as condições materiais de existência das suas sociedades. Segundo, uma imensa contribuição genética. O chamado "branco" na população dos *Povos Novos* é, essencialmente, um mestiço gerado por europeus nos ventres de mulheres indígenas. Como o número de homens sempre foi muito pequeno, estas populações são geneticamente mais indígenas que caucasoides.

Dos negros, os *Povos Novos* receberam também importante aporte genético, variável de país para país, conforme a magnitude da escravaria negra que tiveram, o que os fez, além de mestiços, mulatos. A contribuição cultural negra é representada fundamentalmente por aqueles traços que puderam persistir debaixo da opressão escravista. Estes são menos técnicas que valores e sentimentos, ritmos, musicalidades, gostos e crenças que o negro escravo pôde guardar no fundo do peito e defender do avassalamento.

Efetivamente, tão profundo e completo foi o processo de aculturação dos negros que, muito mais que pela africanidade, sua presença se remarca é pela extraordinária criatividade que os faz cada vez mais influentes na vida cultural de seus povos. Estas qualidades hoje lhes conferem características de vigor, de alegria e de criatividade como traços distintivos dos que incorporaram maiores massas negras.

A quarta configuração histórico-cultural da nossa tipologia se refere aos *Povos Emergentes*. Vale dizer, aos grupos étnicos que hoje se alçam na Europa, na África e na Ásia e também na América, ocupando o espaço que ultimamente se abriu para a reconstrução e a afirmação do perfil étnico e cultural dos povos oprimidos enquanto minorias nacionais. Nas Américas, esta categoria está representada principalmente pelas massas dos indigenatos do altiplano andino, do Yucatan e da Guatemala. São os sobreviventes da civilização incaica, da civilização asteca e da civilização maia que, depois de séculos da mais terrível opressão, começam a estruturar-se como povos para si, aspirantes à autodeterminação.

Até recentemente estes indigenatos eram vistos pelos estudiosos como meros campesinatos que ainda opunham resistência a uma assimilação que parecia inexorável. Acreditava-se que, com uma boa reforma agrária, alguma assistência educacional e também com a ajuda das práticas insidiosas do indigenismo, eles deixariam a mania de serem índios para se fazerem bons cidadãos peruanos, bolivianos, guatemaltecos e mexicanos.

Ultimamente se generalizou — e eu gosto de pensar que contribuí para isto — a percepção de que eles não são meros campesinatos atípicos. São é povos oprimidos. Como tal, aspiram legitimamente ao comando de seu destino pela proscrição da hegemonia das minorias de crioulos nominalmente brancos e europeus que fizeram a independência para eles próprios. De fato, desde que se apossaram dos governos, as populações originais, às vezes majoritárias, delas sofreram tanto ou mais do que da própria opressão colonial ou pela metrópole espanhola.

O dilema da América Latina*

O objetivo deste meu terceiro livro dos *Estudos de antropologia da civilização* é elucidar as causas do subdesenvolvimento da América Latina e desvendar a natureza da alternidade das duas Américas que nos coloca em situação de dependência.

Seu tema específico é o estudo das Américas pobres. Entretanto, os problemas com que se defrontam os latino-americanos de hoje são comuns e tão ligados aos do mundo todo que se torna impossível tratá-los separadamente. Esta é a razão por que, nos primeiros capítulos, tivemos de alargar o âmbito de análise a todo o mundo e em quase todos eles focalizar a América Latina como contraparte da América do Norte, dentro de um sistema único interativo.

Com efeito, o mundo se unifica e se estreita cada vez mais. Estreita-se ainda mais constritivamente, todavia, o mundo americano, polarizado por um centro reitor implantado na metrópole do norte. As decisões ali tomadas sobre a paz e sobre a guerra, sobre o comércio, a indústria ou a agricultura, sobre a política, a cultura, a publicidade, a religião, a discriminação ou a anticoncepção afetam diretamente nossos destinos

---

* *O dilema da América Latina*, 1983, p. 257-258.

como seus modeladores fundamentais. Provocam ondas de emprego ou de desemprego, quadras épocas de abundância ou de penúria, golpes de Estado, ditaduras, terrorismo, campanhas de doutrinação ideológica ou de contenção à natalidade.

Hegel, no seu estudo clássico sobre a filosofia da história, vaticinou uma guerra entre os povos latinos e os anglo-saxões das Américas. Esta guerra está em curso. Entretanto, em lugar de movimentos de tropas e de batalhas campais, ela se trava mediante conspirações, invasões, subornos, contratos, intimidações, quarteladas, treinamento de forças repressivas, programas de estudos sociológicos, projetos econômicos e campanhas publicitárias.

Com todos estes meios de pressão, de compulsão e de doutrinação, a América do Norte alarga e fortalece um sistema de dominação criado para impor seu próprio projeto de exploração de nossos recursos, de organização de nossas sociedades, de regulamentação de nossa vida política, de dimensionamento de nossa população e de fixação do nosso destino.

O mais grave é que esta dominação já não se exerce de fora, mas principalmente desde o interior de nossas sociedades, onde as corporações empresariais norte-americanas se instalaram como quistos que crescem à custa de nossa substância; onde seus serviços de controle dos meios de comunicação de massa conformam a opinião pública de acordo com seus interesses; onde seus órgãos de assistência militar formam e orientam a oficialidade das Forças Armadas como órgãos auxiliares locais de seus esquemas de dominação; onde múltiplas agências intervêm em todos os centros de decisão dos governos, nas associações patronais e nos sindicatos operários, nas comunidades religiosas, em todas as esferas da educação e nas instituições científicas.

Os quadros dirigentes das grandes corporações, seus corpos gerenciais nativos e os agentes oficiais destas múltiplas formas de intervenção constituem, hoje, na qualidade de "elites dirigentes invisíveis", o estamento mais influente da estrutura do poder das sociedades latino-americanas. Atuando conjugadamente com as elites de poder nativas, compõem um sistema unificado de dominação que tem como projeto de defesa de seus interesses induzir as nações latino-americanas a aceitar formas de integração e de controle que as convertem em consulados de um novo império.

O caráter integrado deste sistema de dominação faz com que a oposição existente entre os latino-americanos e os anglo-americanos nos polarize e unifique, queiramos ou não, numa estrutura única, quase simbiótica. Por tudo isto, nos importa fundamentalmente saber como chegamos a esta situação e para onde nos encaminhamos; quais as tendências prováveis de desdobramento do processo histórico de que todos resultamos ser parte; que fatores operam a favor do nosso desenvolvimento autônomo e, ao contrário, com que fatores contam os norte-americanos para congelar nossa dependência e o subdesenvolvimento dela decorrente, tirando disso vantagem para si próprios e para os seus associados nativos.

Dentre esses últimos fatores ressalta a intencionalidade da política de grande potência da América do Norte em relação à América Latina. Esta política é instrumentada hoje por um vasto sistema de pesquisas científicas destinadas a conhecer nossa realidade social para nela atuar objetivamente, a fim de perpetuar sua hegemonia e alargar seus mecanismos empresariais de espoliação.

Em face desta intencionalidade só podemos responder aos norte-americanos com uma intencionalidade igual de sentido inverso. Para tanto é indispensável que nos instrumentemos também com programas de pesquisa, estrategicamente formulados para desvendar suas intenções, desmascarar seus mecanismos de proselitismo e, sobretudo, para opor ao projeto de desenvolvimento reflexo e dependente que eles nos querem impor, um projeto próprio de desenvolvimento pleno e autônomo.

Tal é a tarefa dos cientistas sociais latino-americanos ou, ao menos, daqueles que não se querem ver transformados, por ação ou por omissão, em acólitos do domínio externo de seus povos. Procuro alcançar esses objetivos através de quatro análises mutuamente integradas:

- *o exame da projeção e do papel da América Latina dentro da conjuntura internacional moderna;*
- *uma caracterização da composição das classes sociais que aqui são observáveis, com análises tanto de sua composição como de suas relações de reciprocidade e de antagonismo;*
- *um balanço das estruturas de poder e de suas formas de perpetuação da velha ordem através da sucessão de governo de estilo patricial ou da imposição de regimes autocráticos;*
- *concluo com uma avaliação das forças potencialmente revolucionárias e de sua virtual capacidade de insurgência;*

Apelo para duas fontes principais na realização daquele estudo. A primeira é a bibliografia citada de estudos sociológicos e históricos e a vasta literatura política contida em revistas e panfletos nos quais as esquerdas latino-americanas discutem hoje os fatores responsáveis pelo atraso e pela dependência e as vias possíveis de ruptura revolucionária com o subdesenvolvimento.

A segunda fonte é minha própria vivência de vinte anos de participação intensa nas lutas políticas do Brasil. Esta participação me levou a conviver com os mais diversos círculos proporcionando-me uma visão, senão representativa, ao menos variada, dos principais tipos de protagonistas que atuam em nossa arena bem como das mais destacadas formas de militância política das esquerdas. Começando pelo próprio âmbito da família, em que a política já estava presente, passei ao ativismo estudantil, à militância em movimentos de esquerda e, mais tarde, ao exercício de funções de assessoria junto a regimes patriarcais e, particularmente, ao desempenho de cargos ministeriais em um governo reformista.

A estas experiências se somam as vivências dos meus anos de exílio em diversos países da América Latina, quando trabalhei nas assessorias de Salvador Allende e de Velasco Alvarado. Contam-se ainda os detestáveis nove meses de prisão numa fortaleza do Exército e num quartel da Marinha que, de certa forma, completaram minha visão dos protagonistas da vida política brasileira neste período.

Estas vivências me deram a oportunidade de observar e registrar acontecimentos e tendências que se refletem no presente estudo. Isto não significa que ele seja um testemunho. Aqui, como em trabalhos anteriores, minha atitude é a do estudioso politicamente participante que utiliza o instrumental metodológico das ciências sociais para ampliar o conhecimento disponível dos problemas cruciais com que se defrontam nossas sociedades, a fim de contribuir para que, dentre as diferentes alternativas, se concretizem as que mais favoreçam as camadas majoritárias da população.

Esta posição engajada nada mais é que a explicitação dos fins a que desejo servir e dos objetivos que busco atingir. A imparcialidade, neste caso, seria um escamoteio pervertido, como o dos que não podem confessar suas lealdades; ou ingênuo, como o dos que não indagam a si próprios sobre os interesses a que servem.

O engajamento proclamado só se opõe, assim, ao engajamento implícito e conduz, de fato, a uma objetividade maior porque explicita todos os elementos postos em ação no processo de análise, inclusive as motivações do autor.

Quem quer que se disponha a transformar a ordem social terá de enfrentar duas ordens de problemas. Primeiro, conhecer as forças dinâmicas em conjunção, as resistências à mudança e os fatores capazes de ativá-la para, com base nesse conhecimento, fixar as estratégias que deve utilizar.

Segundo, melhorar o discurso das vanguardas revolucionárias. Vale dizer, em face do atraso e da penúria, ser capaz de diagnosticar suas causas, denunciar os danos que acarretam e, ainda, prever as possibilidades de progresso contidas em cada situação. Dentro desta postura analítica, crítica e prospectiva, passam a ter igual peso dois tipos de preocupação:

- *a explicativa, que deve alcançar maior rigor científico ao intencionalizar-se para servir à ação transformadora;*
- *e a valorativa, que precisa tornar-se persuasória para aliciar as forças potencialmente renovadoras.*

Na verdade, ambas têm limites precisos.

Nem a explicativa pode ser um discurso inconsistente e desinteressado sobre questões irrelevantes, nem a valorativa pode entrar em contradição com a explicativa.

A aceitação destas proposições importa na alteração de uma série de posturas características do cientista social. Primeiro, uma mudança radical na atitude meramente indagativa que se exprime na temática das pesquisas quase sempre socialmente irrelevantes. Em lugar de ater-se aos temas em moda nas grandes publicações internacionais, selecionados nominalmente por seu valor explicativo, deve voltar-se para o que é instrumental do ponto de vista da revolução social, o que coloca em foco, prioritariamente, a problemática das situações de atraso e os caminhos de sua superação.

Segundo, uma mudança na atitude expositiva. Esta, em lugar de simular isenção diante dos fatos sociais para evitar juízos de valor, deve tornar-se lucidamente crítica e valorativa, explicitando, todavia, os fundamentos das apreciações em cada situação concreta.

O dilema da América Latina é um esforço por ajustar-me a esse padrão de conduta científica com um propósito político muito claro: o de contribuir para a formulação de uma teoria explicativa que ajude a impulsionar a revolução necessária. Creio que vale a pena reler a última página desse livro, que é uma análise e um vaticínio:

"A oposição entre as Américas ricas e as Américas pobres vai adquirindo, como se vê, uma nova dimensão, ao obrigá-las a viver dramaticamente seus papéis de alternos no âmbito de um processo civilizatório que ativa, em todo o mundo, tanto os povos subdesenvolvidos quanto as minorias oprimidas das nações prósperas.

Tal como no século passado, quando as forças renovadoras desencadeadas pela Revolução Industrial impulsionaram as lutas de independência, uma nova revolução tecnológica — a termonuclear — está desencadeando, em nossos dias, um novo processo civilizatório que percorre a América e o mundo. Sob as estruturas de dominação tradicional, onde quer que elas existam e qualquer que seja a sua forma, emergem as forças renovadoras.

Cada qual tem sua própria causa, mas todas são identificáveis como agentes do processo civilizatório que está gerando a futura civilização. O negro que combate a discriminação e a opressão racial nos Estados Unidos e na África do Sul; o vietnamita que enfrenta o mais poderoso exército do mundo e o vence; o revolucionário que luta em qualquer parte da América Latina, são todos uma mesma força. E o que enfrentam é a força oposta. Ambas aglutinadas como representações de duas atitudes históricas: a que quer reter o passado e a que precisa construir o futuro.

No bojo deste novo processo civilizatório, a América Latina volta a tempos bolivarianos. Novamente são chamadas à cena as tensões estruturais antioligárquicas e anticoloniais que espocaram tantas vezes em guerras de emancipação e em sublevações milenaristas de escravos, de índios e de camponeses.

Agora, porém, não para serem desencadeadas e logo coatadas por ação de seus próprios aliciadores, como ocorreu após a Independência. Isto porque a tarefa das forças revolucionárias foi afinal definida: é a da conquista do poder político por vanguardas socialistas capazes de reestruturar toda a ordem social, de erradicar as constrições econômicas representadas pelos interesses oligárquicos e imperialistas; de liquidar o despotismo do velho patriciado civil e militar; para, deste modo, pôr fim aos fatores causais do atraso que pesa há séculos sobre os povos latino-americanos.

Uma vez alcançados esses requisitos políticos prévios, se tornará possível superar o enquadramento de dependência imposto pela atualização histórica que eterniza o subdesenvolvimento e orientar os povos latino-americanos para o desenvolvimento autônomo e continuado.

Paradoxalmente, a conquista destas bases institucionais para a superação do atraso das Américas pobres representará, também, um passo decisivo para que as Américas ricas possam superar os seus traumas e organizar-se como uma estrutura efetivamente democrática. Integradas no mesmo contexto interativo, as nações desenvolvidas e subdesenvolvidas da América são componentes de uma mesma estrutura, são contrapartes de uma mesma polaridade. Isto significa que, por seu funcionamento espontâneo, se reproduzem a si mesmas guardando sempre suas características de estruturas assimétricas e complementares de um mesmo sistema.

Mas significa, também, que a existência do polo do subdesenvolvimento só é necessária, no contexto total, para preservar e perpetuar os privilégios do polo oposto. Assim, o rompimento desta cadeia corresponde naturalmente aos interesses dos deserdados do sistema; mas sua vitória na luta contra o atraso terá como consequência destruir o contexto total e transfigurar seus dois componentes."

Os brasileiros*

A primeira versão de *Os brasileiros* foi redigida em Montevidéu, em 1965. Pretendia ser a síntese daqueles estudos da sociedade e da cultura brasileira que realizei para o Ministério da Educação nos fins da década de 50. Não publiquei, então, porque durante sua própria elaboração ficou evidente para mim a carência de uma teoria interpretativa que permitisse compreender efetivamente o processo de formação do povo brasileiro.

Só depois de elaborar estas teorias, publicadas por mim na série *Estudos de antropologia da civilização*, se tornou possível retomar meus manuscritos para reescrevê-los. Até agora só publiquei a primeira parte de *Os brasileiros*, que é a "teoria do Brasil", uma síntese e uma aplicação.

Ali, o que faço é pôr à prova, em face da realidade brasileira, minhas teorias da evolução e a explicação correspondente do subdesenvolvimento através dos conceitos de *aceleração evolutiva* e de *atualização histórica*. Do mesmo modo, retomo minha concepção de *configurações histórico-culturais*, especificamente a categoria de *Povo Novo*, para revê-la através de sua aplicação específica à nossa realidade.

---

* *Os brasileiros: teoria do Brasil,* 1981, p. 10-11.

Seguem-se a reavaliação crítica das tipologias que propus para as classes sociais, as estruturas de poder e as forças virtualmente emergentes da América Latina, bem como a verificação de sua aplicabilidade e a explicação do Brasil.

Finalmente, apresento ali, pela primeira vez, minha teoria da cultura e da alienação, e minha reavaliação dos conceitos de consciência ingênua e de consciência crítica, como explicações do caráter eminentemente espúrio da cultura brasileira em sua versão arcaica e moderna.

Os brasileiros e toda a série de meus *Estudos de antropologia da civilização*, vistos no conjunto da bibliografia de interpretação do Brasil, se aproximam da maioria deles, pela mesma atitude indagativa, mas se opõem a muitos outros pela postura participante de quem quer entender o Brasil para influir no seu destino. Essas diferenças se explicam pelas circunstâncias em que foram elaborados — escritos, primeiro, no exílio, revistos, depois, na prisão; e refeitos, outra vez, num segundo estirão de exílio — e também por certos fatores acidentais que conformaram minha visão do Brasil.

Aquelas circunstâncias são responsáveis por seu tom candente, marcado pela paixão de todos os proscritos — e talvez também por sua perspectiva de enfoque. Com efeito, acredito que a distância e o isolamento, operando como uma visão arquitetônica de conjunto, permitem a quem está de longe e de fora ver as coisas em sua inteireza e analisá-las melhor do que quem só as vê do lado de dentro. Lamentavelmente, estas vantagens se anulam muitas vezes pela limitação do acesso às fontes de informação e, sobretudo, pela perda de sincronia com a gente que lá vive, goza e sofre em comum.

Os fatores acidentais de singularidade decorrem de minhas experiências pessoais; como antropólogo profissional, como intelectual de minha geração e como político militante.

As primeiras, levando-me a viver dez anos estudando índios e sertanejos das regiões mais ermas, me proporcionaram uma imagem particular do Brasil, em que se destaca antes a pobreza das fronteiras da civilização ao longo das quais os brasileiros avançam sobre o deserto interior para ocupar o território nacional, do que a riqueza das grandes cidades. É ela, provavelmente, que me faz identificar os brasileiros com as multidões marginalizadas e não com as minorias que vivem na abundância. Ela também é que me compele a focalizar o processo de formação do Brasil pela reconstituição do drama histórico vivido por cada um dos principais contingentes populares, mais com a ótica do casebre do que com a visão palaciana.

Uma segunda ordem de singularidades reside na minha experiência intelectual que, fazendo-me passar da condição de agitador esquerdista aos 20 anos à de pesquisador profissional, dos 20 aos 30, e desta à de político em ação, dos 30 aos 40, configurou em mim duas consciências distintas que buscavam desconhecer-se.

Uma informava minha visão do Brasil como problema, inspirada num marxismo larvar. Outra orientava minha atividade científica fundada numa suposta objetividade e num pretendido rigor metodológico. As duas jamais se enfrentaram enquanto foram postas em ação em contextos distintos, o que me permitia dar opiniões e atuar como cidadão com base nos esquemas conceituais esquerdistas em voga e escrever artigos e livros de antropologia com base numa ideologia cientificista.

A terceira ordem de experiências, que começa quando sou chamado a participar dos órgãos de decisão da estrutura de poder, operou como uma dupla desmistificação. Por um lado, radicalizou minha postura ao revelar-me a impotência do reformismo e a fragilidade das instituições políticas chamadas a defender os interesses nacionais e populares, em face do poderio dos interesses patronais e da alienação do patriciado político e militar que sempre governaram o Brasil.

Por outro lado, demonstrou a futilidade do trabalho a que nós, cientistas sociais, nos dedicamos, geralmente mais empenhados em escrever uns para os outros sobre temas socialmente irrelevantes do que em contribuir a elucidar para natureza da revolução necessária. Mas operou, sobretudo, como um repto a fundir minhas consciências díspares.

Isto sucedeu já no exílio, onde fui compelido a rever criticamente minhas experiências frente à evidência de um desastre político do qual eu participara e ante o desafio de buscar os caminhos de uma ação política mais eficaz e mais consequente. Estes meus *Estudos de antropologia da civilização* são o fruto desse esforço. Resultam de meu intento de reunir e entretecer os fios de minhas vivências, meditando como cientista social sobre minha experiência política e reavaliando, como político, minhas responsabilidades de estudioso.

"A forma habitual de tais reflexões é a dos testemunhos de natureza biográfica. Este não foi o meu caminho. Contudo, aquelas vivências serviram para orientar-me na apreciação dos fatos mais explicativos da realidade brasileira e na seleção dos temas mais relevantes com respeito às perspectivas de superação dos fatores de atraso que nos condenaram, até agora, ao subdesenvolvimento. Serviram, também, para cimentar duas convicções que explicam a forma e as ambições deste livro. Primeiro, a de que a acumulação de estudos e pesquisas realizadas com escopos limitados, por mais rigorosos que sejam metodologicamente, não permitirá jamais alcançar a ampla interpretação do Brasil de que carecemos para o equacionamento político dos seus problemas cruciais. Segundo, a de que os principais desafios intelectuais com que se defrontam os estudiosos da realidade brasileira são os de refazer os próprios esquemas conceituais com que realizamos nossas pesquisas e o de encarar como nossa tarefa fundamental o estudo da revolução social necessária para superar o atraso e a dependência.

Os brasileiros, escrito à luz destas premissas, parecerá a muitos dos meus colegas mais audaz nas formulações do que o permite a base empírica com que se conta; e mais ousado nas interpretações do que o admite a cautela acadêmica. Na verdade, a postura com que o escrevi já não é a mesma com que antes empreendemos, juntos, tantas pesquisas. O que me interessa agora, essencialmente, é contribuir para que se instrumente o brasileiro comum com um discurso mais realista e mais convincente sobre o Brasil, a fim de motivá-lo e capacitá-lo a atuar de forma mais urgente e mais eficaz na transformação de nossa sociedade. Este discurso, para ser eficiente, deve ser rigorosamente objetivo, mas deve ser, também, lucidamente participante e comprometido frente aos interesses em choque que afeiam os destinos nacionais e populares."

(...)

Quero reiterar aqui as palavras com que abro a introdução a *Os brasileiros*, porque nela sintetizo minha visão do Brasil enquanto objeto de estudo de uma antropologia comparativa das sociedades complexas.

"Poucos países juntaram, como o Brasil, tijolos e cimentos tão díspares em seu processo de constituição. Poucos também experimentaram vicissitudes que mostram de forma tão clara os caminhos pelos quais uma nação pode constituir-se não para servir a si mesma, mas para atender a interesses alheios. Efetivamente, o Brasil não nasceu com etnia e se estruturou como nação em consequência da soma dos desígnios de seus criadores. Surgiu, ao contrário, como uma espécie de subproduto indesejado e surpreendente de um empreendimento colonial, cujo propósito era produzir açúcar, ouro ou café e, sobretudo, gerar lucros exportáveis.

Desse empreendimento — levado a cabo no curso do processo civilizatório desencadeado pela Revolução Mercantil — resultou ocasionalmente um povo e, mais tarde, uma sociedade nacional. Esta emergiu da condição de feitoria colonial à de nação aspirante ao comando de seu destino, por força de um outro processo civilizatório de âmbito mundial — a Revolução Industrial — que, embora só a afetasse reflexamente, a transfigurou radicalmente.

Esta via de constituição de um povo nada tem de peculiar. Pelo mesmo processo se constituiu a maioria das sociedades nacionais americanas e do mesmo modo se estruturam, hoje, os povos africanos. Seu estudo oferece, por isto, um alto interesse teórico. Interesse tanto maior porque as teorias explicativas do atraso e do progresso dos povos modernos no âmbito da civilização industrial se formularam, até agora, com base, principalmente, no contexto europeu, que é precisamente o mais contrastante e o menos representativo. Nesse sentido, o estudo do Brasil — realizado à luz de um esquema previamente elaborado através da análise da formação e desenvolvimento dos povos americanos — pode contribuir, provavelmente, para a compreensão de situações semelhantes."*

---

* *Idem*, p. 19.

VI

América Latina

*[A língua inventada]**

Viver é ir deixando troços, pedaços de alguém pelo mundo. Unhas que se cortam, cabelos que se aparam, palavras, sobretudo, palavras. Palavras que têm uma vida muito breve, um fulgor entre uma boca e um ouvido, às vezes muito emocionadas, mas que, depois de ditas, desaparecem para sempre. Agora me pedem que exatamente esta coisa rápida, esta coisa que se perde, a palavra, exatamente ela, querem prender, prender em um nó eletrônico, para que fique aí vibrando, depois de mim, e fique viva quando eu não mais estiver, e eu acho que isso é algo terrível e sinistro.

Eu imagino aquele homem que num futuro muito longínquo estará me escutando, como eu escutaria uma mariposa batendo as asas, e se pergunta: o que é que esse homem está dizendo? E que língua ele fala: catalão? Não, catalão não é. Galego? Não, não é galego. Português não é, com certeza, e espanhol, também não. Mas, então, que língua ele fala? Aquele homem perplexo que se pergunta não sabe que eu falo "espanhoguês" ou "portunhol", eu não sei bem. É uma língua que eu estou inventando, e é uma língua, de certa forma, cômoda. Eu suponho mesmo que é possível que estejamos gravando o primeiro documento da língua

---

* Depoimento gravado no México, em 1978, para o LP *Voz viva da América* e reproduzido originalmente no livro *América Latina nação*, p. 14.

da América Latina integrada. Eu imagino o ano de 2100, por exemplo: uma América Latina de 1 bilhão de latino-americanos integrados em uma pátria conjunta; latino-americanos já "desmexicanizados", "desbrasileirizados", "desargentinizados", tornando-se uma coisa comum. E falarão que língua? Esta língua que eu estou falando. Esta língua: "portunhol" ou "espanhoguês". A língua do futuro da América Latina. Assim, os que me escutam agora devem me escutar com respeito e como se estivessem frente a um documento vivo: a primeira gravação da língua do futuro.

*

Uma opinião sobre a América Latina, uma opinião global sobre a América Latina? É difícil. No meu modo de ver, o que caracteriza a América Latina de hoje, no plano da cultura, é o súbito descobrimento de que tudo é questionável. As velhas explicações eram justificações. É necessário repensar tudo. Esta lucidez que conseguimos de uma hora para outra não é, provavelmente, uma conquista da nossa racionalidade. Parece, isto sim, ser a projeção sobre a consciência latino-americana de alterações estruturais que estão acontecendo nos nossos países e no mundo todo. Só assim se pode entender por que tantos, ao mesmo tempo, sem qualquer comunicação entre si, formulem, por todos os lados da América Latina, as mesmas opiniões e elaborem os mesmos conceitos. É como se colhêssemos frutos de novos tempos que nós não cultivamos, mas que caem em nossas mãos, mais pelo nosso pesar do que pelo nosso esforço.

Entre estas percepções abruptamente generalizadas, está a compreensão de que o atraso da América Latina não é nem natural nem necessário, mas sim que existe, persiste, porque fomos coniventes com os fatores que o causaram. Nada ficou das velhas explicações que atribuíam o nosso atraso ao clima tropical, às raças doentes, à mestiçagem, à origem ibérica, ao caráter católico-salvacionista dos conquistadores. Tampouco se mantêm de pé as explicações das causas que se atribuíam à exploração colonial e classista, porque em outras latitudes muitos povos enfrentaram estas mesmas contingências e, não obstante, conseguiram melhor desempenho. Consequentemente, não há como descartar a conclusão de que a causa está em nós mesmos, não em carências naturais, inatas ou históricas pelas quais não seríamos responsáveis, mas sim em nossas conivências e culpas.

Com razão, ninguém hoje duvida que o projeto de exploração colonial e neocolonial da América Latina, desastroso para os nossos povos, que pagaram o seu custo em opressão, penúria e dor, foi um grande sucesso para aqueles que o impuseram, que o comandaram como classes dominantes. As empresas aqui instaladas ao longo de quatro séculos foram as mais prósperas de que se tem notícia. Ainda hoje o são e conservam a sua característica fundamental, que é a de uma prodigiosa prosperidade empresarial não extensiva à população.

Desta forma, descobrimos repentinamente, como uma revelação abrumadora, que nós, como classe dominante e como seus associados e servidores intelectuais, que nós somos os verdadeiros responsáveis pelo atraso que nos oprime e envergonha. Foi o nosso projeto classista de prosperidade que nos induziu, ao sair da dominação colonial, a procurar novas sujeições, porque esta era a forma de manter e ampliar velhos privilégios. Com este propósito foram ordenadas institucionalmente as nossas sociedades, de modo a manter a força de trabalho envolvida na produção na disciplina mais opressiva, comprimindo seu nível de vida até limites insuportáveis, obrigando-a a produzir o que não consumia, gerando excedentes para alimentar as regalias de uma pequena camada social superprivilegiada.

O que eu quero dizer é que não podemos mais nos iludir de que esteja em outros, e não em nós, a causa do desastre da América Latina. Nossos povos são povos de segunda categoria. De segunda categoria em um sentido terrível: são povos que não conseguiram realizar as suas potencialidades na civilização industrial, e povos que estão ameaçados de não realizá-la, também, na civilização futura. Dizemos povos de segunda categoria, que nos envergonham frente à Suíça, frente à América do Norte, frente à Alemanha, frente à França, ou frente à Austrália ou frente ao Japão. Começamos a compreender, afinal, que isto é o projeto da classe dominante. Ela nunca quis um povo que não fosse este, um povo-proletariado externo, que existia para produzir o que não consumia, que existia para outros.

Eu acredito que o que caracteriza a nossa geração, a geração que começou a atuar depois de 45, é esta consciência mais lúcida e mais clara de que o nosso mundo tinha que ser desfeito para ser refeito, porque tal como está feito só serve à camada privilegiada. Os ricos dos nossos países desfrutam muito mais de sua riqueza que os ricos dos países ricos, e para eles este projeto foi sempre muito bom, muito gratificante; para o povo é que não é. Quando eu olho os milhões de brasileiros que passam fome, os milhões de mexicanos ou de bolivianos ou outros que enfrentam situações de grande opressão e de penúria, e quando penso que esta é uma penúria dispensável, evitável, induzida pelo projeto, e quando vejo agora, no meu país, ou no México, ou noutros lugares, pensadores submissos à classe dominante afirmarem que é preciso primeiro acumular para depois distribuir, é como dizer ao povo que ele comerá amanhã o que não comeu hoje. Não é verdade. Você não comerá jamais o que não comeu hoje ou ontem.

Então, é aqui e agora que é preciso fazer a distribuição. É aqui e agora que é preciso organizar a sociedade, os que estão na sociedade, os que estão aqui. Quando eu vi, por exemplo, a brutalidade, o que é o camponês francês, aquele homem trabalhando com cavalo *pecheron*, e ele parece, também, um cavalo *pecheron*. O produtor de camembert, o produtor de beaujolais; o produtor de camembert come camembert, bebe beaujolais. É diferente do produtor de café que exporta café e come porcaria. Nossos povos não existem para si, existem para outros. Este é o projeto da classe dominante, este é o projeto que a América Latina tem que arrebentar, tem que romper, tem que explodir, para que as potencialidades dos nossos povos se realizem.

Olhando o mundo de hoje, pouca gente duvida que a China voltará a expressar, no ano 2000, a sua civilização milenar dentro da tecnologia mais avançada do mundo. A China era muito mais miserável do que nós. A China tem hoje 1 bilhão de habitantes, tem muito mais gente do que nós e, entretanto, foi possível, porque aí se abandonou aqueles projetos classistas estreitos e se reformulou um projeto nacional. Hoje em dia, nós não entendemos a racionalidade dos chineses, não cabe na nossa racionalidade o que eles fazem, e nós no ano 2000, o que seremos? Seiscentos milhões de latino-americanos miseráveis, outra vez um povo de segunda classe, outra vez um povo neocolonizado? Antes da primeira colonização nós compramos máquinas a vapor, depois caminhões, depois motores elétricos, agora estamos comprando transistores, penicilina, DDT, computadores e para quê? Estamos sendo colonizados com isso novamente. E agora vem a potência central, hegemônica, também em nome da liberdade, subjugar-nos outra vez. Como dizia Bolívar: subjugar-nos para quê? Para induzir-nos a aceitar o seu próprio projeto. Que projeto é este? O que é que atrás da liberdade oferecem os dirigentes aos nossos povos? Hoje é mais urgente do que nunca desenvolver aqui a capacidade de diagnóstico, de crítica e de pensamento utópico; de formular que país queremos ser, que realidade e que sociedade queremos construir, em que mundo queremos viver. Este é o desafio com o qual se enfrenta a intelectualidade da América Latina. Intelectualidade que não tem o direito de se dar ao luxo de não ser revolucionária, porque como intelectualidade e como consciência de povos que fracassaram na história, a sua função é explicar esse fracasso e é sair desse fracasso, não lamentá-lo.

Nós poderíamos ter tido um desempenho muito mais alto do que qualquer desempenho mundial de hoje, com o que somos, com o povo que temos, com a província privilegiada e a terra que temos, mas isto não correspondia aos interesses da classe dominante. Estas classes dominantes têm que perder a capacidade de ordenar o nosso mundo, de dirigir, porque só no momento em que esta direção seja efetivamente popular, só neste momento, poderemos formular o projeto de nós mesmos como povo que se faz a si mesmo como aquilo que desejamos ser; como aquilo que queremos ser; como aquilo que nos orgulhemos de ser.

Os nossos países são produto de um projeto bastante explícito, bastante claro e antipopular. Projetos que envolveram a coragem de "gastar" gente como carbono humano, gastar negros da África trazidos aos milhões ao Brasil para produzir açúcar, para produzir ouro; gastar indígenas; gastar gente para produzir as coisas que o mercado mundial pedia. Este projeto tem seu limite, só é capaz de produzir este tipo de sociedade que nós temos, uma sociedade com um desempenho medíocre. Entretanto, para romper com isso, é necessário uma operação política, uma operação política que tire do poder os grupos que mandam e que ponha em seu lugar a vontade popular. Como isso acontecerá na América Latina? Eu não sei, mas o importante é aceitar isso como nossa perspectiva de que o que importa é rechaçar este mundo e explorar as enormes potencialidades deste mundo no que ele poderia ser.

[A unidade resultante]*

Voltando a olhar o conjunto da América Latina, observa-se certas presenças e ausências que colorem e diversificam o quadro. Por exemplo, a presença indígena é notória na Guatemala e no altiplano andino, onde é majoritária, e no México, onde os índios se contam aos milhões e predominam em certas regiões. Nestes casos é tão grande a massa de sobreviventes da população indígena original que se integrou às sociedades nacionais com um campesinato etnicamente diferenciado, que seu destino é se reconstruírem, amanhã, como povos autônomos. Isso significa que países como a Guatemala, a Bolívia, o Peru e o Equador e áreas extensas de outros como o México e a Colômbia estarão sujeitos, nos próximos anos, a profundas convulsões sociais de caráter étnico que redefinirão aqueles quadros nacionais ou os reestruturarão como federações de povos autônomos.

Totalmente distinta é a situação dos demais países onde só se encontram microetnias tribais, mergulhadas em vastas sociedades nacionais etnicamente homogêneas. Nestes casos, uma presença indígena visível — seja na língua como o guarani do Paraguai, seja, sobretudo, no fenótipo

---

* *Ensaios insólitos*, 1979, p. 217-225.

da maioria da população, como ocorre no Brasil, no Chile, na Venezuela — deve ser levada em conta. Mas não justificaria incorporá-los numa categoria à parte de indo-americanos como alguém sugeriu. É improvável que por esta linha se chegue a alcançar uma tipologia explicativa. Todos estes povos têm no aborígene uma de suas matrizes genéticas e culturais, mas sua contribuição foi de tal forma absorvida que, qualquer que seja o destino das populações indígenas sobreviventes, não se alterará muito sua configuração étnica. Em outras palavras: a miscigenação, absorção e europeização dos antigos grupos indígenas no seio da população nacional está completa ou em marcha e tende a homogeneizar — embora não a fundir — todas as matrizes étnicas, convertendo-as em modos diferenciados de participação na mesma etnia nacional. Isto não significa que os índios que sobreviveram como tribos neste país venham a desaparecer. Ao contrário, apesar de cada vez mais aculturados, eles sobreviverão diferenciados e serão cada vez mais numerosos.

Outro componente que diferencia o quadro, emprestando-lhe aspectos particulares, é a presença do negro africano, que se concentra de forma maciça na costa brasileira de mais antiga colonização e nas áreas de mineração, e também nas Antilhas, onde floresceu a plantação açucareira. Fora dessas regiões, encontram-se diversos bolsões negros na Venezuela, na Colômbia, nas Guianas, no Peru e em algumas áreas da América Central. Também neste caso, a absorção e assimilação chegou a tal ponto que se americanizou esse contingente da mesma forma que os demais, ou talvez de uma forma mais completa que qualquer outro. É certo que reminiscências africanas no folclore, na música e na religião são palpáveis nas áreas onde a afluência negra foi maior. Mas sua persistência se explica, principalmente, pelas condições de marginalização dessas populações, que em nenhum caso constituem blocos étnicos inassimiláveis e aspirantes à autonomia.

Outras intrusões, não europeias, como a dos japoneses no Brasil, dos chineses no Peru, dos indianos nas Antilhas, igualmente diferenciam algumas áreas, emprestando um sabor especial à sua cozinha e afirmando-se em algumas outras esferas. O assinalável nestes casos — como ocorre também com os negros — é que estamos em presença de contingentes que trazem em si uma marca racial distintiva com relação ao resto da população. Este fato tem, obviamente, consequências. Principalmente a de não facilitar o reconhecimento de uma assimilação já completa ou que só não se completa devido à persistência de marcas raciais que permitem seguir tratando como afro, nissei, chinês ou indiano a pessoas que só são tais em seu fenótipo, dada sua aculturação plena e sua integração completa no quadro étnico nacional.

Os antropólogos, particularmente interessados nas singularidades destas populações, produziram uma vasta literatura que ressalta, talvez de forma excessiva, as diferenças. Realmente, é possível elaborar longas listas de sobrevivências culturais que permitem vincular esses núcleos às suas matrizes de origem. O certo, porém, é que, aqui também, as semelhanças são mais significativas que as diferenças, já que todos esses contingentes estão plenamente "americanizados". No plano linguístico e cultural são gente de seu país e até "nossa gente" na identificação emocional corrente das populações com que convivem. Suas peculiaridades, tendentes talvez a esmaecer, apenas os fazem membros diferenciáveis da comunidade nacional em razão de sua remota origem.

O mesmo ocorre com os componentes de contingentes europeus não ibéricos chegados em época mais recente. Cada um deles representa uma forma especial de participação, nem superior nem inferior, no ser nacional, que permite defini-los, restritivamente, como, por exemplo, anglo-uruguaios, ítalo-argentinos, teuto-chilenos ou franco-brasileiros. É de assinalar, porém, que todos eles gozam de uma posição social mais alta, alcançada em razão de eventuais vantagens culturais e econômicas, mas principalmente de uma maior aceitação social que os privilegia em sociedades dominadas pelos brancos.

Muito embora acima de todos os fatores de diversificação sobressaiam os de uniformidade, certas diferenças visíveis alcançam, frequentemente, um sentido social discriminatório. É o caso, por exemplo, do paralelismo entre cor da pele e a pobreza, que dá lugar a uma estratificação social de aparência racial. Assim, os contingentes negros e indígenas que tiveram que enfrentar enormes obstáculos para ascender da condição de escravos à de proletários concentraram-se principalmente nas camadas mais pobres da população. Além da pobreza oriunda da superexploração de que foram e são vítimas, pesa sobre eles muita discriminação, inclusive a proveniente da expectativa generalizada de que continuem ocupando posições subalternas, as quais dificultam sua ascensão a postos mais altos da escala social. Aparentemente, o fator causal encontra-se na origem racial e na presença de sua marca estigmatória, quando de fato só se explica pelas vicissitudes do processo histórico que os situou na posição de vítimas. Eles são a contraparte desprivilegiada dos euro-americanos. Embora constituindo o grosso da força de trabalho — ou por isso mesmo, enquanto descendentes de escravos — eles são tratados com superioridade e descaso. Assim é que a cor da pele, ou certos traços raciais típicos do negro e do indígena, operando como indicadores de uma condição social inferior, continuam sendo um ponto de referência para os preconceitos que pesam sobre eles.

Embora presente na América Latina e frequentemente de forma muito acentuada, o preconceito racial não assume aqui o caráter discriminatório e isolacionista que se observa por exemplo nos Estados Unidos. Ali, a discriminação recai sobre os descendentes de africanos ou indígenas, qualquer que seja a intensidade da marca racial que carreguem, tendendo a excluí-los do corpo social por considerar indesejável a mescla com eles. Na América Latina, o preconceito racial é predominantemente de marca e não de origem. Ou seja: recai sobre uma pessoa na proporção de seus traços racialmente diferenciadores e implicitamente incentiva a miscigenação, porque aspira a "branquear" toda a população. Trata-se, sem dúvida, de um preconceito racial, porque a sociedade só admite os negros ou indígenas como futuros mestiços, rechaçando seu tipo racial como ideal do humano. Mas se trata de um preconceito especial que discrimina o fenótipo negro e o indígena por não estar ainda diluído na população majoritariamente mestiça, cujo ideal de relações inter-raciais é a fusão.

*

Por cima das linhas cruzadas de tantos fatores de diferenciação — a origem do colonizador, a presença ou ausência e o peso do contingente indígena e africano e de outros componentes —, o que sobressai no mundo latino-americano é a unidade do produto resultante da expansão ibérica sobre a América e o seu bem-sucedido processo de homogeneização. Com todos esses contingentes — presentes em maior ou menor proporção em uma ou outra região — edificaram-se sociedades étnico-nacionais cujas populações são produto do cruzamento e querem continuar fundindo-se. Excetuando os indigenatos originários de altas civilizações ou microetnias tribais que sobreviveram isoladas, em nenhum caso encontramos os índios originais; nem os europeus ou asiáticos ou africanos tal como eram quando se desprenderam de suas matrizes. Seus descendentes são neoamericanos cuja visão do mundo, cujos modos de vida, cujas aspirações — essencialmente idênticas — fazem deles um dos ramos mais floridos do gênero humano. Amalgamando gente procedente de todos os quadrantes da Terra, criaram-se aqui povos mestiços que guardam em suas caras étnicos-culturais heranças tomadas de todas as matrizes da humanidade. Estas heranças, difundindo-se ao invés de concentrarem-se em quistos étnicos, se impuseram à matriz básica — principalmente ibérica, em alguns países, principalmente indígena ou africana em outros — matizando o painel latino-americano sem quebrá-lo em componentes opostos uns aos outros. O que se destaca como explicativo é, pois, uma vez mais, a uniformidade e o processo de homogeneização que engloba mais de 90% dos latino-americanos.

Essa mesma homogeneização em curso é notória em certos planos, como o linguístico e o cultural. Com efeito, as línguas faladas na América Latina, e os respectivos complexos culturais, são muito mais homogêneos que os existentes nas respectivas nações colonizadoras, e talvez mais do que os de qualquer outra área do mundo, exceto a neobritânica. De fato, o castelhano e o português falados nas Américas experimentaram menor número de variações regionais que o das nações de origem. O castelhano, falado por centenas de milhões de pessoas na América Latina, apesar de cobrir uma extensíssima área, só varia regionalmente quanto ao sotaque, uma vez que nem sequer derivou em nenhum dialeto; enquanto na Espanha continuam sendo faladas várias línguas mutuamente ininteligíveis. O mesmo ocorre em relação à língua portuguesa e à inglesa. Ou seja: os espanhóis, portugueses e ingleses, que jamais conseguiram assimilar os bolsões linguístico-dialetais de seus reduzidos territórios, ao mudarem-se para as Américas impuseram às suas colônias, imensamente maiores, uma uniformidade linguística quase absoluta e uma homogeneidade cultural igualmente notável.

Voltamos, assim, à uniformidade inicial. Pouco importa que ela não seja percebida com clareza em cada entidade nacional, inclusive porque cada nacionalidade é um esforço por ressaltar singularidades como mecanismo de autoglorificação e autoafirmação, que só tem sentido para aqueles que participam das mesmas lealdades étnicas. O certo é que nossa latino-americanidade, tão evidente para os que nos olham de fora e veem nossa identidade macroétnica essencial, só ainda não faz de nós um ente político autônomo, uma nação ou uma federação de estados nacionais latino-americanos. Mas não é impossível que a história venha a fazê-lo. A meta de Bolívar era opor aos Estados Unidos Setentrionais os Estados Unidos Meridionais. A Pátria Grande de Artigas e a *Nuestra América* de Martí apontam no mesmo rumo.

A que se deve esse poder unificador? O que explica a resistência à assimilação de ilhas linguístico-culturais, como o país basco, o galego e o catalão, ou ainda de regiões dialetais como as portuguesas, em comparação com a flexibilidade de contingentes tão diferenciados como os que formaram os povos ibero-americanos?

A explicação está, talvez, nas características distintivas do próprio processo de formação dos nossos povos, que são sua intencionalidade, sua prosperidade e sua violência. Aqui, a metrópole colonialista teve um projeto explícito e metas muito claras, atuando da forma mais despótica. Conseguiu, quase de imediato, subjugar a sociedade preexistente, paralisar a cultura original e converter a população em uma força de trabalho submissa. Contribuiu também para a homogeneização da própria prosperidade do empreendimento colonial, fosse na etapa do saque de riquezas secularmente acumuladas, fosse nas variadas formas posteriores de apropriação da produção mercantil.

Tanta riqueza permitiu montar uma vasta burocracia militar, governamental e eclesiástica que passou a reger a vida social em cada detalhe. As empresas produtivas se implantaram segundo planos precisos. As cidades surgiram plantadas por atos de vontade, com ruas traçadas segundo um padrão preestabelecido e com edificações também moduladas de acordo com traços prescritos. As próprias categorias étnico-sociais que se vão formando têm também toda sua vida regulamentada: estabelece-se a que empregos poderiam aspirar, que roupas e até que tipo de joias poderiam exibir e com quem poderiam se casar. Toda esta ordenação artificial, intencional, teve em mira um objetivo supremo: defender e fazer prosperar a colônia para usufruto da metrópole. E um objetivo secundário, embora apresentado como o fundamental: criar um filhote da sociedade metropolitana, mais leal que ela à ideologia católico-missionária.

As classes dominantes nativas, como gerentes daquele pacto colonial, e desta reprodução cultural, jamais formaram o cume de uma sociedade autônoma. Eram apenas um extrato gerencial que custodiava e legitimava a colonização. Uma vez independentizadas suas sociedades, o caráter exógeno dessas classes dominantes, forjado no período colonial, e seus próprios interesses induziram-nas a continuar regendo suas nações como cônsules de outras metrópoles. Para isso instituíram uma ordenação socioeconômica e política adequada com fundamento no latifúndio e no entreguismo e promoveram a criatividade cultural como uma representação local de tradições culturais alheias.

A intencionalidade do processo levou, por um lado, a uma busca de racionalidade enquanto esforço por obter efeitos previstos através de ações eficazes; e, por outro lado, à determinação de alcançar os desígnios dos colonizadores na forma de um projeto intencional alheio às aspirações da massa da população conscrita como força de trabalho. Em nenhum momento, no curso do processo de colonização, estes contingentes envolvidos na produção constituem uma comunidade que exista para si, um povo com aspirações próprias que possa realizar como requisitos elementares de sua sobrevivência e prosperidade. Constituem, de fato, um combustível humano em forma de energia muscular, destinado a ser consumido para gerar lucros.

Pouco a pouco vai surgindo uma contradição irredutível entre o projeto do colonizador e seus sucessores e os interesses da comunidade humana resultante da colonização. Ou seja: entre os propósitos e os procedimentos da classe dominante subordinada, e a maioria da população que ativava o empreendimento, primeiro colonial, depois nacional. Para essa população o desafio colocado ao longo dos séculos foi o de amadurecer como um povo para si, consciente de seus interesses, aspirante à coparticipação no comando de seu próprio destino. Dada a oposição classista, tratava-se de conquistar estas metas através da luta contra a classe dominante gerencial da velha ordenação social. Ainda hoje este é o desafio principal com que nos defrontamos todos nós, latino-americanos.

*

A expressão América Latina alcança conotações altamente significativas na oposição entre anglo-americanos e latino-americanos que, além de seus diversos conteúdos culturais, contrastam mais fortemente ainda quanto aos antagonismos socioeconômicos. Aqui, os dois componentes se alternam, como a América Pobre e a América Rica, com posições e relações assimétricas de poderio em um polo e dependência no outro. Pode-se dizer que, de certa forma, é principalmente como o outro lado da América Rica que os latino-americanos melhor se reúnem debaixo de uma mesma denominação.

Outra conotação bipolar origina-se na visão de outros povos com respeito à América Latina, que unifica e confunde nossos países como variantes de um mesmo padrão de povos, resultantes todos da colonização ibérica e vistos todos como atrasados e subdesenvolvidos. Esta visão arquitetônica externa, apesar de ser construída com as vantagens e os inconvenientes da distância e da simplificação, talvez seja a mais verdadeira. Por que insistimos que somos brasileiros e não argentinos, que nossa capital é Brasília e não Buenos Aires? Ou que somos chilenos e não venezuelanos, ou que nossos ancestrais indígenas são os incas, porque os astecas são dos mexicanos? O observador distante poderia argumentar: por acaso todos vocês não são os descendentes da matriz indígena? Os resultantes da colonização ibérica? Não se emanciparam todos no curso de um mesmo movimento de descolonização? Ou não são os que, depois de independentes, hipotecaram seus países, sem distinção, aos banqueiros ingleses? Vocês se reconhecem ou não como os que foram e estão sendo recolonizados pelas corporações norte-americanas?

Por sobre todos estes fatores de diversificação e de unificação, o motor de integração que operou e ainda opera na América Latina, forjando sua uniformidade cultural e prometendo concretizar amanhã sua unidade sociopolítica e econômica, reside no fato de sermos o produto de um mesmo processo civilizatório — a expansão ibérica — que aqui implantou seus rebentos com prodigiosa capacidade de crescer e se multiplicar.

Frente a esta unidade essencial do processo civilizatório e de seus agentes históricos — os ibéricos —, as outras matrizes aparecem como fatores de diferenciação. Os grupos indígenas — variados como eram em suas pautas culturais e em seus graus de desenvolvimento — só teriam contribuído para a diversificação se houvessem sido o fator preponderante. Os núcleos africanos, por sua vez, originando-se de uma infinidade de povos, também teriam criado múltiplos rostos no Novo Mundo se houvessem imposto seus elementos culturais de forma dominante.

A unidade essencial da América Latina decorre, como se vê, do progresso civilizatório que nos plasmou no curso da Revolução Mercantil — especificamente, a expansão mercantil ibérica — gerando uma dinâmica que conduziu à formação de um conjunto de povos, não só singular frente ao mundo, mas também crescentemente homogêneo. Mesmo quando sobreveio um novo processo civilizatório, impulsionado, desta vez, pela Revolução Industrial, e a América Latina se emancipou da regência ibérica — e no mesmo impulso se fragmentou em múltiplas unidades nacionais —, aquela unidade macroétnica se manteve e se acentuou. O processo civilizatório que opera nos nossos dias, movido agora por uma nova revolução tecnológica — a termonuclear —, por mais que afete os povos latino-americanos, só poderá reforçar sua identidade étnica como um dos rostos pelos quais se expressará a nova civilização. É até muito provável que engendre a entidade política supranacional que, no futuro, será o quadro dentro do qual os latino-americanos viverão o seu destino. Dentro deste quadro se destacarão mais visíveis e afirmativas do que hoje algumas nacionalidades indígenas (Quéchua, Aimare, Maia, Mapuche etc.) atualmente oprimidas. Mas o cenário macroétnico dentro do qual todos os povos do subcontinente coexistirão terá uma feição ibero-americana.

[Tipologia política latino-americana]*

Propus uma vez uma tipologia ideal dos regimes e das formas de militância política da América Latina.** Ela não é satisfatória, bem sei. Mas é, provavelmente, melhor do que as classificações inexplícitas que se encontram tanto nos textos de ciência política como na linguagem corrente. Uns e outros empregam os termos *democracia, fascismo, revolução, radical, liberal* e muitos outros das formas mais contraditórias e desencontradas. Quase tão desencontradas como as autodesignações dos partidos políticos e dos regimes da América Latina que jamais poderiam ser entendidos, no que são, pelos nomes que se dão. Volto hoje ao tema num rápido reexame, deliberadamente provocativo, porque desejaria suscitar um debate sobre a forma, o conteúdo e a eficácia dos regimes e dos tipos de ação política que se observam entre nós.

A tarefa envolve grandes dificuldades, a começar pelo fato de que só busca classificar alguma coisa quem supõe que ela existe num limitado número de variáveis, mutuamente exclusivas, e que cada uma delas se deixa reconhecer por atributos distintivos. É muito duvidoso que isso

---
* *Ensaios insólitos,* 1979, p. 227-249.
** *El Dilema de América Latina*, México, 1979, 8ª ed. (Siglo XXI). A primeira edição brasileira é da Editora Vozes, 1978.

ocorra em matéria política. Neste campo não se pode pretender mais que definir alguns paradigmas dos quais se aproxime, em maior ou menor grau, cada uma das formas reais de conduta política. O problema se complica, no nosso caso, porque não pretendemos apenas acrescentar um discurso a mais ao debate dos politicólogos. Nosso propósito é construir uma tipologia válida para a análise científica e útil como instrumento de ação política. Só assim ela poderá contribuir para superar tanto a fatuidade dos politicólogos como a esterilidade da maioria dos estudos exegéticos de base marxológica.

Confusão e perplexidade

O que me preocupa é sair da névoa confusa da adjetivação política que induz tantos a falar, tão enfática como irresponsavelmente, de "democracia mexicana", de "fascismo peruano" ou de "revolução brasileira". Como explicar tamanha confusão? Seríamos os latino-americanos tão singularmente atípicos que aqui todos estes conceitos, mais ou menos tranquilos para todo o mundo, entrariam em confluências e ambiguidades? Não seria esta confusão toda resultante da velha alienação colonial que só nos deixa ver a nós mesmos com a visão alheia, metropolitana? Creio mais na segunda hipótese. Isto é, que parecemos tão confusos não por sermos muito complexos e singulares, mas pela incapacidade de olhar diretamente nossa própria realidade e de buscar explicá-la em termos significativos para nós mesmos. Neste sentido pode-se afirmar que a confusão terminológica revela males mais graves, que são a alienação mental e a indigência teórica.

Só assim se explicam paradoxos tão nossos como os de classificar de "fascistas" os regimes de Vargas e Perón, vistos pelas grandes massas, do Brasil e da Argentina, como os mais favorecedores de seus interesses. Ou a ingenuidade de ironizar a revolução mexicana ou a peruana como se as únicas revoluções dignas desse nome fossem as socialistas. Ou ainda, o simplismo de colocar em duas grandes categorias, o "fascismo" e o "socialismo", todas as formas de ação política da América Latina. Ou, finalmente, tratar como "populismos" governos e lideranças tão diferentes como os de Cárdenas, Perón, Fidel ou Allende; e como "burocracias autoritárias" regimes militares tão opostos um ao outro como o brasileiro e o peruano atuais.

O que se faz habitualmente nestes estudos é comparar modos de ação política observáveis entre nós com arquétipos tomados da análise de outras realidades. O resultado é apresentar nossos regimes como se fossem irremediavelmente precários e espúrios, e nossa conduta política como se correspondesse a ridículas tentativas de imitar a conduta alheia.

É certo que a principal fonte de nossas ideias políticas é exógena. Também é certo que nossas formas de conduta política são frequentemente miméticas. O mais certo, porém, é que não estamos representando uma farsa política e sim, vivendo situações dramáticas de despotismo e opressão e de sucessivas frustrações de revoluções abortadas.

Nestas mesmas análises ignora-se com frequência que nossas precárias condições políticas não se opõem a nenhuma institucionalidade democrática completamente amadurecida. Ninguém, em parte alguma, criou instituições que permitiam ao povo constituir ou derrubar governos sem intermediações ou manipulações. O máximo que se conseguiu — e que alimenta o orgulho de tantos ingênuos — está estigmatizado por mistificações e até mesmo pela corrupção e a falsidade. Nestas condições, os nossos esforços por reduzir a uns poucos tipos as múltiplas formas de pensamento e de ação política que se registram entre nós devem limitar-se ao estudo comparativo das nossas próprias formas de vivência política. Só encarando objetivamente a nossa própria realidade e repensando criticamente a nossa experiência verificaremos que elas podem ser tidas como *necessárias* em razão das forças históricas que as conformaram.

Mas, ao mesmo tempo, pode ser tida como *contingente* e, portanto, alterável, se tivermos a sabedoria de orientar as forças da causalidade no rumo dos interesses nacionais e populares, assim como elas foram orientadas até agora em sentido oposto. Para alcançar esse objetivo, urge proceder à revisão da nossa terminologia política e fazer a crítica correspondente das teorias que pretendem descrever e explicar nossa realidade à base de conceitos calcados em outros contextos.

Esta revisão crítica é imperativa para a esquerda latino-americana, cuja indigência teórica só nos tem feito experimentar fracassos. Estes foram tantos e tão dramáticos, na última década, e nos fizeram perder tantas posições de poder que nosso tempo será tido, na história, como a era da grande confusão teórica e das grandes frustrações políticas. Na raiz destes fracassos está, sem dúvida, a capacidade política dos adversários que nos venceram. Mas também estão nossas próprias deficiências. Clarividência é a munição de que mais necessitamos para levar adiante as revoluções possíveis na América Latina. Sobretudo, nessa altura da década de 70 em que, despojados das estratégias revolucionárias em que mais confiávamos, somos desafiados a traçar novas "linhas" que só serão mais eficazes se forem mais lúcidas.

Na verdade, até a Revolução Cubana e o voluntarismo que ela alentou, a estratégia das esquerdas latino-americanas era a linha aliancista dos partidos comunistas. Ela não conduziu nenhum movimento à revolução e, de fato, não se propunha a fazê-lo, mesmo porque estava orientada mais para melhorar a ordem vigente do que a transformá-la desde suas bases. A vitória dos revolucionários cubanos veio desmoralizar tanto o "frente-unionismo" como o conservadorismo característico da linha política dos comunistas ortodoxos. À luz das concepções daquela linha, a vitória cubana parecia um fruto da "ignorância", uma vez que, se Fidel e Che Guevara soubessem o que sabia qualquer dirigente comunista formado segundo as melhores teorias da época, não teriam ousado saltar de uma situação neocolonial a uma revolução socialista. Mas em sua "inocência" eles o lograram e, desse modo, não só consolidaram a única revolução socialista do continente como também pareceram abrir um novo caminho à revolução social.

Todos se puseram, desde então, a teorizar a experiência de Cuba na forma de uma estratégia voluntarista que reduzia a revolução social a uma operação guerrilheira. Segundo estas "leituras" da experiência cubana, qualquer grupo revolucionário que subisse a montanha, ali resistindo alguns meses, se expandiria depois numa ofensiva que o levaria ao poder. Dezenas de grupos muito mais numerosos tentaram repetir o milagre cubano em quase todas as nações da América Latina. Só conheceram fracassos porque nenhum deles era a cabeça de um iceberg, como os guerrilheiros de Sierra Maestra, integrados numa ampla organização política de massas urbanas — o Movimento de 26 de julho — e comandados por quem era, já então, o principal líder popular cubano.

As esquerdas latino-americanas, desiludidas do "quietismo" dos comunistas e depois do voluntarismo dos cubanos, entraram na década de 70 órfãs e perplexas. A duras penas haviam aprendido, por um lado, que as ações armadas, embora tivessem algum valor de contestação onde nenhuma outra resposta política era viável, não constituíam uma porta aberta a uma revolução fácil e rápida. Aprenderam, por igual, que não é prudente esperar que surja, na América Latina, o proletariado que Marx — e depois dele gerações e gerações marxistas — esperou toda a vida ver alçar-se nos grandes centros industriais como uma força revolucionária irresistível.

Nos últimos anos, um terceiro caminho, ainda mais desafiante, se insinuou no Chile, configurando-se, para uns, como uma incitação e, para outros, como um engodo da história. Parecia que ali, em 1971, se repetiria, na forma de um *socialismo evolutivo*, o que ocorrera na Rússia de 1917 na forma de um *socialismo revolucionário*. Assim como a revolução operária e a ditadura do proletariado esperada para a Alemanha industrializada acabaram cristalizando-se na Rússia atrasada, um movimento histórico equivalente ocorrera no Chile. Nos dois casos, porém, o socialismo não surgia como a superação do capitalismo industrial, assentado no saber tecnológico e na riqueza que ele acumulara. Surgia, isto sim, como um instrumento de aceleração evolutiva capaz de levar ao pleno desenvolvimento nações imersas no atraso.

Aparentemente no Chile se inaugurava, sobre o atraso latino-americano, o socialismo-em-liberdade vaticinado, pelos teóricos mais otimistas, para a França e a Itália com seus grandes partidos de esquerda. Supunha-se que no Chile se experimentava historicamente a viabilidade da marcha ao socialismo dentro de um regime parlamentar multipartidário e sob a vigilância de Forças Armadas que, de guardiãs da velha ordem privatista e minoritária, se converteriam em sustentáculos da nova ordem socialista e majoritária. O desastre chileno comoveu a todos nós. Comoveu a tantos que quase todos se esqueceram prontamente que a "via chilena" tinha algumas possibilidades de vitória. Dela nunca duvidaram as classes dominantes chilenas. Bem sabiam que enfrentavam um perigo mortal, uma vez que, se Salvador Allende conseguisse manter-se no poder por dois anos mais, tornaria irreversível a marcha para o socialismo no Chile.

Decepcionadas com a mediocridade dos resultados do "frente-unionismo" dos comunistas, desalentadas com as frustrações da ação guerrilheira, traumatizadas com o retrocesso contrarrevolucionário chileno, as esquerdas latino-americanas, derrotadas e perplexas, buscam novos caminhos. Alguns, à falta de uma rota mais viável, voltam ao aliancismo dos comunistas ortodoxos, esperando ter assim a oportunidade de participar e de influenciar — a partir de uma posição socialista — em processos políticos dos quais jamais poderiam ter o comando. Outros se desesperam em gestos de puro desvario, como o de pagar-se com palavras, pregando revoluções de utopia ou se entregam à contrarrevolução ao se oporem, de fato, a todas as formas possíveis de ação política concreta, acusando-as de reformistas e espúrias. Uns poucos intelectuais iracundos se indignam tanto contra a esquerda ortodoxa como contra a desvairada. Com isto se isolam, revoltados contra os tempos adversos que lhes coube viver e contra as massas populares impotentes que eles se supunham chamados a ativar.

Somente alguns radicais europeus, totalmente desiludidos de ver concretizar-se uma revolução em seus próprios países, e uns poucos "revolucionistas" universitários continuam pregando a luta guerrilheira como a única via para a revolução latino-americana. Os próprios grupelhos de ação direta, entregues a uma escala de operações violentas, já sabem que sua atuação tem unicamente valor contestatório.

O cenário e os protagonistas

A mágoa decorrente desta impotência teórica e prática pode ser desastrosa se as esquerdas não forem capazes de transformá-la em lucidez sobre o processo político latino-americano. Não uma lucidez contemplativa que se contente em fazer do exercício da inteligência um ato de fruição. A lucidez que a esquerda é chamada a exercer, a partir de suas poucas forças e muitas fraquezas, é aquela que coloque todas as suas energias intelectuais a serviço da única tarefa espiritual importante para povos fracassados na história: a busca dos caminhos concretos de sua revolução. Esta busca será, porém, mero exercício de erudição se se exercer, outra vez, como exegese de textos sacralizados ou como novos esforços por ilustrá-los com exemplos nativos. O que se necessita é desvendar criteriosamente as causas dos insucessos históricos, as razões dos fracassos recentes para, à luz deste conhecimento, desenvolver tanto a estratégia de como desencadear a revolução necessária, como o projeto de renovação intencional das sociedades latino-americanas.

O primeiro requisito teórico para alcançar esta lucidez está no desenvolvimento da capacidade de ver objetivamente e diagnosticar com realismo as conjunturas políticas em que nós, latino-americanos, atuamos. Não se trata, evidentemente, de descobrir um "mapa da mina" ou de adquirir uma bússola prodigiosa que nos oriente com toda segurança à vitória, quaisquer que sejam as circunstâncias. Trata-se, tão somente, de nos permitir ver melhor o terreno que pisamos, de avaliar mais objetivamente os riscos que estamos enfrentando e de conhecer melhor os protagonistas com que interagimos. Para as forças conservadoras é fácil reconhecer-se a si próprias, definir suas possíveis massas de manobra e identificar seus inimigos. Para as forças revolucionárias tudo isto é muito mais complexo, porque elas partem, necessariamente, de uma visão alienada de si mesmas e do mundo que só podem corrigir através de uma crítica árdua e porque necessitam exercer um esforço intelectual muito mais profundo e continuado para se encontrarem, se expressarem e se organizarem como forças que existam e atuem para si próprias.

Um passo importante neste sentido será dado no momento em que contarmos com um conjunto coerente de conceitos descritivos que permitam diagnosticar o caráter dos regimes políticos e identificar as forças que os sustentam ou que a eles se opõem.

A maior parte das análises políticas correntes se contenta com uma classificação tipológica bipolar que configura nos cenários políticos um polo conservador ou mesmo reacionário, a *direita*, e um polo progressista ou até revolucionário, a *esquerda*. Embora aceitemos estas expressões, não podemos restringir-nos a elas se queremos aprofundar a análise do cenário político latino-americano. Para tanto se impõe a construção de uma tipologia explícita de categorias mutuamente excludentes que nos proporcione um quadro conjunto do nosso cenário político, uma caracterização dos atores que nele atuam e uma visão crítica de suas metas e seus estilos de ação. É de todo provável que, armados com um instrumento operativo desta ordem, estejamos em melhores condições de atuar revolucionariamente no cenário político em que nos movemos.

Tipologia das lideranças políticas latino-americanas

Elitistas	**Antielitistas**	**Vanguardistas**
Patriciais	*Populistas*	*Esquerdistas*
Autocráticas	*Reformistas*	*Comunistas*
Patriarcais		Ortodoxos
Tirânicas		Heréticos
Regressivas	*Modernizadoras*	*Insurgentes*

A nosso ver, esta classificação tripartida permite identificar no sistema político latino-americano, do passado e do presente, três modalidades de regimes políticos e de militâncias partidárias. Primeiro, a *elitista* em suas duas feições, a *patricial*, dos políticos profissionais integrantes dos partidos conservadores de estilo tradicional, e a *autocrática*, que identifica tanto as ditaduras patriarcais como as tirânicas e as regressivas. Segundo a categoria *antielitista*, que compreende os estilos políticos populista e reformista e as lideranças nacionalistas modernizadoras. Em terceiro lugar, as *vanguardas*, nominalmente revolucionárias que, por sua vez, compreendem os estilos de ação política *esquerdista, comunista* e *insurgente*. Nos tópicos seguintes procuraremos definir os diversos componentes desta tipologia.

Lideranças elitistas

A primeira categoria geral compreende as *elites* mandantes. Quer dizer, os protagonistas *patriciais* ou *autocráticos* que exerceram tradicionalmente o poder na América Latina depois da Independência, como se tivessem para isso uma delegação tácita. Com respeito a ambos pode-se observar que são normais as sucessões dentro de cada categoria e que mesmo as alternâncias de uma categoria a outra são meros golpes. Não chegam a constituir nenhuma ameaça revolucionária porque, em nenhum caso, põem em risco as bases institucionais da ordem social. Especialmente a propriedade fundiária, os contratos de exploração estrangeira e as formas de compulsão da população ao trabalho, defendidas com quase igual vigor por toda a velha elite.

Não obstante este amplo denominador comum, que justifica tratar os patrícios e os autocratas como membros de uma mesma elite, verificam-se diferenças significativas entre eles, além do fato de as lideranças patriciais serem geralmente civis e as autocráticas, geralmente militares.

O *patriciado político* se apresenta, em cada conjuntura, ordenado num conjunto de partidos conservadores formalmente opostos uns aos outros na disputa pelo exercício do poder e pelo usufruto de suas prebendas. Seu estilo é encarnado por líderes vetustos, recrutados entre cidadãos eminentes, raras vezes entre os mais cultos e mais raramente ainda entre os mais ricos. Essas elites patriciais se sentem e são, verdadeiramente, responsáveis pela ordem vigente, cujas bases institucionais seus políticos fixaram na Constituição e nas leis e cuja manutenção suas tropas defenderam sempre que necessário. Quando se fala em reformas sociais profundas, como a libertação dos escravos, a reforma agrária, a limitação da exploração estrangeira ou a liberdade sindical, está se falando em refazer a ordem legal que o patriciado instituiu e que os regimes autocráticos que os substituíram, nas épocas de crise, ajudaram a conservar.

O sistema patricial, instaurado como a cúpula política de uma civilização agrária, arcaica e mercantil, tem no fazendeiro (a figura predominante na sociedade e na economia) seu agente político fundamental. Seus votos, que eram originariamente dos poucos reconhecidos — enquanto só votavam os proprietários —, se multiplicaram, depois, pelo número de seus dependentes. Como estes constituíam a maior parte da nação, o fazendeiro se faz um supereleitor, cujos interesses econômicos e aspirações de mando local se impõem às elites políticas. Apesar de seu caráter elitista, este sistema político alcançou um alto grau de congruência e continuidade porque correspondia ao desigualitarismo da sociedade e porque se beneficiava de sua estabilidade estrutural. Alcançou até certa legitimidade porque o fazendeiro, convertido em chefe político regional, ganhava o apreço de seu eleitorado pela proteção que lhe dava contra violências da polícia e pelas festas e agrados que lhe proporcionava por ocasião das eleições.

Regimes patriciais lograram reger, por décadas, a vida política da maioria dos países da América Latina nos períodos de prosperidade econômica. Periodicamente se sucediam no poder os partidos "liberais" ou "democráticos", ou que nome tivessem, conduzindo, em cada caso, ao Executivo e ao Parlamento seu plantel de políticos profissionais, através dos quais obtinham os privilégios que o exercício do governo proporciona, isto é, favores e empregos para uma vastíssima clientela.

Os políticos profissionais, sua corte de funcionários e outros beneficiários constituíam os agentes efetivos do sistema patricial já que só para eles tinha sentido a luta pelo poder. A massa popular entrava no jogo político na qualidade de participante do espetáculo eleitoral, ao qual comparecia como a uma festa. Para essa massa, a disputa do poder não tinha maior importância senão a de contentar o caudilho ou burocrata que pedia seu voto. Não obstante, aqueles agentes conseguiam, às vezes, despertar tanto entusiasmo por suas lutas políticas como o provocado, hoje, pelos clubes de futebol. É o caso dos partidos Blanco e Colorado do Uruguai que, ao utilizar os distintivos surgidos nas lutas da Independência, impregnavam o ato eleitoral de tamanha carga emocional, fazendo crer que da vitória de uns ou de outros dependeria o destino do país.

Nos períodos de crise econômica — particularmente depois de 1930 —, os regimes patriciais cedem o poder a autocracias, que resguardam as instituições das agitações populares, então desencadeadas. Em muitos países, as mesmas elites políticas voltaram ao poder, nas últimas décadas, com roupagens renovadas, na forma de restaurações patriciais, como os "desenvolvimentistas" de Juscelino Kubitschek, no Brasil, os "adecos" (Ação Democrática), na Venezuela, o condomínio bipartidário da Colômbia ou os democratas-cristãos no Chile, no Peru e na Venezuela.

O patriciado via a si próprio como uma elite de agentes civilizadores que encarnavam nos precários cenários sociais e políticos latino-americanos o papel das burguesias heroicas, sobretudo a francesa. Efetivamente, instituíram uma ordem civil e compuseram uma sociedade política, mas só o fizeram para benefício de um estreito círculo de privilegiados que garantiu para si o gozo de direitos em meio à iniquidade e ao despotismo que recaíam sobre as grandes maiorias da população trabalhadora, escrava e ex-escrava. É notório que esta democracia de participação limitada contrasta com a grande façanha dos norte-americanos, que foi a de instituir uma economia nacional autônoma e uma ordem civil democrática capaz de incorporar a maioria da população. Foi comprometendo a todos com esta ordem institucional que se criou um "povo". Sua participação na vida política e o exercício de direitos fundamentais viabilizaram a própria ordenação social classista e, dentro dela, a hegemonia burguesa.

Aqui, o máximo que se alcança é uma democracia restrita à igualdade dos pares. E assim é porque as classes dominantes latino-americanas são, de fato, mais parecidas com o patriciado escravista romano do que com qualquer burguesia clássica. Embora citando os clássicos de institucionalidade burguesa e até copiando constituições e leis europeias e norte-americanas, essas elites o faziam como atos ostentatórios. Tomavam todo o cuidado de que nenhuma liberalidade pusesse em risco a continuidade da velha dominação oligárquica sobre a população, nem os vínculos de dependência externa. Vale dizer, precisamente aquilo que a ordem burguesa promoveu em outras partes.

Com a superação da civilização agrária e a emergência da civilização urbano-industrial vão desaparecendo as bases da dominação patricial. O eleitorado, concentrado nas cidades, libera-se do mando político do patrão e começa a alcançar condições para uma conduta cidadã. Seu primeiro impulso, fruto de frustrações seculares, é opor-se às velhas elites patriciais, buscando novas lideranças autocráticas que se opusessem expressamente à velha ordem e prometessem assegurar-lhes o direito à dignidade de cidadãos e de trabalhadores livres frente ao governo e aos patrões.

Elites autoritárias

Os *regimes autocráticos*, apesar da imagem vulgarizada de um poder discricionário propenso ao despotismo e à iniquidade, foram frequentemente mais progressistas que os patriciais. A muitos deles — que designamos *patriarcais* — se deve, primeiro, a organização do quadro nacional, a fixação das fronteiras e a estruturação da sociedade civil. E depois, algumas reformas substanciais como a abolição da escravatura, a liberdade sindical e até ousadias como o enfrentamento direto com o patronato urbano e com os "testas de ferro" dos interesses estrangeiros, façanhas que não podem ser creditadas a nenhum regime patricial.

Dentre os primeiros regimes autocráticos patriarcais são assinaláveis as *autocracias unificadoras* de Rosas na Argentina, Portales no Chile, Juárez no México, Francia e López no Paraguai. Dentre os últimos se situam os governos autocráticos de perfil patriarcal revestidos com certo grau de responsabilidade social frente as grandes maiorias da população. Eles inauguram o estilo *nacional-sindicalista* com Vargas no Brasil e Perón na Argentina que, contando com enorme apoio de massas, promoveram reformas sociais e administrativas e contribuíram poderosamente para incorporar as novas massas urbanas na vida social e política da nação.

A imagem despótica dos regimes autocráticos se justifica pelo grande número de ditaduras que, em lugar da feição patriarcal, encarnam formas cruamente tirânicas. Enquadram-se neste caso os três padrões de *autocracias tirânicas*. Primeiro, as *ditaduras clientelistas* de Pérez Jiménez na Venezuela, de Rojas Pinilla na Colômbia e de Odría no Peru. Segundo, a variante *despótica*, típica das autocracias latino-americanas, que configura toda uma galeria de ditadores tenebrosos como Somoza, Ubico, Trujillo, Batista, Stroessner, Duvalier, exibindo a degradação extrema das estruturas de poder.

A terceira modalidade, as autocracias *regressivas* e *repressivas* do tipo implantado no Brasil de Castelo Branco, na Argentina de Onganía, na Bolívia de Banzer e no Chile de Pinochet etc. Embora frequentemente caracterizadas como fascistas, elas se aproximam mais do estilo salazarista ou franquista, que corresponde à deterioração do poder em sociedades que não contam com classes dominantes capacitadas para o desempenho "burguês".

Não chegam a ser fascistas porque aqueles regimes, apesar de toda a sua iniquidade, revelaram preocupações nacionalistas, de atendimento a reivindicações sociais de pleno emprego e de subsídio ao consumo, que as referidas ditaduras não permitiram jamais. Contrastam também com o fascismo devido às características fundamentais deste como regime nacionalista de direita voltado para a defesa do capital monopolista e comprometido, por isto, com plutocracias industriais e financeiras. Dizer que os regimes autocráticos deste tipo da América Latina são "fascistas--coloniais" só contribui para confundir ainda mais o assunto.

Seu caráter distintivo parece ser o de elites autocráticas de extração militar, oriundas da Guerra Fria, que assumem o poder em situações de profunda crise política em sociedades cujas classes dominantes, sentindo--se ameaçadas, apelam para as Forças Armadas como única maneira de conservar sua hegemonia. Caracterizam-se também por sua tendência ao retrocesso na política nacionalista dos regimes que as antecederam; à regressão nas conquistas sociais alcançadas pelos trabalhadores e à repressão mais violenta contra toda oposição, sobretudo a de esquerda. É também característica a pouca importância que estes regimes atribuem à legitimação formal do exercício do poder. Em alguns casos ela se reduz à afirmação da necessidade de fazer frente a uma suposta ameaça "comunista". Em outros, se contenta em substituir os procedimentos formais de legitimação pela propaganda mais demagógica. Em todos os casos substituem o estado de direito e a institucionalidade republicana por éditos com força constitucional; as antigas eleições universais, por votações indiretas ou fictícias entre candidatos selecionados por seu reacionarismo; os velhos partidos por novas organizações de consagração de todos os atos governamentais.

Estes regimes *regressivos*, surgidos como reação a supostas ameaças revolucionárias, são tanto mais *repressivos* quanto maior tenha sido o pavor que as referidas ameaças provocaram nas classes dominantes. No Chile, contrapondo-se a um governo em marcha para o socialismo e que enfrentou com firmeza as ameaças de golpe militar, o regime contrarrevolucionário alcançou extremos de retrocesso social e de violência repressiva.

Uma vez implantados, os *regimes regressivos e repressivos* se ocupam de imediato em destruir as organizações políticas e sindicais preexistentes; da abertura da economia à exploração das empresas multinacionais e de assegurar a livre movimentação dos capitais estrangeiros. Cuidam também de "sanear" os quadros da burocracia governamental, do Parlamento e do Judiciário, a fim de colocar todo o poderio do Estado a serviço exclusivo das classes privilegiadas. As três ordens de ação têm como somatória um regime antinacional e antipopular de extremado autoritarismo, mas desprovido de um projeto próprio de desenvolvimento nacional.

As antielites

A segunda categoria geral de nossa tipologia — a antielitista — é formada por militâncias políticas relativamente recentes que se opõem às elites tradicionais, buscando substituí-las no exercício do poder como lideranças pretensamente mais atentas às aspirações das grandes maiorias populares. Compreendem tanto regimes de feição *democrática* — porque legitimados por eleições e relativamente consentidos — como regimes de caráter *autoritário*, embora aqui estes termos se tornem ainda mais ambíguos do que no caso das elites. Com efeito, as antielites oriundas de eleições não representam nenhuma garantia de uma ação de governo identificada com os interesses nacionais e populares. Por outro lado, as antielites que surgem de golpes ou revoluções são, com frequência, mais autônomas frente às velhas classes dominantes e mais capazes de enfrentá-las para defender uma política nacionalista e nacional-reformista.

Nosso paradigma de ação política antielitista compreende, fundamentalmente, dois estilos de poder democrático-representativo, o *populista* e o *reformista*, e um estilo de poder autoritário, o *nacionalista modernizador*. Sua emergência corresponde a uma instância da modernização, em que a sociedade é ativada por processos intensivos de urbanização e industrialização, ou agitada por profundas mobilizações camponesas.

As antielites *populistas* são concebidas em nossa tipologia como aquelas lideranças oriundas de processos eleitorais que atuam em movimentos partidários de mobilização popular de caráter intrinsecamente demagógico e que se organizam como governos personalistas e conservadores.

Seu tema político fundamental é a denúncia dos regimes patriciais, a consagração do líder populista e a formulação de reivindicações classe-medistas. Manipulam estes temas, porém, tão somente para empolgar o poder que exercem com um estilo demagógico, mas sem pôr jamais em risco a ordem tradicional. Tal como ocorre com as velhas elites patriciais, as antielites de políticos profissionais são invariavelmente fiéis aos interesses do patronato, sobretudo do rural e das empresas estrangeiras. Exemplificam este modelo as lideranças de Ademar de Barros e Jânio Quadros no Brasil, de Irigoyen e Frondizi na Argentina, de Alessandri Palma, Ibáñez e González Videla no Chile e de Velasco Ibarra no Equador. É óbvio que existem grandes diferenças entre as lideranças citadas. Estamos mais atentos, contudo, para suas semelhanças, que recomendam tratá-las como uma categoria tipológica própria, relativamente heterogênea, mas claramente oposta aos demais padrões de atuação política antielitista ou vanguardista.

As antielites reformistas são, ao contrário, lideranças políticas relativamente autônomas com respeito ao empresariado nacional ou estrangeiro, rural ou urbano. Estão, ao mesmo tempo, profundamente comprometidas com as classes populares, particularmente com os proletariados industriais e com as massas recém-urbanizadas, carentes de organização no plano sindical e de identidade própria no campo político. Como tal, são lideranças intrinsecamente não demagógicas e ativamente reivindicativas.

Estas características não decorrem de nenhuma virtude moral, mas da circunstância em que atuam, como porta-vozes políticos de trabalhadores assalariados que têm reivindicações de liberdade sindical, de aumento de salários, de reconhecimento social e muitas outras que são ineludíveis. O líder reformista pode adiar a consideração de qualquer delas, mas, cedo ou tarde, terá de fazê-lo sob pena de perder a liderança para outro mais capaz de expressar as aspirações destas massas. Seus quadros são recrutados, por um lado, nos meios sindicais e nos grupos políticos e intelectuais com eles identificados; e, pelo outro, nos grupos vinculados aos regimes autocráticos de estilo nacional-sindicalista. São exemplos típicos de lideranças reformistas o *janguismo* no Brasil e o *peronismo* na Argentina. Enquadram-se também nesta categoria as figuras de Jacobo Arbenz da Guatemala, de Juan Bosch da República Dominicana, de Haya de la Torre do Peru e de Romulo Betancourt da Venezuela. Estes dois últimos apenas no seu primeiro período de ação política porque, mais tarde, ambos se enfileiraram na categoria de restaurações patriciais tardias, abertamente reacionárias.

Populistas e reformistas — embora tenham de comum tudo que justifica tratar a ambos como variantes das lideranças antielitistas — contrastam claramente uns com os outros por sua atitude frente ao povo e por seus propósitos frente à ordem social vigente. O *populista* fala ao eleitorado discursando sobre o que este supostamente deseja ouvir, no estilo do seu agrado, com o objetivo de obter seu voto para representá-lo nos órgãos de poder como um intermediário político melhor do que as antigas elites patriciais, mas igualmente fiel à ordem vigente e às velhas instituições. O líder *reformista*, enraizado nas massas assalariadas, busca organizá-las em sindicatos, ligas e associações para suas reivindicações diretas frente ao patronato, ao mesmo tempo que as põe em movimento no cenário político na defesa de suas aspirações de reforma da ordem social, de controle da máquina estatal e de formulação das políticas governamentais.

Algumas lideranças destes dois padrões conseguiram alcançar enorme prestígio junto às massas populares e impor-se sucessivamente a velhas elites civis e militares que vetam seu acesso ao poder. Porém, via de regra, têm um desempenho fugaz. Os *populistas* porque veem desmascarada sua demagogia pelo próprio exercício do poder. Os *reformistas* porque conseguem mais facilmente assustar as classes dominantes com suas ameaças de promover reformas radicais do que organizar as bases de massas e estruturar os dispositivos de segurança que permitam levá-las a cabo. Uma debilidade essencial dos reformistas reside em seu próprio caráter intrinsecamente conciliativo que os faz recuar sempre que a direita ameaça com a guerra civil; ou que o processo político que eles lideram se radicaliza ameaçando transcender e passar de reformismo a revolução. Mas reside também, principalmente talvez, em sua incapacidade de organizar politicamente o povo para a autodefesa contra o golpismo. Essas deficiências, sendo ambas superáveis — uma pela radicalização das antielites reformistas, a outra pela mobilização popular organizativa —, abrem espaço para que os novos partidos reformistas, assentados na classe trabalhadora, imponham um regime democrático de participação plena às elites tradicionais.

A terceira categoria de antielites — as *nacionalistas-modernizadoras* —, embora contrastando com as outras duas por seu caráter de regimes autoritários, têm em comum certos atributos que justificam compor com todas elas uma mesma categoria tipológica, oposta tanto às elites tradicionais como às vanguardas revolucionárias. Chamamos antielites *nacionalistas-modernizadoras* aos regimes autoritários — como o peruano ou de caráter institucional como o mexicano — oriundos de movimentos revolucionários e dotados de capacidade efetiva para um enfrentamento radical com as classes dominantes tradicionais, através de programas de reforma agrária e de contenção da exploração estrangeira. Neste sentido, elas são mais "revolucionárias" do que "modernizadoras", nas acepções usuais destes termos, embora não propendam para a instauração de regimes socialistas e até constituam um obstáculo para que isto ocorra. Entretanto, o fato de ter sido assim até agora não impede que, no futuro, algum regime nacionalista-modernizador se oriente nesta direção. Nesse caso, eles poderiam constituir uma via de acesso a um modelo novo de regime de caráter solidário que representaria, ao lado dos socialistas-revolucionários de orientação marxista, um caminho alternativo para a reconstrução intencional da sociedade em bases que permitissem promover um progresso generalizável a toda a população.

Nosso paradigma para esta categoria é o que tiveram de comum, enquanto regimes políticos, a Turquia de Mustafá Kemal, o Egito de Nasser, a Argélia de Boumedienne, o México de Cárdenas, a Bolívia do MNR e o Peru de Juan Velasco Alvarado. Trata-se, em todos os casos citados —

e é isto o que eles têm de peculiar —, de nacionalidades oriundas de altas civilizações com as quais a Europa chocou-se em sua expansão, as quais ainda hoje conduzem dentro de si duas tradições culturais em conflito. Trata-se também de povos do Terceiro Mundo que fracassaram em seus esforços por integrar-se como economias autônomas e prósperas na civilização industrial moderna, vendo-se condenados a uma condição colonial ou neocolonial de dependência. Mais significativo talvez é o fato de se tratar de estruturas sociais que não conheceram classes dominantes nem classes oprimidas equiparáveis às europeias estudadas pelo marxismo clássico, e para as quais ele vaticinou duas ordens de desempenho político: a revolução burguesa e a proletária.

Os regimes nacionalistas modernizadores se comportam frente às massas marginalizadas da população como movimentos políticos de integração das mesmas no quadro econômico, social e cultural, através da realização de profundas reformas sociais. As limitações que na maior parte dos casos estes regimes impõem à participação político-eleitoral se compensam, assim, pelo reconhecimento de direitos efetivos que sempre foram negados pelos regimes patriciais, como a liberdade de organização sindical e de greve e a reforma agrária. A atitude destes mesmos regimes para com os setores privilegiados da população está marcada por sua preocupação de proteger, mediante subsídios, os débeis empresariados nacionais. Neste sentido, os regimes nacionalistas modernizadores parecem empenhados na tarefa impossível de criar, artificialmente, a burguesia nacional que a história não gerou em suas sociedades. Não conseguem, obviamente, alcançar este propósito, mas em muitos casos criam empresariados nativos comprometidos com interesses estrangeiros que acabam por se constituir em setores hegemônicos. Colocam, então, os regimes nacionalistas modernizadores a seu serviço — como ocorreu no México — ou chegam mesmo a proscrevê-los, como sucedeu na Bolívia.

Alguns contrastes podem ser observados entre os dois primeiros padrões antielitistas, a que nos referimos, e os movimentos nacionalistas modernizadores. Existe, aparentemente, uma diferença de grau entre o *populismo* (demagógico, mas conservador) e o *reformismo* (renovador, mas autocontido); e de natureza entre ambos e o nacionalismo modernizador (efetivamente capaz de empreender reformas sociais profundas, embora tendente a esclerosar-se). Estas diferenças, entretanto, não parecem ser tão significativas que justifiquem situar o padrão nacionalista modernizador entre as vanguardas revolucionárias, ou incluir os populistas e os reformistas na categoria de lideranças elitistas. Todos os três constituem modos intermediários de ação política situados entre o elitismo e o vanguardismo. Todos os três, também, embora em graus diversos, podem vir a transcender o desempenho que tiveram. Sobretudo o reformismo que, em certas situações, foi suficientemente radical para provocar contrarrevoluções preventivas que acabaram por desmontá-lo do poder devido à sua incapacidade de defender-se. E, particularmente, o nacionalismo-modernizador que, em um caso concreto — o peruano —, avançou tanto no desmonte de uma velha ordem privatista e na criação de novas bases mais solidárias para a vida social que aparentemente só tem futuro como uma estrutura econômica que, não sendo capitalista, será necessariamente socialista; e uma institucionalidade que, não sendo liberal-burguesa, será alguma invenção solidarista.

 O estudo dos regimes nacionalistas modernizadores e das formas de ação política que eles ensejam tem a maior importância por tudo que foi dito e, também, porque sua concretização está no quadro de possiblidades de ação dos militares latino-americanos. Porque eles abrem às Forças Armadas a perspectiva de um novo papel político de agentes transformadores de suas sociedades. Um papel, aliás, muito mais gratificante que sua função tradicional de prepostos da velha ordem oligárquica. E finalmente porque, sendo a emergência destes regimes o maior temor dos norte-americanos, ela pode vir a ser, pelo menos, a esperança dos que não veem outras formas de ruptura com a dominação e o atraso em que estão mergulhados tantos países latino-americanos.

Vanguardismo revolucionário

A última categoria geral da tipologia que propomos à discussão é a das *vanguardas revolucionárias*. Elas são muito mais difíceis de conceituar porque constituem antes propensões do que modelos de regimes ou estilos de vivência política. Não fosse assim, teríamos de circunscrever esta categoria ao modelo *socialista-revolucionário* cubano e ao *socialista-evolutivo* que se tentou, sem êxito, implantar no Chile. Deixaríamos, porém, fora de nossa classificação alguns dos protagonistas das lutas pela transformação revolucionária da América Latina. Para não excluí-los é que admitimos colocar, ao lado de categorias referentes a estruturas de poder, isto é, a regimes políticos concretos e aos estilos de militância que lhes correspondem, uma categoria mais ambígua, formadas pelas *forças insurgentes*. Estas últimas, na realidade, incluem mais autores do que atores, mais vocações militantes do que desempenhos históricos, mais insurgências potenciais do que revoluções cumpridas. Estes reconhecidos defeitos de sistemática na construção de nossa tipologia são menos importantes, contudo, do que o valor instrumental que ela pode vir a ter, se alcançar algum êxito na identificação de todas e cada uma das modalidades de militância conservadora e renovadora que se defrontam no cenário político latino-americano.

Ao nosso ver, as vanguardas podem ser classificadas em três subcategorias significativas e mutuamente excludentes. Temos, em primeiro lugar, as vanguardas *esquerdistas,* que compreendem tanto a intelectualidade de esquerda como as militâncias revolucionárias socialistas, e as esquerdas cristãs, não identificadas com o marxismo como teoria orientadora de sua política. Elas são quase que exclusivamente provenientes das classes médias, atuam em partidos e movimentos de massa mas fervilham, principalmente, nas universidades, no jornalismo e nas artes, que constituem seus principais campos de agitação. Assumem facilmente atitudes verbais ultrarradicais que as isolam tanto dos movimentos reformistas e das lideranças nacionalistas modernizadoras, como das outras vanguardas com que estão sempre em competição.

Os *comunistas* constituem a segunda subcategoria das vanguardas virtualmente revolucionárias. Seu perfil é marcado pela pretensão de constituir o partido da classe operária e a encarnação de sua consciência política. É também pela orientação frente-unionista que os faz propensos a alianças com partidos de centro; pela identificação formal com o marxismo como teoria da revolução e, finalmente, por um alto grau de politização doutrinária, de organização, de hierarquização e de disciplina partidária. Seus dirigentes se originam também, principalmente, das classes médias intelectualizadas, embora alguns líderes sindicais, formados na prática política, também alcancem posições de liderança e mando. Embora homogêneos como categoria, os comunistas se dividem em agrupamentos mais hostis entre si do que diferenciados uns dos outros. Tais são: os *comunistas ortodoxos*, os mais conservadores e os mais identificados com as posições soviéticas; os *comunistas heterodoxos*, de orientação pró-chinesa, e os *comunistas heréticos*, que são os remanescentes dos velhos movimentos trotskistas e anarquistas, bem como os antigos integrantes do voluntarismo que refluíram para posições comunistas. Enquadram-se ainda nesse escaninho os partidos socialistas de orientação marxista, como o Partido Socialista chileno e o MAS da Venezuela.

O último contingente é formado pelas vanguardas virtualmente *insurgentes*. Assim designamos os pequenos grupos de ação direta, tanto os núcleos clandestinos de combatentes da luta armada como sua orla de simpatizantes. Os primeiros atuavam, até há pouco anos, principalmente na guerrilha rural. Hoje, muito debilitados, se concentram em grupos urbanos de contestação armada. Eles encarnam tentativas dramáticas de reproduzir, em outros contextos, a Revolução Cubana, concebida como um caminho heroico, fácil e rápido de desencadear a revolução socialista. Em alguns casos alcançaram extraordinária repercussão como na epopeia de Che Guevara, que quis fazer dos Andes uma gigantesca Sierra Maestra que libertaria toda a América Latina. O Che fracassou, é certo; mas a ousadia e a generosidade de seu intento dignificaram

as esquerdas e deram à juventude de todo o mundo um novo modelo-
-imagem do herói revolucionário.

Em outros casos menos espetaculares, alcançaram êxitos pouco dura-
douros como nas ações ousadas dos Tupamaros, no Uruguai; ou nas tarefas de vigilância da política e de combate ao terrorismo de ultradireita do MIR chileno; e nas primeiras ações dos Montoneros, de apoio armado ao peronismo argentino. Entretanto a acumulação de malogros foi deixando evidente para a maioria dos grupos insurgentes a limitação desta forma de luta. Eles começaram, então, a perceber que de suas ações isoladas, por mais heroicas que fossem, não resultaria jamais uma revolução. Chegou-
-se, finalmente, a uma situação em que somente os quadros mais radicais daqueles grupos foquistas e os militares especializados no seu combate acreditam ainda que a guerrilha constitua uma porta à revolução social.

A orla de simpatizantes do voluntarismo revolucionário é, hoje, mais importante que os próprios grupos insurgentes, pela ação proselitista que desenvolve principalmente nas universidades e entre a juventude de clas-
se média. Sua atuação, entretanto, mais vezes favorece a contrarrevolução do que a revolução devido às suas preocupações obsessivas de combater os movimentos comunistas como se eles fossem o inimigo principal da revolução; e de desmoralizar como reformista qualquer ação política da esquerda que não seja palavrosamente radical. Em muitos casos, caem em verdadeira alienação ao exigir de cada movimento revolucionário uma postura ideológica que corresponda estritamente ao que eles, em sua inocência e dogmatismo, supõem que seja o pensamento dos clássicos marxistas; e ao pedir que todo programa corresponda estritamente a um socialismo cerebrino, de utopia, e que se oponha a qualquer dos socialis-
mos concretos que se estruturaram no mundo real. Em atenção a estas características foi que definimos, uma vez, estas facções insurgentes como uma esquerda desvairada que, esterilizando o pensamento marxista, se tornou incapaz de ver e compreender dialeticamente as conjunturas políticas concretas em que atua e só serve à contrarrevolução.

Perspectivas futuras

Bem sabemos que a tipologia que acabamos de expor tem o defeito da ambiguidade, dificilmente evitável em qualquer tentativa de fixar numa classificação formas tão instáveis e vagas como o são as entidades políticas. Mas ela tem, provavelmente, o valor de proporcionar uma visão de conjunto dos principais protagonistas da arena política latino-americana; e talvez, também, o de permitir fixar as singularidades de cada um deles pelo contraste de seus traços característicos com a fisionomia dos demais.

Vista sob o ângulo desta tipologia, a vida política latino-americana comparece na dinâmica da transição de regimes elitistas, impotentes para produzir uma "revolução burguesa", a regimes intermédios que também se frustraram historicamente na maioria de suas tentativas de melhorar a velha ordem institucional ou de promover reformas consentidas; e finalmente, a crise presente de busca de novos caminhos para a revolução latino-americana.

O que fazem habitualmente os politicólogos é focalizar nossos modos de vivência política como uma série de formas precárias, "subdesenvolvidas", de concretização das instituições políticas europeias nesta província do Terceiro Mundo. O que nos propusemos foi, ao contrário, configurá-los através da observação direta da realidade. O efeito principal deste enfoque, despido de pré-noções, é ver os protagonistas políticos tais como são em suas funções de guardiães das instituições básicas da ordenação política e de defensores do *status quo*; ou, ao contrário, de agentes de sua transformação.

Visto sob essas luzes, o patriciado político tradicional — tratado quase sempre pelos estudiosos como o paradigma da normalidade e até da dignidade no exercício das funções de mando — comparece em seu verdadeiro caráter de agente ultraconservador das classes patronais, merecedor de toda a confiança delas por sua fidelidade, nunca negada, na defesa dos interesses antipopulares. Em lugar do papel que esse patriciado se atribui de autoridade que, revestida de legitimidade e consagrada pela tradição, pode enfrentar qualquer interesse privativista na defesa do que é público e majoritário, sua verdadeira função é legalizar a ordenação oligárquica e executar o projeto nacional que corresponde aos interesses das minorias privilegiadas. O contendor habitual dessa elite patricial é a elite autocrática que alterna com ela no poder, ocupando-o nos períodos de crise que ameaçam o sistema. Uma e outra, por sua função política e guardiã, embora conflitantes por vezes, contribuem para dar estabilidade e continuidade à velha ordenação social.

Esta cúpula intrinsecamente solidária da estrutura de poder se assenta no caráter das próprias classes dominantes latino-americanas. Aqui, em lugar de classes dominantes bipartidas, como as europeias, em dois componentes antagônicos — um aristocrático e o outro burguês — cujo enfrentamento conduziu à revolução "democrático-burguesa", o que encontramos são classes dominantes monoliticamente estruturadas. Embora também divididas em um componente *patronal* de empresários (que tira seu poder da exploração econômica direta) e outro *patricial--burocrático* (que obtém poder e prestígio pelo desempenho de cargos), ambos são solidários na defesa do velho regime que os serve e enriquece. Os mandatários políticos desta estrutura são, em consequência, elites civis (patriciais) ou militares (autocráticas) que não têm nenhuma propensão a rupturas de estilo burguês porque são tão beneficiárias do velho sistema como o patronato.

Nestas condições, não se pode deixar de reconhecer que o principal fator causal de nosso atraso reside não em deficiências da terra ou do povo, como fizeram crer, por décadas, tantos teóricos, mas no caráter retrógrado das classes dominantes. Elas organizaram a nação e o Estado para servirem a seus próprios projetos de prosperidade, sem preocupar--se com o preço que esta prosperidade cobraria à grande maioria da população. Estas maiorias, ontem, eram massas escravas — indígenas ou negras — utilizadas como mera força energética. Hoje, constituem a massa de assalariados engajada no trabalho das fábricas, das minas, das fazendas, frequentemente sob condições de trabalho escorchantes.

Pior ainda é a situação das camadas marginalizadas da população, cuja aspiração suprema é conseguir emprego fixo, ainda que em condições de superexploração, e que nem isto alcançam.

Frente à mão de obra escrava, as velhas elites patriciais se comportavam como sustentáculo da instituição escravocrata, só abolida quando se tornou impossível salvá-la. Em face dos primeiros surtos reivindicativos dos trabalhadores fabris, organizados por líderes anarcossindicalistas, o patriciado apelou para a repressão, tratando as questões sociais como "casos de polícia". Frente às massas marginais, o patriciado se atemoriza, transferindo o poder a regimes regressivos e repressivos na esperança de que usem a violência para conter essas massas que, em seu desespero, tenderiam a subverter a ordem social.

À luz da perspectiva tradicional de análise das estruturas de poder da América Latina, os regimes autocráticos são vistos, invariavelmente, como sistemas intrinsecamente despóticos, decorrentes da deterioração da institucionalidade patricial. A nosso modo de ver, alguns regimes autocráticos foram historicamente mais independentes com respeito à defesa dos interesses das classes dominantes do que as elites patriciais. De fato, foram governos autocráticos os que, em muitos países da América Latina, promulgaram a independência, fizeram a unificação do país, promoveram a libertação dos escravos, propiciaram a liberdade sindical, além de desempenharem outros papéis libertários.

Nesta revisão da experiência política latino-americana cumpre assinalar, ainda, que a espantosa estabilidade e continuidade da velha classe dominante no exercício do poder — que é o seu grande êxito dentro da história — constitui, ao mesmo tempo, o signo de sua impotência evolutiva intrínseca para a revolução burguesa. A contraparte desta impotência evolutiva das classes dominantes é a debilidade das classes oprimidas para atuar como força revolucionária. Esta incapacidade correlativa de classes antagonicamente opostas para desencadear seja a revolução "burguesa", seja a "proletária", as impossibilita também de instituir estruturas democráticas de poder que sejam estáveis e capazes de conduzir racionalmente a sociedade com um mínimo de acatamento aos interesses das grandes maiorias. É essa impotência que tem condenado nossos países ao descompasso histórico e ao atraso evolutivo.

Nestas condições, ante a inviabilidade de uma revolução burguesa, *porque tardia* (dado o temor das classes dominantes à ameaça de uma progressão socialista), e frente à impossibilidade de uma revolução socialista, *porque precoce* (em razão da imaturidade de suas massas e vanguardas para o desempenho deste papel), a América Latina vê-se historicamente paralisada. Vive, em consequência, uma existência política perturbada, de crise crônica, entre golpes direitistas e intentonas frustradas de insurreição.

Um dos requisitos necessários à ruptura desse impasse é alcançar clareza sobre o caráter e a forma da revolução latino-americana. Clareza, sobretudo, quanto às vias alternativas de progressão dos regimes vigentes a regimes solidários, cuja consecução esteja no horizonte de possibilidades dos protagonistas políticos concretos com que contamos. Outro requisito é o de que as forças virtualmente revolucionárias deixem de contentar-se com o simples desejo de forçar a realidade a enquadrar-se em seus esquemas cerebrinos de revoluções de utopia e fazê-las compreender que revolucionário é quem exaure, aqui e agora, as potencialidades de ação concretamente transformadora do contexto histórico nacional em que opera.

Acreditamos que a tipologia proposta se presta, também, a focalizar dialeticamente, como posições dinâmicas, as diversas categorias classificatórias, a fim de detectar suas predisposições a encarnar certas tendências típicas. A mais óbvia delas — ainda que de menor importância porque não conduz a nenhuma transformação social — é a sucessão no poder das elites patriciais e autocráticas em épocas de crise e de bonança. Outra é a substituição dos regimes patriciais por regimes populistas que, levando a extremos a demagogia política e o clientelismo, são derrubados do poder. Uma terceira propensão é a de que as autocracias nacional-sindicalistas, no momento de sua queda, inspiraram movimentos reformistas de base popular, decididos a promover transformações estruturais, mas carentes de força para enfrentar a reação. Nestes casos o que produz é o veto militar, o golpe e o surgimento de regimes regressivos-repressivos que se autojustificam como contrarrevoluções de caráter preventivo destinadas a evitar que os governos reformistas descambem para o comunismo.

Outra sequência típica é a substituição de restaurações patriciais elitistas ou de ditaduras tirânicas por regimes nacionalistas modernizadores, instaurados no curso de movimentos revolucionários ou de golpes militares. Especula-se também com a possibilidade de uma progressão das ditaduras regressivas — pela tomada do governo por militares "nasseristas" — para formas nacionalistas modernizadoras de poder. Esta progressão ainda não ocorreu em nenhum país. Mas o temor generalizado da direita de que ela venha a ocorrer talvez esteja indicando uma sequência possível.

O salto dos regimes elitistas ou antielitistas a revoluções socialistas é uma possibilidade das mais remotas. Embora seja improvável, não é impossível que isto ocorra por alguma das múltiplas vias que tornam possível uma revolução social. Para isso influirá decisivamente a nova conjuntura internacional que se está gestando em nossos dias. Como traços dominantes prevalecem nela, por um lado, a deterioração da política externa norte-americana e o seu fracasso para exercer a hegemonia mundial. E, por outro lado, a crescente importância da América Latina para um império em decadência, cujo último reduto será este continente.

Estas últimas apreciações, que dizem respeito a um quadro mais amplo que o latino-americano, mostram o grau de internacionalização das lutas políticas que aqui se travam. Neste sentido, nosso estudo dos protagonistas políticos do cenário latino-americano seria incompleto se nos limitássemos aos atores nativos. Nele também atuam, de modo cada vez mais acintoso e, lamentavelmente, de forma quase sempre eficaz, diversos tipos de agentes estrangeiros que precisam ser levados em conta se queremos ter uma visão objetiva das forças que enfrentamos.

Eles se apresentam sob três modalidades principais. Primeiro, os quadros dos serviços militares norte-americanos de assessoria às Forças Armadas latino-americanas que as ajudam a definir a teoria e a prática da segurança nacional, ao mesmo tempo que lhes oferecem treinamento e as integram, em nível continental, na luta contra a insurgência. Em segundo lugar, os próprios *rangers* e *marines* que, em situações consideradas de perigo extremo, desembarcam em nossas praias. A terceira modalidade é representada pelos agentes da CIA e a vasta rede de espiões, provocadores, terroristas e sabotadores, amparados por políticos profissionais e por militares que montam e executam complexas operações contrarrevolucionárias. Algumas delas foram abertamente escandalosas, como a derrubada do governo Arbenz da Guatemala, o desembarque em Cuba, a caçada a Che Guevara na Bolívia e a "desestabilização" do governo de Allende. Denunciadas no Parlamento e na imprensa norte-americana, tais ações não puderam ser negadas. Outras, mais discretas, não foram tão enfaticamente denunciadas, como o golpe brasileiro de 1964.

Estas reiteradas intervenções na política latino-americana revelam, por um lado, que os norte-americanos têm uma ideia muito clara do tipo e do estilo de governo que eles consideram compatíveis com a perpetuação de sua hegemonia sobre o continente. E que esta visão é coparticipada pelas classes dominantes nativas, que encaram a tutela imperialista como a maior garantia da defesa de seus interesses. Demonstram, por outro lado, que as lutas políticas latino-americanas, embora se travem dentro dos quadros nacionais, já se internacionalizaram, colocando em mãos da reação imensas potencialidades de informação, de análise e de ação, que desafiam as esquerdas a superar sua alienação e seu provincianismo a fim de alcançar um mínimo de eficácia. Significam também que é improvável que na presente década uma liderança vanguardista possa desencadear, com suas próprias forças, uma convulsão social generalizada que conduza a uma revolução socialista capaz de consolidar-se. Os requisitos mínimos para que uma ação desse tipo seja vitoriosa excedem visivelmente as possibilidades atuais das vanguardas latino-americanas. Embora não se deva esquecer que as grandes revoluções sociais da história jamais se anunciaram previamente, sobrevindo quando menos se esperava.

De fato, na presente conjuntura dessas vésperas da década de 80, vai ficando evidente que todos estamos condenados à democracia. A direita, porque os próprios norte-americanos revelam um temor crescente de confiar a guarda de sua hegemonia continental a ditaduras militares odiadas pelas populações latino-americanas. As esquerdas porque, dissuadidas das ilusões de uma nova revolução socialista de exceção, estão compelidas a ingressar no processo político eleitoral e na luta sindical como as arenas dentro das quais terão de viver o seu papel histórico.

*Venutopias 2003**

A única forma de se saber, com segurança, como será nosso mundo dentro de trinta anos é sobreviver para vê-lo. Eu felizmente não terei que fazê-lo. Morrerei em 1983.

2003 será o precário ponto de convergência de nossos múltiplos futuros possíveis que ali se cristalizarão em um destino. Com efeito, aquele futuro, visto desde agora, é o leque de possibilidades que se irá estreitando, ano após ano, segundo as opções que exerçamos, até reduzir-se ao que será.

Nesse sentido, melhor exercício intelectual que o de imaginar futuros prováveis é especular sobre a maneira pela qual, mediante a tomada de opções estratégicas, possamos comprometer nosso futuro para que se realize dentro das pautas de nossos desejos. Essas serão necessariamente genéricas e lamentavelmente inseguras. Na verdade, cada opção exercida se dissolve em outras menores, embora igualmente capazes de marcar o futuro com seu carimbo, e estas últimas são imprevisíveis

---

* Artigo escrito em 1973 para o jornal venezuelano *El Nacional*, que no seu trigésimo aniversário encomendou a intelectuais do mundo inteiro prognósticos e reflexões sobre os próximos trinta anos. O trabalho foi transcrito depois em *Postdata*, de Lima, *Ciência Nueva*, de Buenos Aires, e no jornal brasileiro *Opinião*, em 7 de março de 1975.

e incontroláveis. Por outro lado, sempre podem sobrevir fatalidades que condicionem mais o futuro que todas as nossas presumidas opções voluntaristas. Tais seriam: cataclismos, como a dissolução de calota polar. Catástrofes históricas, como o desencadeamento de uma guerra nuclear. Surpresas, como o descobrimento de que, afinal, Deus existe, ou que o sobrenatural é natural. Aberrações, como uma quebra repentina da corda ética que sempre vibrou nos homens. Ou calamidades, como a concretização de qualquer das múltiplas ameaças de dominação do mundo por uma ciência cada vez mais informada, cada vez menos sábia e mais desvairada.

Ainda assim, talvez valha a pena especular sobre o futuro. Melhor ainda, sobre o futuro de uma sociedade concreta, como a Venezuela. Não tanto pelo valor de verossimilhança de nossas antecipações como por seu interesse como demonstração da factibilidade do futuro que queremos.

Antes de mais nada, devo comentar algumas ameaças, ainda mais iminentes do que aquelas fatalidades. Vejo pelo menos cinco delas que são tanto mais penosas porque proviriam de nosso malogro em adotar soluções que se conhecem para velhos problemas bem diagnosticados. Esse será o caso se prevalecer o sistema internacional que espolia os povos pobres e os condena a subsidiar, com sua miséria, a prosperidade dos povos ricos. Os requisitos de repressão necessários para manter esse sistema iriam impor a todos os povos regimes de uma rigidez e de uma eficácia despótica sem paralelo na história da iniquidade.

Não menos grave seria um fracasso provocado pela própria eficiência dos processos atuais de exploração dos recursos naturais do mundo. Elevando, por pouco que seja, o desperdício vigente nas sociedades mais avançadas ou generalizando, tão somente, seus padrões de consumo a outros povos que aspiram a entrar no clube dos ricos veríamos, rapidamente esgotados, um sem-número de recursos naturais escassos, a tal ponto que a sobrevivência da civilização estaria ameaçada. Outra ameaça resultante desse esbanjamento seria a representada pelo aumento da poluição das águas, da terra e do ar em escala planetária que, desequilibrando o precaríssimo esquema da vida sobre a qual existimos, destruiria o nicho do homem no universo.

Impedir e fazer frente a essas maldições capitais é um requisito indispensável para o êxito de qualquer projeto utópico de liberação humana. Isso significa que devemos nos propor, ao mesmo tempo, a tarefa de erradicar as bases da desigualdade e da injustiça — liquidando as estruturas mercantis para desmonopolizar o poder, a riqueza e o saber — e as missões de enfrentar a recrudescência de despotismos inovados, de evitar que se quebrem as bases da existência e, sobretudo, precaver-nos para que não se deteriore o gosto de viver.

Trata-se de nada menos que romper com as velhas formas de vida e criar novas, cuidando que estas não surjam contaminadas. Trata-se, como foi dito, de impedir que o passado se reproduza no futuro.

Fazer frente a essas tarefas sem um plano utópico prévio seria dar um salto no desconhecido, uma aliança com o arbítrio. Nossa tarefa prioritária é, por isso, inquestionavelmente, a de reviver o espírito dos utopistas com ousadia e coragem, enriquecendo-o com a ciência e a teoria revolucionária. Para isso será necessário desenvolver uma ciência geral do fenômeno humano, e de uma revolução necessária que, além de ser mais operativa e eficaz que as "engenharias", seja uma verdadeira sabedoria da vida, apta para formular e dar sentido a um novo projeto de existência humana e capacitada a fazer vibrar o coração de cada homem.

Apesar de sermos o produto residual de muitas fatalidades e de poucas opções desejadas, nos agrada pensar que estamos mais armados que as gerações passadas, tanto para enfrentar o azar como para propor-nos futuros desejados. Talvez seja assim. Se o for, isso representa, a um tempo, a maior esperança e a maior ameaça da história humana. Regendo-se ao longo de milênios mais por casualidade que por causalidade, a história produziu — ou está por produzir — uma geração que assumirá o poder de plasmar-se a si mesma como um projeto.

Essa insólita liberdade é nada menos que tenebrosa. Bem ou mal, as gerações passadas cumpriram o papel de peneirar o arbítrio para deixar sobreviver formas humanas viáveis. Formas que, em todas as suas variáveis, geraram homens individualmente mais dispostos a viver que a morrer, a gostar que a desgostar. Multidões que, nas eras decadentes, vegetavam na indolência e nas eras heroicas se imolavam sob o mando de profetas ou de tiranos. Mesmo assim foram construindo, simultaneamente, uma sabedoria das coisas cada vez menos compreensiva e um saber técnico de controle da natureza cada vez mais eficaz para produzir bens, para sustentar populações crescentes e para incorporar um maior número de povos aos mesmos conjuntos sociais.

Partindo de uma mutualidade tribal chegamos, por esse caminho, à situação presente de uma sociedade interatuante como foram as tribos. Vivemos, na verdade, dentro da supertribo ecumênica e em constante crescimento, um destino comum ditado pela mesma tecnologia, regido pelas mesmas formas básicas de ordenação social e inspirado pelos mesmos corpos de saber ou de crenças que se vão homogeneizando planetariamente.

As faces singulares do humano, tão variadas ontem, vão esmaecendo. Amanhã serão ainda mais uniformes. Mas as tensões dentro da supertribo aumentam como maré montante. São cada vez menos imperativos os velhos procedimentos que produziam homens capazes de amar a tribo, a mulher amada e os filhos, a crer na fé ancestral e talvez morrer por ela. E, sobretudo, de encontrar energias em si mesmos para retomar com *élan*, cada manhã, o duro trabalho rotineiro. Ao que parece, estão sendo desmontadas, dentro da máquina humana, molejos e engrenagens delicadíssimos, a respeito dos quais sabemos muito pouco. É cada vez maior o número de personalidades carentes do mínimo de estruturação indispensável para atuar com eficiência e gozo. Talvez seja isso o que mais nos contrasta com nossos ancestrais.

Perdida a velha eficácia das práticas tradicionais para produzir personalidades equilibradas, urge buscar novos procedimentos. Estes serão fatalmente intencionais, construídos... artificiais. Isso significa que serão piores? Não sei. Quem ousaria afirmar que velhos inventos humanos como a proibição do incesto, as regras de parentesco ou os ideais de virtude eram intrinsecamente bons? Ou que os complexos de Édipo e de Eletra sejam formadores ideais da personalidade? Tendemos a pensar que essas foram conquistas irrisórias comparadas com a medicina, a eletricidade ou a bomba. Não devemos esquecer, entretanto, que aqueles modeladores fundamentais do humano são as ferramentas mais velhas e gastas que usamos. Talvez seja tempo de substituí-las.

De fato, a nova *ars medica* substituiu exorcismos visivelmente menos eficientes em face da dor e da morte. A eletricidade substituiu músculos animais e humanos como fonte energética. A bomba faz as vezes de punhos, flechas e arcabuzes. E o fez com evidente vantagem. Contudo, urge perguntar: que é o que substituirá os procedimentos tradicionais que conformavam no menino o futuro homem e na menina a mulher? Com que substituiremos o "temor a Deus" e outros temores infundidos à criança para torná-la, mais tarde, submissa à ordem e obediente à autoridade? Como plasmar nas pessoas o sentido de respeito recíproco em que se fundamentam a sociabilidade e a solidariedade? Que instituição dará ao homem o leite do afeto, bebido na família que o armava contra tantos medos e contra o sentimento de desamparo? Quem proporcionará a fantasia e o sentimento de ternura indispensáveis ao equilíbrio emocional a pessoas formadas em famílias miniaturizadas, onde não há lugar para que os velhos se exerçam como avós porque sua função passou a ser agora a de sogros?

Como restituir à humanidade, por fim liberta de velhas repressões e freudianamente reconciliada com sua condição zoológica, a capacidade de amar liricamente?

Programando nossos netos

Comportamo-nos como se esperássemos que os substitutos de todos aqueles moldes perdidos para modelar homens cordatos surjam espontaneamente. Não é assim. Algo tem que ser inventado para ser colocado em seu lugar. Os homens do futuro, como os do passado, necessitarão motivações e peias que possibilitem o convívio cordial e solidário e o ajustamento recíproco de expectativas de conduta que antigamente surgiam, ao que parece, de forma natural e espontânea na quase totalidade das pessoas. Em outras palavras, estamos desafiados a produzir equivalentes socioculturais e até morais de nossos inventos práticos e mecânicos. Ou mais enfaticamente: estamos condenados a aceitar a necessidade de experimentar com o humano, assumindo os riscos que isso encerra.

Ontem, tratava-se tão somente de fazer experiências ao nível da natureza circundante para descobrir nela princípios e potências que, com astúcia, podiam ser colocados a serviço do homem. Hoje, se trata de refazer o humano, de desmontar e remontar o próprio homem, ator de tantas façanhas, para recarregar suas baterias emocionais gastas a fim de reviabilizar sua capacidade de atuação como agente da história. Mas — cuidado! Os erros do passado, na tentativa de renovar a vida, apenas sacrificaram uma ou umas poucas tribos, demasiado simples ou demasiado ousadas. As restantes sobreviveram e se expandiram. Hoje, um erro conduzirá ao risco de levar ao desastre toda a supertribo, por fim unificada.

Esse risco já é real e pode sobrevir a cada momento. Seja ativamente, através da adoção generalizada de alguma das muitas formas praticáveis de domar as vontades e de conformar as personalidades que estão ao alcance dos governos. Seja passivamente, por abandonar, ao puro acaso, o desenvolvimento das tendências presentes de deterioração das antigas bases morais da vida social. Seja ainda desesperadamente, por um erro irreparável no exercício da vontade de refazer intencionalmente o humano. Quer dizer, estamos perdidos. Se pararmos, o bicho come; se corrermos, o bicho pega. A única saída é enfrentá-lo.

Não há razões, contudo, para supor que a humanidade deva fatalmente cair em um erro funesto. Bem pode suceder que se alcance êxito sobre o espírito como antes se alcançou sobre a matéria. As formas racionalmente buscadas que se revelaram superiores às soluções tradicionais para combater a enfermidade e o trabalho exaustivo também podem sê-lo para refazer o homem. Trata-se, agora, de reconstruir-se como um projeto, a fim de, humanizando-se intencionalmente, criar no homem novo o homem humano.

Em essência, tudo isso significa que estamos desafiados a reinventar o humano e temos que ousá-lo. Pode-se argumentar que nada há de novo nisso, já que muitas vezes os homens ou alguns homens assumiram a responsabilidade de refazer a vida. Mas tratava-se sempre de refazer a vida alheia. É o que todos os conquistadores sempre impuseram aos povos que subjugaram. Mas então se partia de uma regra de ouro que perdemos: a segurança de que nossa verdade era a verdade; nossa beleza, a beleza; nossa justiça, a justiça e fora delas não havia salvação.

Trata-se, agora, de uma experiência totalmente nova: a de refazer a vida a partir de nossas perplexidades e dúvidas e refazê-la para nós mesmos, sabendo que *nós* significa, hoje, toda a humanidade.

O que tento dizer em todo esse longo discurso é tão somente que os netos de nossos netos serão programados. Em outras palavras, serão construídos com as ambições, as emoções e os ascos que alguém escolherá para eles. Assim será, tememos, o homem novo. Um abominável homem novo se medido com nossos parâmetros. Mas talvez um homem mais livre e criativo que o de qualquer outro tempo. E quem sabe se também prodigiosamente forte e eficaz no que constitui hoje nossa debilidade e inépcia. Isso porque, pela primeira vez, o homem não será o produto necessário de seu passado, a reprodução do seu ser, mas sim o resultado de seu projeto de si mesmo.

Peço desculpas ao leitor. Bem sei que fui convidado a falar do ano 2003 da Venezuela e da América Latina e devo enfrentar o meu tema. Acho que meus comentários introdutórios foram desproporcionais. Mas, e o humano? Acaso não estamos também nós, latino-americanos e venezuelanos, imersos na supertribo, vivendo seu destino? Já é tempo, contudo, de olhar em torno de nós e especular como poderá ser nosso contexto quando for pai o neto que ainda não temos.

Nossa tarefa é definir as opções capitais que ajudarão a Venezuela na construção do futuro desejável. Antes disso, porém, devemos esclarecer o que chamamos de desejável e para quem o será. É óbvio que se o senhor diretor de *El Nacional* projetasse para o futuro suas aspirações íntimas, ele só pediria coisas inconfessáveis e, provavelmente, irrelevantes. Não será sua visão, portanto, a que nos servirá de guia. Será talvez a do trabalhador gráfico n° 203 das oficinas de *El Nacional*? Tampouco, provavelmente. Esse trabalhador come bem todos os dias, vive em uma casa habitável com banheiro e televisão. Vai ao trabalho em um carro usado, é certo, mas capaz de andar. O que projetaria ele, como aspiração, senão ter mais do que já tem hoje? Entre o senhor diretor e o senhor trabalhador existe bastante gente, talvez a quinta parte da população venezuelana. Mas ela não deixa de ser, em todo o caso, uma minoria descartável. Além dela existem 8 milhões de venezuelanos. A estes — os mais — é que cumpre perguntar a que aspiram. É muito provável, lamentavelmente, que eles se contentassem com que seu múltiplo, do ano 2003, tivesse o que os menos têm agora. Especulemos sobre isso.

Os venezuelanos serão então 28 milhões — milhão mais, milhão menos. Para que eles tenham e distribuam entre si bens correspondentes aos consumidos hoje pelos 20% mais ricos da população, serão necessárias verdadeiras façanhas. Entre elas, que o PIB salte pelo menos de 8 a 50 bilhões de dólares a fim de dobrar o PIB *per capita*. Assim sendo, seria indispensável que o petróleo continuasse jorrando exponencialmente e que a ele se somassem novas e prodigiosas fontes de riqueza.

Mas cabe a pergunta: para que tamanho esforço se dele resultaria tão somente generalizar formas de produção e consumo como as que hoje sofrem os venezuelanos e que os alienam?

O cenário ainda está incompleto. Uma visão mais expressiva desse futuro projetivo nos pode ser dada, talvez, pela previsão de que 25 milhões de venezuelanos viverão nas cidades em 2003, 7 milhões dos quais concentrados certamente na Caracas superpovoada, que se estenderia do Porto de La Guaira até Valencia. Imaginem os leitores se a cada manhã se servisse um desjejum "à moda antiga" em 1,5 milhão de casas para 3 milhões de homens e mulheres que sairiam para o trabalho em seus respectivos carros? É possível imaginar a montanha de *hallacas** e a torrente de café? Ouvem o barulho dos carros? Sentem a fumaceira? Onde, no tempo, se terá escondido o céu alto e limpo de Caracas com suas pombas sacrificadas ao progresso?

Venutopia dois: mais para menos

É muito provável que os venezuelanos privilegiados de agora e seus sócios norte-americanos aspirem — para manter os céus limpos e salvar as pombas — ao congelamento da população venezuelana nos seus 10 milhões atuais. Ou, melhor ainda, que se os reduza à metade, mediante o "planejamento familiar" ou a esterilização maciça. Dentro dessas últimas dimensões seria praticável oferecer amanhã a 5 ou 10 milhões de venezuelanos (porque muito poucos) o que têm e consomem agora, pouquíssimos. E com a vantagem adicional de perpetuar o sistema, expandindo relativamente as alegrias de viver que ele proporciona.

Esse parece ser um projeto desejável. Ponderamos, contudo, que não será fácil aprisionar o porvir dentro de tal estreiteza. Com efeito, a Venezuela é hoje a vitrina latino-americana do capitalismo dependente. Como tal, exibe o que pode dar uma prosperidade petrolífera prodigiosa embora não generalizável a toda população. Para que aquela Venezuela minimizada do ano 2003 seja ditosa, será necessário cumprir vários requisitos. Primeiro, que a Venezuela não se portorriquenhize alegremente como o segundo Estado associado dos Estados Unidos, porque toda dependência é incompatível com uma prosperidade generalizável. Segundo, que algum regime reformista adote uma política de participação que possibilite a redistribuição da riqueza.

---

* *Hallaca* é um pão feito de milho branco, espécie de prato nacional da Venezuela.

Suponhamos que superem todos esses obstáculos. Ainda assim, é de se temer que tanto o congelamento como a redução da população tenham alguns defeitos deploráveis. Por exemplo, em lugar da metade atual de venezuelanos juvenis — constituída de menores de 18 anos, recuperáveis para si mesmos e para o país —, teríamos um predomínio de venezuelanos senis — irrecuperáveis para quem quer que seja. Assim, se perderia algo da alegria turbulenta, do trato informal, do esquerdismo alvoroçado que hoje anima o quadro social venezuelano, embora isso amargure muita gente. Em lugar disso, se instalaria a etiqueta taciturna e a tristeza vil que corresponde à senilidade.

Outro efeito — este talvez meritório — seria o de socializar ou distribuir os amplos espaços vazios que a Venezuela ocupa na Terra. Efetivamente, numa América Latina com 600 milhões de habitantes, dentro de um mundo de 7 bilhões predominantemente "gente de cor", essa disponibilidade generosa de espaços desabitados e incontaminados seria bem acolhida.

Venutopia três: mais

Especulamos até agora com a hipótese da generalização para os venezuelanos do ano 2003 — sejam eles 5 ou 28 milhões — do que tem e goza hoje a quinta parte da população que vive melhor. Na verdade, os cenários resultantes não são de entusiasmar. Tentemos outro, mais estimulante e fecundo.

Observemos, para começar, que não é nada provável nem desejável que o futuro seja, em qualquer sentido, uma projeção ampliada do presente. Contudo, é provável que certas potencialidades de mudança — pouco perceptíveis agora — se desenvolvam amanhã, gerando situações novas. Algumas delas me agradam, outras não. Entre as que mais me agradam há uma que pode servir de base a fantasias futuristas. Refiro-me à possibilidade de satisfazer carências humanas menos imediatas e essenciais que a alimentação, a moradia, a saúde e a educação. É bem possível que a satisfação de algumas delas possa e deva ser procurada simultaneamente com a luta para atender àquelas carências elementares. Esse seria o caso do profundo desejo humano de uma existência pastoril. Da vontade de beleza que sempre animou os homens e cuja satisfação quase se perdeu para as maiorias. Do afã de reapropriação do saber monopolizado pelos eruditos, por parte do homem comum, enclausurado em seu pobre universo de compreensões vulgares. E da ânsia de felicidade de que falam velhos poetas e todos os ingênuos.

A quimera pastoril era obviamente impossível para o homem posto frente à natureza como camponês ou para quem quer que se perca num matagal, picado por mosquitos. Não o seria amanhã se esse fora o projeto dos venezuelanos. Vejo-os dispersos na imensidade de uma floresta tropical intocada em sua infinita beleza. Vivem nus junto a riachos e lagoas de onde máquinas domesticadas os levam ao trabalho e os trazem ao convívio aprazível.

A vontade de beleza que alimenta o índio Makiritare* o faz colocar em cada tarefa a que se propõe — trançar uma canastra, modelar um vaso, fazer uma flecha — muito mais esforço que o necessário para obter fins utilitários. O propósito desse esforço adicional é satisfazer no homem a avidez da perfeição que o dignifica e gratifica. No rigor simétrico do cesto trançado destinado tão só a guardar coisas; no virtuosismo empregado numa panela de cozinha; na perfeição da flecha feita para caçar, o Makiritare se exprime caligraficamente como criador de beleza. Que fizemos nós do operário que, frente a uma linotipo, compõe, com matrizes que outra pessoa desenhou, textos que outro escreveu? Ou da tecelã que tece num tear automático um pano programado em seus mínimos detalhes em um cartão da IBM? Ou, se se deseja, do artista condenado a criar obras singulares e únicas dentro dos cânones do estilo em moda para apreciadores-compradores que apenas desejam apropriar-se de sua

---

* Os índios Makiritare, já semiaculturados, vivem no interior da Venezuela.

obra para nela exibir sua riqueza e importância? O gráfico, a tecelã e mesmo o artista foram todos espoliados daquela vontade de perfeição que, podendo exprimir-se no trabalho diário e nas coisas mais simples, era acessível a todos os homens e a todos dignificava.

Suponho que também essa condenação à mecanização de toda a produção, à estandardização de toda a criação, à especialização alienante em tarefas parciais pode e deve ser vencida. Vejo nas casas dos venezuelanos do ano 2003, panelas e cestos, panos e textos que são produto de suas mãos ou que levam marcas tão peremptórias de quem as fez que ali estão para evocar o seu espírito. É de se crer que a própria automatização mecânica, em seu limite extremo, provendo o homem do essencial, haverá de libertá-lo para o exercício de si mesmo.

A monopolização do saber como instrumento de domínio e precedência social é talvez uma das alienações mais graves de quantas emanaram da estratificação da sociedade em classes. A divisão dos homens em senhores e servos, camponeses e cidadãos, em qualquer de suas variantes, veio acompanhada da divisão do saber em dois estratos. O saber vulgar que instrui o homem comum para desempenhos correntes e o saber erudito dos letrados, dos profissionais liberais e dos tecnocratas. O humano resultante dessa divisão se dividiu também em sua consciência. Aquele índio Makiritare de quem falava está certo do valor de seu saber mítico e de sua capacidade de compreensão, além de estar armado da mais viva curiosidade. Na primeira oportunidade perguntará sobre o "dono" do sal ou sobre o "pai" dos fósforos. Nenhum camponês e nenhum operário ousarão perguntar a respeito disso porque se resignam a saber que "não sabem". Sua inteligência está atrofiada, sua curiosidade, amordaçada, sua imaginação, adormecida. Poucas dúvidas existem de que essa alienação da consciência também pode e deve ser superada. Para tanto, será indispensável, contudo, que se complete e se supere o processo de estratificação social que teve início há uns poucos milhares de anos, criando-se sociedades sem classes nas quais se suplante o antagonismo senhor-servidor, a oposição rural-urbano e o contraste operário-intelectual. Uma vez atingidas essas superações, se extinguirá o monopólio do poder e, com ele, o privilégio do saber e da degradação da inteligência.

Que dizer da ânsia de felicidade? Ela pressupõe coisas tão sutis e delicadas que melhor seria, talvez, não inclui-la por agora em nosso projeto utópico. Além disso, que felicidade adicional querem os venezuelanos do terceiro milênio se eu já lhes dei a existência pastoril pela qual sempre suspiramos e junto a ela lhes devolvi a vontade de beleza, bem como o acesso à sabedoria? Perdoem-me os que pensam que proponho tão só *remakiritarizar* a Venezuela. Minha imaginação formada nestes duros anos não tem potência para mais. E meu coração esgotado não deseja mais.

VII

Educando

Com Anísio

Fui para a educação pelas mãos de Anísio Teixeira, de quem passei a ser, nos anos seguintes, discípulo e colaborador. O curioso da história de nossas relações de amizade e de respeito recíprocos é que, de início, Anísio e eu éramos francamente hostis um ao outro. Disso dei um depoimento que reproduzo a seguir:

"Anísio exerceu uma influência muito grande sobre mim. Tanto que costumo dizer que tenho dois alter egos. Um, meu santo-herói, Rondon, com quem convivi e trabalhei por tanto tempo, aprendendo a ser gente. Outro, meu santo-sábio, Anísio. Por que santos os dois? Sei lá... Missionários, cruzados, sim, sei que eram. Cada qual de sua causa, que foram ambas causas minhas. Foram e são: a proteção aos índios e a educação do povo.

Para Anísio, eu, como intelectual, era um ente desprezível! Um homem metido com índios, enrolado com gentes bizarras lá do mato. Ele não tinha simpatia nenhuma pelos índios; não sabia nada deles, nem queria saber. Para Anísio, Rondon era uma espécie de militar meio louco, um sacerdote reiuno pregando para os índios; uma espécie de "Anchieta de farda". Eu, para ele, era ajudante daquele Anchieta positivista. Um cientista preparado que se gastava à toa com os índios, aprendendo coisas que não tinham interesse, nem relevância.

Para mim, Anísio era o oposto, um homem urbano, letrado, alienado. Eu o via como aquele intelectual magrinho, pequenininho, feinho, indignadozinho, que falava furioso de educação popular, que defendia a escola pública com um calor comovente. Mas eu não estava nessa. Gostava era do mato, estava era com meus índios, era com os camponeses, com o povão. Estava era pensando na revolução socialista. Anísio até me parecia udenista. Eu o achava meio udenoide, por sua amizade com o Mangabeirão, e por suas posições americanistas. Seu jeito não me agradava, ainda que eu reconhecesse nele, mesmo a distância, uma qualidade de veemência, uma quantidade de paixão, que não encontrava em ninguém mais.

Afinal, por intermédio de um amigo comum, Charles Wagley, que sempre nos quis aproximar — e que me levou a vê-lo umas duas vezes —, acabei conhecendo superficialmente o Anísio. Vai daí que quando se criava o Centro Brasileiro de Pesquisas Educacionais, funcionando, nesta época, ainda na rua México, o Wagley — que lá estava ajudando a fazer o primeiro plano de pesquisas do CBPE — convenceu o Anísio de que devia ouvir uma conferência minha sobre índios.

Era uma conferência igual a muitas que eu fazia, naquela época, sobre as populações indígenas brasileiras ou aspectos culturais da vida indígena, comparando e contrastando suas diversas fisionomias culturais. O certo é que comecei a conferência e, depois de falar uns dez minutos, vi que o Anísio estava aceso, os olhinhos bem apertados, atento, comendo palavra por palavra do que eu dizia. Continuei a conferência, olhando para ele de vez em quando, de certa forma falando para ele. Em dado momento Anísio começou a murmurar e eu custei a entender o que ele dizia. Vociferava:

— São uns gregos! Uns gregos!

Eu mais falava sobre os índios — estava analisando a vida social dos Ramkokamekras, os chamados Canelas do Maranhão, que têm uma organização social muito complexa — e mais Anísio resmungava:

— São uns gregos! Gregos!

Com essas interjeições ele abriu uma espécie de diálogo louco comigo. Eu dizia coisas e coisas, e ele opunha interjeições: "São gregos! Gregos!" Eu, inquieto, sem entender o que ele queria dizer com aquilo. Anísio aceso. Custei a compreender que, fechado em sua formação clássica, Anísio só foi capaz de ver e entender os índios enquanto configurações culturais, e meu interesse neles, por via de sua comparação com a mentalidade ateniense e espartana.

Desde então, não nos largamos mais. Nos vendo diariamente, discutindo, trabalhando durante anos e anos. Sempre discordando, é certo, porque ambos somos espíritos polêmicos, mas sempre confluindo. Juntos enfrentamos a luta em defesa da escola pública no curso dos debates no Congresso Nacional sobre a Lei de Diretrizes e Bases da Educação Nacional.

Foi, aliás, nessa campanha que comecei a me tornar visível no Brasil como educador. Aquela foi uma luta memorável em que o melhor da intelectualidade lúcida e progressista se opunha à reação comprometida com o privativismo que condena o povo à ignorância. Nos dois campos os líderes mais atuantes eram o Anísio e seus colaboradores, eu inclusive, de um lado, e Carlos Lacerda e Dom Hélder Câmara no campo oposto.

O movimento alargou-se, porém, a todo o país, despertando para a ação política um grande número de intelectuais universitários, que, não encontrando uma via de acesso à militância, se estiolava numa vida acadêmica esterilizante.

O que se debatia, em essência, era, por um lado, o caráter da educação popular que se devia dar e, por outro lado, como destinar ao ensino popular os escassos recursos públicos disponíveis para a educação. Não nos opusemos jamais à liberdade de ensino no sentido do direito, de quem quer que seja, a criar qualquer tipo de escolas às suas expensas, para dar educação do colorido ideológico que deseja. Nos opúnhamos, isto sim, a que, em nome dessa liberdade, o privatismo se apropriasse como se apropriou dos recursos públicos para subsidiar escolas confessionais.

Além desta participação ativa na campanha em defesa da escola pública, cooperei com Anísio também no campo de minha especialidade, e principalmente na organização e direção para o Ministério da Educação do mais amplo programa de pesquisas sociológicas e antropológicas realizadas no Brasil. Seu propósito era proporcionar aos condutores da política educacional brasileira toda a base informativa indispensável sobre a sociedade e a cultura brasileira, bem como sobre o processo de urbanização caótica e de industrialização intensiva a que ela vem sendo submetida.

Para isto assumi a direção científica do Centro Brasileiro de Pesquisas Educacionais. Transferi para lá o programa pós-graduado de formação de pesquisadores que mantinha no Museu do Índio e organizei a equipe interna de pesquisadores e um corpo externo de cooperadores, do qual participaram os principais cientistas sociais brasileiros. Sobre essas bases, levei a cabo um triplo programa de estudos e pesquisas que tinha o Brasil como objeto de estudo.

O primeiro desses programas consistiu num conjunto de pesquisas de campo focalizando cidades em seu contexto urbano e rural de doze zonas brasileiras representativas das principais áreas culturais do país.

O segundo programa, este com base bibliográfica, consistiu numa série de estudos de síntese sobre temas básicos para compreensão do Brasil moderno.

O terceiro programa abrangeu diversas pesquisas sociológicas, indispensáveis para o planejamento educacional, focalizando aspectos cruciais dos processos de urbanização e de industrialização.

Planejei e conduzi estes estudos tendo sempre a ideia de redigir um livro de síntese sobre o Brasil, com base no material dele resultante. Entretanto, as tarefas a que fui chamado depois à frente da Universidade de Brasília, do Ministério da Educação e depois como chefe da Casa Civil da presidência da República não permitiam que eu fizesse minha parte.

Universidade de Brasília*

Nos fins dos anos 1950 o projeto da Universidade de Brasília empolgou a toda a intelectualidade brasileira. Desencadeou-se em todo o Brasil uma verdadeira campanha pela reforma universitária no curso da qual todos foram se dando conta dos graves problemas que atravessava a universidade brasileira, incapaz de superá-los se continuasse nos mesmos trilhos.

Esse foi o alcance maior do projeto da UnB. Antes de começar a viver sua breve vida e mesmo depois de ter sido estrangulada pela ditadura, ela ativou e ainda ativa, atuou e ainda atua, como uma enorme força inovadora da universidade brasileira. Isto porque proporcionou a nossos universitários dois elementos fundamentais. Primeiro, a mais severa crítica da precariedade das nossas instituições de ensino superior; segundo, uma proposição utópica de universidade que passou a ser a tábua de contraste com que se media a mediocridade da universidade existente.

"Toda a história da educação superior no Brasil, aliás, se caracteriza pela tacanhez. Começa com os portugueses, que nunca permitiram que se abrissem cursos superiores na sua colônia, ao contrário dos espanhóis, que criaram dezenas de universidades, na América, a partir de 1536.

---

* *UnB: invenção e descaminho*, 1978, p. 45-46.

O Brasil veio a conhecer seu primeiro curso de nível superior depois da transferência forçada da corte para a colônia americana. Tais cursos, porém, não tinham caráter propriamente acadêmico, uma vez que correspondiam, antes, a preocupações de ordem militar. Um deles se destinava a formar oficiais da Marinha; outro, oficiais do Exército; e os dois últimos à preparação de cirurgiões militares. Só depois de formalizada a Independência foram dados passos para a criação de dois cursos de direito, um em São Paulo, outro em Olinda.

Quando se proclamou a República, contávamos apenas com as escolas de medicina do Rio de Janeiro (1808) e da Bahia (1808); as escolas de direito de São Paulo e do Recife (1854), a politécnica do Rio de Janeiro (1858) e a de Minas, de Ouro Preto (1875). Em todas elas, apenas 2.290 jovens estudavam advocacia, medicina e engenharia, que eram as únicas carreiras oferecidas.

Durante todo o século XIX, as autoridades brasileiras se recusaram a aglutinar as escolas superiores do país em universidades. Agora, por uma razão acadêmica que era o acatamento à orientação francesista, que desde Napoleão se opunha à criação de universidades, negando a convivência de submeter as grandes escolas profissionais a uma cúpula autônoma de coordenação. Lá, porém, se contava com a Normal Superior e outras instituições dedicadas ao cultivo e ao ensino dos ramos não profissionais do saber, enquanto aqui não tínhamos nenhuma."

Naquele mesmo diagnóstico crítico da universidade brasileira tradicional, assinalo como características distintivas:

- *seu caráter de federação de escolas profissionais autárquicas e estanques, desprovidas de qualquer integrativo que lhes permitisse comunicar-se, interagir e cooperar;*
- *sua estrutura profissionalista e unitarista que, fazendo corresponder a cada carreira uma escola, restringia ao mínimo as modalidades de formação oferecidas; submetia o saber fundamental ao saber aplicado, infecundando a ambos; duplicava onerosamente e ineficazmente os meios de ensino e de pesquisa; e disfarçava seu atraso pela imposição de*

currículos repletos de matérias dispensáveis e de planos de estudo de caráter ridiculamente enciclopédico;
- *sua ambiguidade essencial de uma universidade colonizada e alienada que, sendo por um lado dependente de matrizes estrangeiras e propensa ao mimetismo cultural, era, por outro lado, inautêntica por sua infidelidade aos padrões internacionais de cultivo e difusão do saber, além de irresponsável na concessão de títulos e graus acadêmicos;*
- *sua incapacidade de dominar o saber científico e o humanístico modernos, de cultivá-los através de pesquisas e estudos, de difundi-los através de um ensino de padrão razoável, e de aplicá-los na busca de solução para os problemas nacionais;*
- *seu elitismo, expresso tanto na política de estreitamento progressivo das ofertas de matrícula nas escolas públicas gratuitas e de qualidade razoável, como na expansão desbragada de escolas privadas de nível precaríssimo que funcionavam como empresas lucrativas;*
- *sua sujeição à hegemonia catedrática que entregava o controle de cada área do saber a um professor vitalício todo-poderoso, propenso a agir paternalisticamente, predisposto a escolher seu sucessor e a dificultar a formação de pessoal mais qualificado;*
- *sua carência de programa de pós-graduação para formar o magistério universitário, expandir as atividades de pesquisa e aprofundar o conhecimento da realidade brasileira;*
- *seu apego aos concursos retóricos, como sistema formal de seleção do professorado, mas utilizado, de fato, para disfarçar a prática corrente de efetivação burocrática de todos os admitidos na docência;*
- *seu temor à prática de cogoverno que, comprometendo os estudantes com a condução da vida acadêmica, os interessasse nos problemas de organização interna da universidade e estimulasse sua participação responsável nos esforços para enfrentar as tarefas de aprimorar e democratizar a universidade, e fazê-la servir devotamente aos interesses nacionais e populares;*

- *seu pendor ao esbanjamento de recursos públicos escassos, tanto negativamente pela subutilização das disponibilidades materiais e humanas, como positivamente pelo faraonismo das edificações e pela mania subdesenvolvida de comprar equipamentos vistosos, mas dispensáveis;*
- *seu enclausuramento que não ensejava qualquer comunicação extra-curricular livre e vivaz dentro da própria comunidade universitária — entre os estudantes, entre os professores e entre estudantes e professores — nem da universidade com a cidade e o país, através de programas efetivos de difusão cultural e a extensão universitária;*
- *seu burocratismo, que reduzia os atos acadêmicos a rotinas cartoriais; convertia os professores em funcionários nomeados por decreto; transformava os cursos em ditados enfadonhos e fazia do estudo a decoração de apostilas para provas;*
- *seu verbalismo que florescia na expansão desproporcionada dos cursos jurídicos, de estudos sociais e de letras, em prejuízo das carreiras que requeriam formação científica e treinamento prático;*

Este diagnóstico cru e esta crítica veraz — os primeiros que se formulavam no Brasil com vigor e autenticidade — tiveram uma enorme repercussão. Provocaram, dentro das universidades, um movimento de amplitude sem precedentes para o debate do que se começou a chamar crise universitária. Também fora da universidade, professores e estudantes realizaram encontros e conferências em todo o país para debater a crise e programar a luta pela reforma universitária."

(...)

O projeto de estruturação da Universidade de Brasília é toda uma inovação. Contrasta não só com a forma de organização de nossas universidades tradicionais, como também com qualquer outro modelo de universidade existente.

Para alcançar os propósitos que lhe foram assinados, a UnB foi estruturada de modo tal que permitisse:

- *estabelecer uma nítida distinção entre os órgãos dedicados a atividades de preparação científica ou humanística básica e os de treinamento profissional, liberando estes últimos da tarefa de formar pesquisadores a fim de permitir que cuidassem melhor do seu campo específico;*
- *evitar a multiplicação desnecessária e onerosa de instalações, de equipamentos e de pessoal docente, para que, concentrados numa só unidade para cada campo do saber, permitissem um exercício eficaz do ensino e da pesquisa;*
- *proporcionar modalidades novas de preparação científica e de especialização profissional, mediante a combinação de determinado tipo de formação básica com linhas especiais de treinamento profissional;*
- *organizar programas regulares de pós-graduação, a fim de outorgar graus de mestre e doutor de validade internacional para formar seus próprios quadros docentes e elevar a qualificação do magistério superior do país;*
- *selecionar os futuros quadros científicos e culturais dentre todos os estudantes que frequentassem os cursos introdutórios da universidade, e ali revelassem especial aptidão para a pesquisa fundamental, em lugar de fazê-lo entre os que, concluindo o curso secundário, optam "vocacionalmente" por uma formação científica;*
- *dar ao estudante a oportunidade de optar por uma orientação profissional sobre os diferentes campos a que se poderia devotar e sobre suas próprias aptidões;*
- *ensejar uma integração mais completa da universidade com o país pela atenção aos problemas nacionais como tema de estudos, de assessoramento público e de ensino;*
- *constituir um verdadeiro campus universitário onde alunos e professores convivessem numa comunidade efetivamente comunicada tanto pelo cogoverno de si mesma como pela integração dos estudos curriculares com amplos programas de atividades sociais, políticas e culturais, com o propósito de criar um ambiente propício à transmissão do saber, à criatividade e à formação de mentalidades mais abertas, mais generosas, mais lúcidas e mais solidárias;*

- *oferecer a todos os estudantes durante os seus dois primeiros anos de curso tanto programas científicos como humanísticos, a fim de proporcionar ao futuro cientista ou profissional oportunidade de fazer-se também herdeiro do patrimônio cultural e artístico da humanidade, e ao futuro graduado de carreiras humanísticas, uma informação científica básica.*

A simples enunciação destas proposições gerais indica claramente a necessidade de estruturar uma universidade de novo tipo, modelada com o propósito expresso de alcançá-las. Este requisito de renovação estrutural se acentuava ainda mais em face da necessidade específica de proporcionar à nova capital os seguintes serviços:

- *abrir à juventude de Brasília as amplas oportunidades de educação superior que ela reclamaria, estendendo-se na medida do possível a jovens selecionados por sua capacidade de aprender, procedentes de todo o país, e a uma parcela de juventude latino-americana;*
- *contribuir para que Brasília exercesse, tão rapidamente quanto possível, as funções integradoras que teria de cumprir como núcleo cultural autônomo, fecundo, renovador e capacitado a interagir com os principais centros metropolitanos do país;*
- *proporcionar aos poderes públicos o assessoramento livre e competente de que careceriam em todos os ramos do saber e que, numa cidade nova e artificial, somente uma universidade madura e autônoma poderia proporcionar;*
- *abrir à população de Brasília amplas perspectivas culturais que a livrassem do grave risco de fazer-se medíocre e provinciana no cenário urbanístico e arquitetônico mais moderno do mundo;*
- *assegurar aos profissionais de nível superior residentes na nova capital oportunidades de reciclagem e especialização, através do programa de educação continuada.*

Nenhuma daquelas funções gerais nem tampouco estes serviços específicos poderiam ser providos adequadamente por uma universidade do tipo então existente no país. Se elas não conseguiam funcionar satisfatoriamente, nem mesmo nos antigos centros urbanos, nas condições de Brasília sua réplica estaria condenada a uma mediocridade ainda maior.

(...)

Respondendo a estes requisitos é que surgiu a UnB como um novo padrão de organização universitária. Sua característica distintiva se acentuava na macroestrutura tripartida de Institutos Gerais de Ciências, Letras e Artes, dedicados ao cultivo e ao ensino do saber fundamental; de faculdades profissionais, devotadas à pesquisa e ao ensino nas áreas das ciências aplicadas e das técnicas; e dos órgãos complementares, que prestariam serviço à comunidade universitária e à cidade.

Graças a esta macroestrutura tríplice, as ciências básicas poderiam ser cultivadas nos institutos centrais por sua importância intrínseca, e não em razão de suas aplicações eventuais. Por outro lado, as Faculdades Profissionais, liberadas dos cursos introdutórios e do cultivo das ciências, poderiam se dedicar melhor à pesquisa aplicada de caráter tecnológico e ao ensino prático dos repertórios dos seus respectivos tirocínios profissionais.

Os órgãos complementares, por sua vez, converteriam as atividades de extensão universitária, que se exercem habitualmente como uma demagogia cultural, em programas concretos voltados para a elevação do nível cultural de toda a população da nova capital. Para isto contariam com os necessários instrumentos de comunicação de massa, tal como o rádio e a televisão, sem os quais toda a difusão educativa é vã porque não pode competir sem os meios modernos de comunicação de massas.

Esta reforma de estruturação da UnB, baseada no novo modo de participação e na complementaridade dos seus componentes fundamentais, contrasta fortemente tanto com a organização básica da nossa universidade tradicional quanto com a estrutura de integração que se quis adotar originalmente na Universidade do Distrito Federal e na Universidade de

São Paulo. Esta última, mais avançada estruturalmente, pensava utilizar como órgão integrador uma faculdade de filosofia composta de forma mais abrangente e ambiciosa.

A estrutura da UnB contrasta também, fortemente, com o sistema norte-americano dos *colleges* de estudos gerais, encarregados dos *undergraduate courses*, que se tentou copiar sem êxito na América Central e em Concepción, no Chile. Ao contrário dos *colleges,* os nossos institutos centrais seriam os únicos órgãos de ensino e pesquisa nas suas áreas de especialidade, e por isso mesmo operariam em três níveis: os cursos *básicos ou introdutórios,* proporcionados a todos os estudantes; os *formativos,* destinados aos estudantes agregados ao instituto central depois de dois anos de estudos básicos para se fazerem especialistas em certas disciplinas; e os *pós-graduados,* dos programas de mestrado e doutoramento.

Dentro de cada instituto central e de cada faculdade profissional operaria uma microestrutura que substituiria as antigas cátedras por núcleos colegiados que teriam a seu cargo as práticas científicas e as atividades educativas da universidade. Com este propósito, toda a universidade ficaria departamentalizada, quer dizer, organizada em equipes de professores conjuntamente responsáveis pelo ensino e pela pesquisa no seu campo de saber.

Cada departamento, quando maduro, operaria no nível de graduação e pós-graduação, dedicando-se especialmente a um tema preferencial que constituiria o seu *projeto próprio*. Neste campo ele buscaria alcançar um nível de excelência nacional num prazo de três anos, e de reconhecimento internacional num prazo de cinco anos. Como estes temas seriam escolhidos por sua importância para a autonomia cultural do país, o cultivo dos mesmos dentro dos núcleos operativos dos programas de pós-graduação da UnB representaria uma contribuição importante para o desenvolvimento nacional."*

---

* *Idem*, p. 60-63.

Nostalgia

Esta é uma notícia sumária da estrutura que foi pensada, sonhada, diria eu, para a Universidade de Brasília. Descrevendo-a, hoje, me dá vontade de pensar naqueles dias longínquos de finais da década de 50, nos tempos tão otimistas de JK em que só tínhamos a utopia da UnB na cabeça.

Tudo começou muito simplesmente, porque eu redigia o capítulo de educação da Mensagem Presidencial de JK. Ali, depois de escrever sobre o ensino primário e médio, dando um balanço do que se sucedia e ideias do que se pretendia fazer, sempre se acrescentavam algumas notícias sobre a universidade brasileira. Um dia, me deu a inspiração de colocar ali umas páginas sobre a necessidade de criar uma nova universidade em Brasília.

Conversei com Anísio, que era quem orientava meu trabalho, e vi que ele também se empolgava com a ideia. Passamos a discutir desde então essa universidade possível como um dos temas principais de nossa conversa naqueles anos de 1957 e 1958.

Anísio se apegou ao projeto de criar em Brasília uma universidade dedicada só à pós-graduação, que ele concebia como a maior necessidade brasileira, e o era de fato! O quarto nível ou a capacidade de formar seu próprio professorado era o grande desafio do nosso ensino superior. Mas eu argumentava que era impossível convencer as famílias que iriam se instalar em Brasília de que lá não poderiam matricular seus filhos numa universidade. Fomos assim progredindo e a ideia acabou por nos empolgar inteiramente, primeiro a nós e depois a mais e mais gentes.

Duas adesões foram estratégicas, a de Victor Nunes Leal, meu colega de faculdade que era o chefe da Casa Civil de JK, e a de Cyro dos Anjos, meu conterrâneo que era o subchefe. Os dois começaram a trabalhar JK para a ideia, encontrando resistências. Ressonâncias, creio eu, das implicâncias de Israel Pinheiro, edificador de Brasília, com a ideia de se instalarem em Brasília fossem universidades, fossem fábricas, para evitar agitações junto à cúpula do poder.

Acabei entrando eu mesmo no assunto com JK diretamente, foi um desastre. Meu entusiasmo era tão grande e eu falei de forma tão atabalhoada que o assustei. Fui mais feliz quando voltei ao assunto de forma tranquila, depois da volta de JK da viagem aos Estados Unidos, onde Victor mostrou a ele que os pais fundadores daquela nação tiveram como preocupação fundamental ali implantar universidades. Foi também decisivo o apoio de Oscar Niemeyer e Lúcio Costa, que logo depois se encarregaram do planejamento urbanístico e arquitetônico do campus. Igualmente importante foi a minha aliança com os dominicanos através do frei Mateus Rocha, que conseguiu do papa João XXIII afastar a ameaça de se criar em Brasília uma universidade jesuítica em lugar da nossa.

O resultado foi o decreto de Juscelino em que ele me encarregava de planejar a Universidade de Brasília juntamente com Cyro dos Anjos e Oscar Niemeyer. Armado desse instrumento de autoridade, pus fogo no meu entusiasmo e passei a empolgar toda gente, principalmente a comunidade científica centralizada no Centro Brasileiro de Pesquisas Físicas que passei a presidir e a Sociedade Brasileira para o Progresso da Ciência. Entraram na lista inicialmente Maurício Rocha e Silva, Leite Lopes, Jayme Tiomno, Jacques Danon, Lauro Nepomuceno, Haiti Moussatché, Crodowaldo Pavan, Herman Lent, Paulo Sawaya, F. Briguier, Newton Freire Maia, Antônio Couceiro, Frota Pessoa, Arthur Moses, Paulo de Góes, Ricardo Ferreira, Júlio Pudies, Pereira Gomes, Walter Mors e muitas gentes mais. Especialistas de outros campos do saber também entraram na empreitada, como Alcides da Rocha Miranda, Afrânio Coutinho, Euryalo Canabrava, Maria Yedda Linhares, Francisco Iglezias, Mário Pedrosa, Wladimir Murtinho, Orlando Valverde, Pinchas Geiger e Fábio Guimarães, entre muitos mais. Inclusive Roberto Salmeron, que desde Genebra aderiu entusiasticamente à ideia e se comprometeu a vir para o Brasil ajudar. Participaram também destes debates Gleb Wataghin, Mário Schemberg, Oscar Sala, José Goldemberg, Richard Wallauschek e Guido Beck. Até mesmo Openheimer entrou na liça, dando orientações sobre como implantar em nossa latitude uma universidade capaz de apossar-se do saber humano e de cultivá-lo criativamente.

Nas reuniões seguintes da SBPC esse passou a ser um dos assuntos fundamentais e organizei também várias reuniões no Rio de Janeiro e em São Paulo, especialmente para discutir a Universidade de Brasília e obter pareceres sobre o modo conveniente de estruturação de cada um de seus setores. Já nestas discussões, duas diretrizes básicas da UnB ficaram definidas.

Primeiro, a definição de sua fidelidade fundamental, que seria devotar-se aos padrões internacionais do saber que nela devia ser cultivado como um valor em si e não em função de sua aplicabilidade aos cursos profissionais, como se fazia habitualmente.

Segundo, a definição da liberdade docente e da tolerância acadêmica, como o compromisso de que na Universidade de Brasília ninguém jamais poderia ser premiado nem perseguido em razão de sua ideologia.

Exatamente nessa veia é que nossa querida UnB foi sangrada. Não por culpa dela, mas da ditadura militar que se implantou sobre o Brasil, estancando toda a vida cultural, perseguindo, torturando, exilando, matando.

Toda a vida inteligente do Brasil se empobreceu drasticamente com essa sangria. O efeito mais desastroso, porém, no plano acadêmico, foi impedir que os professores proscritos exercessem no Brasil sua função de multiplicadores culturais, através da condução de programas de preparação de novos corpos de especialistas. Perdemos, assim, além deles próprios, centenas de outros especialistas de igual capacidade cuja formação eles teriam orientado, e que nos seriam indispensáveis. Tanto para que o Brasil participasse da empresa mundial de elevar o nível do saber e das artes como, e principalmente, para aprofundar o conhecimento de nossa própria realidade; e, ainda, para sustentar a expansão do ensino superior, elevando simultaneamente o seu nível.

A esta multidão de sábios expurgados e evadidos, se somaram pesquisadores, ideólogos, artistas que, embora presentes no Brasil, aqui foram impedidos de ensinar, ou mesmo ensinando nas universidades, se viram tão perseguidos e espionados que se tornaram incapazes de dar as contribuições que em outras condições estariam dando. Todo este corpo de intelectuais, sábios e artistas proscritos e silenciados, direta ou indiretamente, se viu calado pela opressão possessa da ditadura em prejuízo de um florescimento científico e cultural que o Brasil começava a experimentar nos anos 1960 e que se viu drasticamente crestado.

Não há dúvida de que este fato será tido, no futuro, como um dos episódios mais terríveis da história cultural do país. Sofremos, efetivamente, uma sangria científica e cultural equivalente à que ocorreu na Espanha de Franco, e que quebrou por décadas a criatividade do espírito espanhol. Uma diáspora que é muito mais grave em suas consequências do que o propalado êxodo de talentos, referente a especialistas atraídos espontaneamente para centros culturais estrangeiros. Com efeito, lá fora, hoje, há muito mais brasileiros expulsos daqui ou voluntariamente afastados pelas condições iníquas em que se tem que trabalhar no Brasil debaixo do medo e da opressão do que talentos atraídos por altos salários e melhores condições de trabalho no estrangeiro.

Quando a UnB foi avassalada, estando a meio caminho na marcha de sua autoedificação, tendo mais da metade dos seus órgãos por implantar — e mesmo os já criados operando em nível experimental —, o que se construiu sobre os escombros foi um espantalho. Alguma coisa ficou, é certo, tanto nos estudantes que sempre procuraram dar prosseguimento às ambições originais da UnB como em certa continuidade institucional e

1. Darcy Ribeiro durante expedição à aldeia Kadiwéu. (1949)

2. Darcy Ribeiro em sua primeira expedição à tribo dos Urubu-Kaapor. (1949)

3. Marechal Rondon (no centro, em primeiro plano) e Darcy Ribeiro (ao fundo) no Conselho Nacional de Proteção aos Índios. (Década de 1950)

4. Darcy durante o exílio no Uruguai. (1964-1968)

5. Darcy Ribeiro em sua residência
durante o exílio em Caracas, Venezuela. (1969-1971)

6. Darcy Ribeiro durante visita a uma escola cubana. (Novembro de 1981)

7. Darcy Ribeiro, Leonel Brizola e Oscar Niemeyer analisam o projeto de construção da Avenida dos Desfiles (Sambódromo) no Rio de Janeiro. (1983)

8. Darcy Ribeiro durante visita às obras da Avenida dos Desfiles (Sambódromo) no Rio de Janeiro. (1983)

9. Darcy Ribeiro, Leonel Brizola e Yara Vargas na inauguração da Avenida dos Desfiles (Sambódromo) no Rio de Janeiro. (1984)

10. Darcy Ribeiro, Leonel Brizola e Marcelo Alencar durante visita de Mário Soares ao Centro Integrado de Educação Pública da Fazenda Botafogo, Rio de Janeiro. (12 de março de 1985)

11. Darcy Ribeiro durante campanha eleitoral. (1986)

12. Darcy Ribeiro votando durante a eleição no Rio de Janeiro.
(15 de novembro de 1986)

13. Darcy Ribeiro em sua residência em Brasília. (Abril de 1990)

vocacional, que ainda vincula a Universidade de Brasília de hoje à nossa Universidade de Utopia.

Às vezes penso que, apesar de tudo, a UnB é uma forma degradada da Utopia. Como tal, terá linhas mais puras e ambições mais generosas que as demais, o que a tornaria mais propensa à autossuperação. Será assim? Efetivamente, será a UnB mais capaz que outras universidades de recuperar-se nas condições brasileiras? Não sei. Apenas confio e desejo que a UnB venha a ser, amanhã, o que teria sido ontem, não fossem tantas e tão duras as vicissitudes por que passou.

Fechando este texto, quero recordar uma observação minha provocativa e polêmica, que, sendo muito comentada, merece um reparo. Eu disse, efetivamente, numa assembleia em São Paulo, quando me pediram que fizesse a crítica da UnB, que "quando se tem uma filha e ela cai na vida, não se fala dela". A frase é pretensiosa e paternalista. Talvez até seja algo machista, reconheço. Será tudo isso e o mais que se queira, mas concordem comigo que é, por igual, uma expressão do carinho que devoto à UnB e que motiva este longo depoimento nostálgico com que aqui me desdigo.

Este sentimento de carinho, aliás, não é somente meu. Todos nós, brasilianos, que por dias, meses, ou por anos, tivemos ocasião de participar da aventura de projetar e dar vida à UnB, consideramos que aquela foi a fase mais bela, generosa e criativa das nossas vidas acadêmicas. Tenho encontrado estes irmãos brasilianos pelo mundo inteiro, todos eles tão apaixonados como eu. Todos voltados para aqueles dias de esperança, com desejo de que retornem, não para qualquer revanche, mas tão somente para que nós, ou as gentes das novas gerações, revivamos o espírito de ousadia e ambição generosa que nos animou naqueles dias de experiência gratificante e fecunda.

Alguns dos companheiros de então, lamentavelmente, já não estão entre nós. Conto, entre eles, sentidamente, Anísio Teixeira, pai fundador das duas experiências universitárias mais altas que tivemos no Brasil; Heron de Alencar, das pessoas que mais contribuíram para dar forma à estrutura universitária; Eduardo Galvão, que ousou, em Brasília, repensar criticamente a antropologia e esforçou-se para colocá-la a serviço das populações que estuda; Artur Neves, que projetou a Biblioteca Básica Brasileira e editou admiravelmente seus dez primeiros volumes; Machado Neto, que deu o melhor de sua inteligência à reforma do ensino jurídico entre nós; Paulo Emílio Sales Gomes, que, em Brasília, integrou o cinema à vida universitária como uma atividade crítica e criativa.

*[Alguns irão se salvar]**

Falar de universidade, para mim, é voltar a um tema tão familiar que, de tão familiar, torna-se cansativo. Tantas vezes pensei a universidade, tantas vezes repensei a universidade, tantas vezes projetei a universidade, tantas vezes propus a reforma da universidade. Dando um parecer sintético agora, eu diria: a universidade é o útero no qual a classe dirigente se reproduz, e se reproduz com enorme eficácia; 99% das pessoas que saem da universidade saem com a sua carreira, qualificados socialmente para não ser povo; é uma máquina de fazer com que as pessoas se convertam em "não povo", e saem todos para serem perfeitos guardiões do sistema: para se casar, para se comportar bem.

Mas existe aquele momento de glória em que uma pessoa está na universidade, não assumiu ainda a responsabilidade da vida, e é um momento em que a sociedade se passa a limpo, porque gente da geração dos seus pais se encontra com a nova geração e se discute o mundo. O importante na universidade talvez seja mais o que se passa fora da sala de aula do que o que se passa dentro da sala de aula, e isto está mudando profundamente.

---

* Depoimento gravado no México, em 1978, para o LP *Voz viva da América* e reproduzido originalmente no livro *América Latina nação*, p. 17-19.

Foi uma instituição e ela é, por sua natureza, elitista, mas até tende a não ser. A educação está mudando em todo o mundo a um ritmo secular: primeiro vimos a extensão da educação primária, a universalização da educação primária, depois a do segundo grau, e neste momento está sendo feita a da educação superior.

(...)

Mas, de fato, a sociedade já está aprendendo a usar a universidade de uma forma não profissionalizante, ainda que a própria universidade não saiba fazer isso sem oferecer programas profissionalizantes. Ela é muito capaz de preparar um físico ou um dentista, um farmacêutico ou um advogado, mas a maior parte das pessoas que entra na universidade hoje passa aí alguns anos, sai mais ou menos qualificada para a vida, mas vai fazer o quê? Vai vender ações de banco, vai trabalhar na administração de uma estrada. Esta gente com formação genérica tem uma maior preparação, elasticidade e versatilidade mental, que a universidade lhe dá. O problema da universidade hoje é repensar-se como tal; repensar-se como a instituição pela qual tendem a passar todas as pessoas; é a instituição cuja finalidade é fazer do ser humano comum o herdeiro do patrimônio cultural humano total.

Também é certo que se deve preparar alguns para serem profissionais, mas o fundamental é dar a cada ser humano a oportunidade de ser herdeiro de um patrimônio cultural e de comunicar-se e de exercer uma atividade naquele período da vida que está completando a sua formação. Neste momento, a universidade experimenta mudanças fundamentais, e ela está em transição, de uma instituição elitista, para poucos, para uma instituição de massas. Isto assusta muita gente, a gente da classe dominante, da classe dirigente se assusta com este assalto à universidade. Todos querem ir à universidade. Parece absurdo mas, por exemplo, na América do Norte, 70% da juventude está passando por um curso universitário. E os cubanos — são pretensiosos estes cubanos — pretendem que nos anos 80 todos passem pela universidade em Cuba. Que fizeram os cubanos? Primeiro, generalizaram o primário, depois o secundário, agora estão generalizando a universidade. Para isso, eles desclausuraram a universidade, a universidade foi ao encontro dos estudantes, enquanto trabalhem no campo médico, social ou educativo em que a pessoa quer se graduar. Esta universidade é desclausurada; esta universidade fora dos seus muros; esta universidade popularizada é a universidade do futuro, eu suponho. E é para ela que nós devemos nos dirigir, com coragem de deixá-la crescer e também com a coragem de deixar que ela se inquiete, que ela faça agitações, que ela se pronuncie sobre as coisas, que ela assuma responsabilidades, que a classe dirigente se tranquilize: nenhuma revolução foi feita na universidade e não vai ser feita na universidade, é uma agitação dos "filhotes" que depois vão assumir os seus papéis, mas deixem os "filhotinhos" latirem; deixem que eles treinem; deixem que eles assumam suas responsabilidades. Alguns deles irão se salvar.

VIII
Politicando

[Em Brasília]

É inusitado que um intelectual chegue a ser ministro de Estado, mesmo porque eles geralmente vivem enclaustrados em seus mundinhos ideáticos e, sobretudo, porque os cargos ministeriais cabem quase sempre a políticos profissionais. No meu caso é ainda mais surpreendente por meu estilo desabrido e franco de debatedor apaixonado de ideias e por ser um homem de esquerda.

Lembro-me bem do mal-estar ou do sentimento de ambiguidade de vários dos meus colegas quando surgiu a notícia de minha nomeação. Para uns era uma traição à carreira intelectual; para outros era o simples abandono dela para abraçar a política; para alguns mais seria até uma adesão à ordem, uma renúncia ao esquerdismo. Na verdade, qualquer um deles teria aceitado muito honrado o cargo, se tivesse a possibilidade de alcançá-lo. Que é que me fez ministro da Educação?

Provavelmente a repercussão alcançada pela Universidade de Brasília representou um papel importante nesse passo. Mas não foi só isto, naturalmente. Durante todo o período de Juscelino Kubitschek estive encarregado da redação dos capítulos referentes à educação da Mensagem Presidencial.

Também durante o governo Jânio Quadros não só fui confirmado por decreto como responsável pelo projeto da Universidade de Brasília, como cooperei com o presidente, que parecia predisposto, pela primeira vez na história brasileira, a levar a sério o problema da educação. Cheguei mesmo a redigir, com Anísio Teixeira, um projeto prioritário de educação para o Brasil que talvez tivesse sido posto em prática se a história não afastasse Jânio do quadro presidencial.

A tudo isso acresce, ainda, para me aproximar do poder, o fato de que eu era, havia muitos anos, amigo pessoal de Hermes Lima e mantinha boas relações também com o presidente João Goulart. Assim é que, quando em 1962 Hermes assumiu o cargo de primeiro-ministro, ao compor o gabinete, foi natural que se cogitasse o meu nome para o Ministério da Educação. Aquele era, aliás, um gabinete de técnicos que contava também com a presença de Celso Furtado, de Santiago Dantas e de vários outros especialistas.

À frente do Ministério da Educação, apesar do curto prazo em que exerci o cargo, pude fazer alguma coisa. Sendo pessoa da casa, familiarizado com suas práticas, pude entrar logo em ação.

Aprovei o Primeiro Plano Nacional de Educação, pondo em exercício o mandato da Lei de Diretrizes e Bases da Educação Nacional, aprovada pelo Congresso. A mais remarcável das minhas atividades foi, porém, a mobilização do professorado e também da estudantada para uma enorme campanha de escolarização de todas as crianças e de alfabetização dos adultos. Grupos de educadores, de artistas e de pessoas meramente instruídas se mobilizaram no país inteiro, utilizando os métodos mais variados — inclusive e principalmente o método Paulo Freire —, tentando salvar milhões de brasileiros para si mesmos e para o Brasil, fazendo-os aprender a ler, escrever e contar. Igualmente remarcável foi a mobilização cultural que promovemos, tanto através da UNE como criando grupos de agitação comandados por gente do teatro, do cinema e de outros campos.

Recordo com certo orgulho algumas singelas façanhas. A de ter ajudado o prefeito de Natal, Djalma Maranhão, a levar adiante sua campanha "De pé no chão também se aprende a ler", que encheu as praias norte-rio-grandenses de barracões de palha, em que milhares e milhares de crianças se reuniam para estudar durante o dia e os adultos à noite à luz de velas e candeias.

Outra façanha foi criar a Pequena Biblioteca do Professor, de onze volumes, numa tiragem de 300 mil exemplares e que foi dada a cada professora primária em exercício no país. Ainda no campo bibliográfico orgulho-me de ter criado a Biblioteca Básica Brasileira, publicando dez volumes dela, em edição de 15 mil exemplares. A ideia era continuar publicando dez volumes, anualmente, até constituir, quando alcançasse cem volumes, o corpo elementar de obras brasileiras que deviam existir em todas as escolas para possibilitar o nascimento de mais intelectuais saídos do povo.

Por inspiração de Anísio tive também a iniciativa de implantar um programa de distribuição das verbas federais de educação numa razão inversamente proporcional à renda de cada estado. Com isso ajudamos mais substancialmente os estados pobres.

Prossegui como ministro minha campanha para forçar as universidades ao debate de sua própria reforma e pressionei quanto pude as universidades federais a ampliar substancialmente as matrículas que oferecem. Consegui quase dobrar as vagas para medicina.

Reformas de base

Do Ministério da Educação passei ao cargo de chefe da Casa Civil da presidência da República, cujo encargo fundamental é coordenar todo o governo, fazendo-o seguir as diretrizes do presidente. Nestas novas funções tive de enfrentar, além de toda uma enormidade de atividades administrativas, tarefas totalmente novas, fundamentalmente a de dar forma concreta ao movimento nacional pelas reformas de base. Seu objetivo era transformar pela persuasão as arcaicas estruturas legais brasileiras consagradoras do latifúndio e do empreguismo. O fundamental era dar resposta aos seguintes desafios:

- *Como reverter o processo histórico, a fim de romper as muralhas do latifúndio improdutivo e, em lugar da colonização das áreas novas se fazer através do latifúndio, ela se fizesse através de pequenas propriedades?*
- *Como assegurar aos milhões de posseiros e arrendatários rurais que alugavam terras dos latifundiários a preços exorbitantes, sem nenhuma garantia, as regalias então asseguradas aos inquilinos urbanos?*
- *Como pôr em execução a Lei de Remessa de Lucros para colocar sob controle governamental as empresas estrangeiras, a fim de impedir*

a apropriação total das riquezas naturais e o domínio completo do nosso mercado interno, tal como veio ocorrer depois?

O que se pretendia era uma reforma estrutural de caráter capitalista. Elas foram vistas, porém, como revolucionárias em razão do caráter retrógrado do capitalismo dependente que se implantou no Brasil sob a regência de descendentes de senhores de escravos e de testas de ferro de interesses estrangeiros. Jango dizia e eu repetia até a exaustão que com milhões de pequenos proprietários a propriedade estaria mais defendida e muito mais gente poderia comer e educar os filhos. Argumentávamos, com igual vigor, que cruzeiros não podem produzir dólares, isto é, que as empresas estrangeiras poderiam mandar para fora os lucros do capital que trouxeram um dia de qualquer forma para o Brasil, mas não sobre o que cresceu aqui, com o apoio do sistema bancário nacional.

O apoio popular a este programa não poderia ser mais entusiástico. Nem mais fanática a oposição a ele por parte dos latifundiários e dos agentes de interesses estrangeiros. Unidos eles montaram a maior campanha publicitária que se viu no país, para convencer as classes médias de que o governo marchava para o comunismo. O ambiente de odiosidade que se criou dividiu as Forças Armadas e pôs o Brasil sob ameaça de invasão pelos Estados Unidos, a pedido do governo de Minas Gerais. Nestas circunstâncias, João Goulart teve que optar entre deixar-se derrubar ou resistir permitindo que se desencadeasse no país uma guerra civil que podia custar milhões de vidas.

O governo de Jango era reformista, mas a profundidade das reformas que propunha fez com que ele passasse a ser percebido como revolucionário, provocando, assim, uma contrarrevolução preventiva. Caiu porque a única forma de enfrentar uma contrarrevolução é fazer a revolução, e isto excedia a tudo o que aquele governo pretendia.

Seguiu-se o golpe e se implantou o regime militar de 1964, que passa a governar como um negativo fotográfico do programa de Jango, fazendo exatamente o oposto. Em lugar de democracia e liberdade sindical, ditadura e arrocho salarial. Em lugar de milhões de pequenos proprietários, milhões de hectares para superproprietários. Em lugar do controle das multinacionais, a entrega total do Brasil ao controle delas.

Exílio

Em abril de 1964 me vi no exílio junto com Jango no Uruguai. Durante os primeiros anos pensei sempre que aquele seria um exílio de seis meses. Na verdade, foi longuíssimo, alongando-se pela Venezuela, Chile e Peru e me levando também em viagens de trabalho a muitos países europeus.

A opção de ficar na América Latina, recusando as oportunidades de ir para Paris ou Roma, foi a decisão mais sábia que fiz na vida. Ela me possibilitou a reconstrução de mim mesmo como intelectual. Na Europa teria continuado minha etnografia indígena como um mero etnólogo de gabinete e viveria sempre sob o risco de me converter num basbaque, como aconteceu com tanta gente. Em lugar disto, no Uruguai, me fiz um brasileiro mais consciente e aprendi a ser latino-americano. Em consequência, hoje sou mais lido nos países da América Latina do que no Brasil.

O exílio me foi mais leve do que para muitos companheiros de desterro. Na semana em que cheguei ao Uruguai fui contratado pela Universidade como professor de tempo integral. Desde então vivi entrosado com os colegas e com a intelectualidade uruguaia. Colaborei no planejamento e na realização da *Enciclopédia cultural uruguaia*, dirigida por Angel Rama, e dirigi um Seminário da Reforma da Universidade do Uruguai, de que resultou seu programa de reestruturação, o Plano Maggiolo.

Nos dez anos seguintes, com base na minha experiência na Universidade de Brasília e na Universidade do Uruguai, andei por toda a América Latina dirigindo seminários de reforma universitária e elaborando planos de reestruturação. Isto é o que fiz para as universidades nacionais da Venezuela, do Peru, e para a criação de novas universidades na Argélia e na Costa Rica.

No exílio prossegui também na militância política, tanto junto com meus companheiros brasileiros, especialmente Jango e Brizola, como junto aos governos latino-americanos que mais se esforçaram para romper com a dependência e com o atraso.

No Chile, trabalhando como assessor de Salvador Allende, me vi posto naquela terra de ninguém da vida social que é onde me sinto mais a gosto: entre a realidade da história de um povo numa instância de transformações revolucionárias e a utopia concreta de seu próprio projeto de transfiguração.

Nunca participei de um empreendimento tão radical e tão generoso. Ali repensávamos com ousadia o mundo que era e planejávamos, ainda mais ousadamente, os mundos que deviam ser. Allende tentava uma façanha equivalente à de Lenin como líder da Revolução Russa. Rompendo com os clássicos — que postulavam a revolução de Marx como o coroamento e a superação do capitalismo mais maduro —, ele procurava encontrar os caminhos do socialismo do atraso, através da ditadura do proletariado, que construiria o desenvolvimento econômico-social onde o capitalismo fracassou.

A tentativa de Allende era ainda mais ousada. A partir da precária sociedade chilena, mas dentro de uma conjuntura histórica excepcionalmente favorável, ele buscava as vias da edificação do socialismo em liberdade, dentro de um regime pluripartidário.

Vale dizer que o socialismo que deveria florescer na França ou na Itália pela unificação dos seus grandes partidos de esquerda — o socialista e o comunista — queria medrar no Chile, pelas mãos de Allende. Nós, guiados por sua lucidez e temeridade, pensávamos o impensável até então, enfrentando, de um lado, a direita que conspirava e, do outro lado, a esquerda desvairada pela obsessão de converter a vida chilena no caminho cubano.

Mesmo hoje, passados tantos anos e depois do desastre, do assassinato de Allende e do drama em que mergulhou o povo chileno, continuo convencido de que ele teve uma boa chance de acertar. Suficiente para que tentasse. Afinal, só não erra quem jamais tenta acertar, e só acerta quem ousa, aceitando a margem de risco que sempre existe. O certo é que a direita chilena e a reação internacional, mancomunadas contra o Chile socialista, jamais tiveram dúvidas de que, sobrevivendo dois anos mais, Allende consolidaria o socialismo em liberdade, abrindo perspectivas para a revolução latino-americana.

Fracassamos, é certo, mas ficou como uma das façanhas maiores de nosso tempo — ao lado da ousadia temerária do Che, que dignificou as esquerdas que estavam todas burocratizadas — a lição inesquecível de que o socialismo em liberdade é alcançável e um dia há de concretizar-se. Com ele saltamos do funcionário da revolução ao herói histórico.

No Peru criei, com apoio da Organização Internacional do Trabalho e do Programa das Nações Unidas para o Desenvolvimento, o Centro de Estudos de Participação Popular, destinado a ajudar a equipe do Sinamos, liderada por Carlos Delgado, a pensar a revolução peruana.

Nessa tarefa esteve engajado todo um amplo grupo de cientistas e de ativistas políticos, peruanos e estrangeiros. Queríamos nada menos que reverter as teorias e as práticas do planejamento governamental. Em lugar de projetar para o futuro as tendências naturais do crescimento da sociedade, procurando incrementar algumas delas, ou de propor a criação de polos de desenvolvimento, com a ideia de que eles ativariam áreas do país ou setores da economia, optamos pelo caminho oposto.

Com base na metodologia da experimentação numérica desenvolvida por Oscar Varsavsky, queríamos colocar no computador um simulacro da população peruana com os índices de incrementos de todas as suas características mensuráveis, para construir com ele o modelo de um Peru desejável para o ano 2000, em termos de atendimento das necessidades básicas de todos os peruanos.

Uma vez construído aquele ponto de chegada, retornaríamos à população existente em suas condições concretas de então, para ir desenhando as linhas de ação que lhe permitiriam alcançar, passo a passo, aquelas metas.

Esse procedimento visava superar a ideologia cepalina do desenvolvimento pela industrialização substitutiva que, regida pelas multinacionais, resulta na recolonização industrial do país, como sucedeu com o Brasil. Em lugar da ilusão de que acumulando fábricas estrangeiras e grandes empresas agrárias de exportação acabaríamos reproduzindo a Revolução Industrial e alcançando o desenvolvimento autônomo — o que nunca deu certo em lugar algum —, nós prefigurávamos uma utopia concreta do atendimento das necessidades da população, compreensível para toda a gente, a ser alcançada através do seu próprio esforço, etapa por etapa, em termos de níveis de empregos, de fartura alimentar, de facilidades educacionais, de serviços de saúde, de moradias, recreação etc. etc.

Nosso modelo cibernético de sociedade socialista lamentavelmente não pôde ser montado. Assim é que o mundo deixou de ver, por via de experimentação numérica, uma utopia computacional que permitisse jogar com números dentro de um computador — em lugar de jogar com pessoas dentro da história — para prever os efeitos das políticas sociais. Eu, que sempre achei muito mais complicado desmontar e remontar uma sociedade do que uma vaca, com a capacidade de mugir melhor e de dar mais leite, não me consolo de que não se tenha concretizado aquele experimento.

IX
Pensando

Cunhãmbebe

Eu estava em Paris quando das comemorações do centenário da Revolução Francesa. Visitei as livrarias parisienses atento para a torrente de livros que se publicam sobre a Revolução. É espantosa em sua variedade, riqueza e colorido. Vendo-os, descobri até que neste mesmo ano de 1989 comemora-se o célebre *Bill* dos ingleses. Nada achei foi sobre meus inconfidentes, o que é imperdoável, uma vez que também eles, nós, somos efeméride.

Decidi também ir ver a exposição aberta no Grand Palais, sob o patrocínio da Comunidade Econômica Europeia, sobre a Revolução Francesa. Percorri-a atentamente várias vezes, sempre em espanto. Vi seus vários salões, pasmado com a visão que ali se exibe sobre a Revolução Francesa que os europeus veem. Teria eu me enganado, incapaz de ver o que ali se expunha, como a verdade da Revolução Francesa? Ou a minha verdade da Revolução Francesa é tão outra que ali não podia mesmo estar?

Reconstituamos, aqui, em palavras, o que lá vi. Na abertura da exposição, todo um estoque de retratos primorosos, devidos aos maiores pintores da época, nos mostravam a nobreza europeia contemporânea da Revolução em sua glória. Eram príncipes e reis, princesas e rainhas, nobres de todas as escalas e para todos os gostos, retratados em suas vestes de sedas e arminhos, portando suas condecorações e joias resplandecentes, desfilando seus suntuosos penteados. Tudo ali, até o público, parece pronto a bradar: Viva o Rei! Viva o Rei!

Passei, em seguida, aos salões consagrados aos sábios e descobridores, que estavam então revisando toda a visão humana do mundo. É uma boa mostra, montada com a segurança de quem bem sabe o que se supunha ser a visão triunfal, positiva, científica e verdadeira da natureza das coisas. A visão em que se teria fundado a Revolução Francesa.

Vi ainda, atentíssimo, os registros dos primórdios da Revolução Industrial e diversos projetos de máquinas-prodígio. Eu, sempre procurando minha Revolução Francesa, já inquieto de não a ver, indagava, aflito: Onde está o Terceiro Estado? Não houve? Não há?

Afinal, já no fim, deparo com os personagens que, para mim, encarnam a Revolução Francesa. Lá estavam todos eles, bem maquiados, penteados, formosíssimos. Meu espanto cresceu mais ainda de vê-los assim:

O conde Mirabeau me surpreendeu com sua cara bexiguenta demais, e sua estranha boca queimada, não pela palavra de Deus, como Isaías, mas, talvez, pelo fervor revolucionário de quem fora a voz mais sensata da Revolução. Nada achei que recordasse o seu dia de suprema glória, em que foi sepultado no Panteon por uma imensa multidão de revolucionários franceses. Nem do seu dia, mais glorioso ainda, da antiglória, em que foi despanteonizado pela mesma Revolução.

Danton, o terrorista tenebroso, o orador de voz cavernosa, que exigia da Revolução mais e mais Revolução, lá estava também, pintado em tecnicolor.

Robespierre, meu bravo Robespierre, eu vi esculpido duas vezes e era sempre uma gracinha, tanto em rapaz quanto homem feito, às vésperas da guilhotina.

Vi também, no original, o célebre quadro de Davi, sobre Marat, o preclaro Marat do contrapoder e dos vaticínios tenebrosos. Lá estava ele como o cadáver do mártir, lancinante. Impressionou-me ainda mais outro quadro de Davi, posto lá, mostrando a morte de Bara, representada como um hermafrodita, na graça de uma morte gratuita. Uma beleza de pintura; um horror.

Lá estão todos eles, docemente consumíveis, por franceses e europeus exaustos de ideologias, enfarados de revoluções. Esta é a visão de uma Europa próspera e gorda, que se preocupa o máximo com o verde de seus jardins e dos jardins alheios. Incapaz, já, de qualquer fervor.

Quem é que eu buscava lá, tão freneticamente? Busquei por todos os cantos. Busquei — e não encontrei — foi a encarnação maior da Revolução: a Guilhotina. A célebre Guilhotina, que decapitou milhares de reacionários e de revolucionários. Foi arquivada para qualquer uso, até mesmo para o mero uso de se ver, como peça de museu. Descontente, perguntei a um guia e depois a outro:

— Cadê ela? Cadê ela? Cadê?

Em vão. Vocês devem estar se perguntando, a essa altura, que Revolução Francesa é a minha. Será só a do terror? Sim. Minha Revolução Francesa é a do povo alçado. Sim, minha Revolução Francesa é a do poder contra a ordem, matando para reinventar a vida, refazer a sociedade, criar um mundo mais habitável. Um mundo com espaço para os direitos dos outros. Sim, minha Revolução Francesa, de que me ocupei sempre como intelectual, aquela que foi e é um dos meus temas prediletos, é a que encarna e consagra a visão nova do mundo — dos que querem passar este mundo a limpo. Nova então, e nova aqui e agora. Como a revolução dos irredentos, dos inconformados, dos subversivos. Frente a ela, todo o mundo, este Brasil nosso, está dividido. De um lado, ficam os que estão contentes ou, pelo menos, conformados com o mundo, tal qual é. Do lado oposto, os que estão revoltados com essa realidade de injustiça e opressão, de fome e dor. Correlativamente, é assim também, em dois bandos, que se dividem as visões da Revolução Francesa: há a dos que a olham com horror e há a dos que a veem como esperança. Há a dos que se agarram no relógio do tempo, tentando a qualquer custo paralisá-lo.

E há a dos que anunciam futuros desde sempre sonhados de mundos menos imundos.

Minha Revolução Francesa, posta lá atrás, no passado, está é à frente, como um horizonte da nossa luta para criar uma democracia em Liberdade, Igualdade e Fraternidade. Velhas, vetustas bandeiras que encarnam fundos anseios meus. Meus, bem sei, mas que são também anseios dos homens. Velhos anseios, tão velhos, como os ossos dos nossos antepassados mais prístinos.

Socialismo, para mim, é isso aí: a vontade de edificar, no futuro, uma civilização tão solidária como a da sociedade tribal não estratificada. Isto foi o que a Europa aprendeu com nossos índios e levou três séculos digerindo, até cair na baderna pantagruélica da Revolução Francesa, para forçar a história a parir a liberdade, em igualdade e fraternidade.

Tudo começou, de fato, séculos antes, no primeiro encontro do Velho Mundo com o Mundo Novo — as Américas. Quem não pode figurar na imaginação aquele encontro-desencontro da praia baiana: os índios, na areia, pondo a mão em pala sobre os olhos para ver melhor o prodígio que vinha do mar bravo — barcos de velas enfunadas, enormíssimos? Os lusos, na beira da nau, olho aceso, olhavam o espetáculo daquele gentio desnudo, pintado e emplumado.

As duas visões, recíprocas e opostas, começaram a entretecer naquela hora o entendimento de si mesmas. Aos olhos dos índios e a seus narizes tapados, a estranha gente que chegava do mar grosso fedia demais. Era feíssima, brancarrona, magríssima, hirsuta e toda chagada de escorbuto. Para piorar sua imagem, vinham envoltos em molambos sujos, que os faziam ainda mais espantosos.

A visão oposta era paradisíaca. Naquele mundo cálido, verde e florido, surgia, aos olhos dos recém-chegados, uma humanidade em flor. As moças, mais belas que as de Lisboa, com suas graças e vergonhas à mostra, regateiras, ficaram logo a fim de transar, assim que os marinheiros se banharam. Os rapazes tocavam, maravilhados, sopesavam, encantados, as espadas, os chuches metálicos, os chapéus de feltro, as botas de couro. Começou ali a troca de espelhinhos, miçangas e bugigangas, por brasis que fazemos até hoje.

Os dois degredados que ficaram na costa — um deles meu parente, pois se chamava Alonso Ribeiro — se converteram logo em cunhados das gentes de todas as aldeias que se ficavam em torno, pois se casavam com todas as moças que lhes traziam. Viraram, assim, intermediários nas trocas dos bens preciosíssimos trazidos pelas naus pelos frutos da terra. Ofício até hoje lucrativo e gozoso.

Os relatos desses desencontros, e do convívio que se seguiu, viraram a cabeça dos pensadores europeus. Os teólogos, se perguntando se o mundo paradisíaco encontrado não seria o paraíso perdido. Os filósofos, constatando que os antepassados humanos talvez não fossem os eremitas bíblicos, entregues à reza e ao jejum, ou só comendo raízes amargas, mas aquela humanidade louçã. Nasce ali, então, o chamado homem natural, a ideia da inocência original e o bom selvagem.

A melhor configuração ideológica dessa nova visão do mundo surge já em 1516, com a *Utopia*, de Thomas Morus. Sua sociedade perfeita, inspirada na imperfeição dos nossos Tupinambás, passa a ser a tábua de valores com que melhor se podia ver e entender as sociedades europeias contemporâneas.

Com o surgimento da louca falante e do seu amigo Erasmo, que ousa pensar na cordura selvagem, a análise se aprofunda. Seguem-se discursos cada vez mais subversivos. Rabelais, com seu *Gargântua e Pantagruel*, faz a crítica mais oblíqua, mas também a mais realista do mundo europeu. O debate vai adiante, com Montaigne, em seu ensaio sobre os *Canibais*, onde faz o elogio mais rasgado da sabedoria selvagem.

O texto mais agudo dessas tertúlias é a *Tempestade*, de Shakespeare, que até hoje me enche de espanto. Seu Caliban, que eu tento reencarnar na minha *Utopia selvagem*, é a própria consciência crítica latino-americana em busca de si mesma. Quando Bolívar, séculos depois, se lança à luta para criar a Nação Latino-Americana, sua linguagem é a de Caliban. Efetivamente, é no mesmo tom que ele pergunta quem somos nós, mestiços americanos, se já não somos europeus, nem somos índios e tampouco africanos? Qual é o destino — perguntava ele, como nos perguntamos — dessa pequena humanidade nova que somos?

Mas não foi, provavelmente, Caliban quem inspirou Bolívar. Foi, muito mais, Rousseau e Montesquieu. Funda-se nos seus textos a nostalgia da Idade de Ouro que encontra em Rousseau sua formulação política prospectiva, que inspira Diderot e os enciclopedistas e, por via deles, os jacobinos da Revolução Francesa.

Mais ativamente ainda, inspiraria a contrarrevolução, que se assanha contra as ideias subversivas que esvoaçavam sobre todas as cabeças mundo afora. Assim é que no encalço dos pensadores revolucionários começam a surgir os críticos reacionários: entre eles todos, o mais brilhante foi o sacana do Voltaire. Em sua implicância contra Rousseau e suas ideias generosas da bondade natural do homem e sobretudo contra a perigosa ficção do contrato social, ele compõe dois diálogos perversos e uma novela pervertida.

No Brasil, essas lutas pelas ideias surgem muito precocemente. É verdade que no meio das maiores contrafacções. A principal delas foi, certamente, a protagonizada pelos jesuítas. Esses soldados da Contrarreforma, criados para combatê-la, logo depois de aqui chegarem e se instalarem nessa nossa cidade de São Paulo — que eles fundaram para acabar com João Ramalho, o português que mais cunhados e descendentes tinha no Novo Mundo —, ainda ocupados em acabar com a pouca-vergonha dos lusos, veem surgir, aqui no aquém-mar, bem viva, a Reforma, encorpada por centenas de calvinistas que desembarcam no Rio de Janeiro querendo criar nas praias cariocas o reino perfeito de um Deus huguenote.

Desencadeia-se a guerra: os jesuítas juntando todas as tribos amigas para acabar com as tribos amigas dos franceses. Foi no Brasil, na metade do século XVI, que se deu a guerra mais cruenta entre Reforma e Contrarreforma. Nela morreram mais de 10 mil índios dos dois lados opostos, ambos sem saber por que lutavam e por que morriam. Morreram, também, é certo, uns vinte brancos distraídos, que custaram demais a fugir.

Nos séculos que se seguem, prosseguem essas lutas de ideias e de sangue, da liberdade contra a opressão, do direito contra o arbítrio. Assim foi, até que ela assumiu sua feição mais eminente e mais estridente, com a Independência Americana e sua Constituição Republicana que levantaria meu povo mineiro com um brio que nunca mais exibimos. E logo depois, a Revolução Francesa, com a sua Declaração dos Direitos Humanos e os clamores de clarinada da *Marselhesa*, que até hoje nos ressoam e nos comovem. Ainda que só comovam a nós povos e países que ainda não deram certo.

O certo, porém, é que desde então a humanidade vive vidrada pela visão dessas nossas instâncias maiores, inspirada nos índios de Cunhãmbebe. Seja tentando prosseguir na busca de utopias com a coorte dos irredentos, seja brigando para retê-la, com as tropas da reação e da contrarrevolução. E sempre nos vencendo. Agora até com a desfaçatez de afirmar que nada disto houve, nem há, tudo são ilusões esquerdistas.

O certo é que cada um de nós leva no peito, indelével, a bandeira dessas polêmicas e lutas. Por isto é que intitulei essa minha fala de "A Revolução Francesa de cada um de nós".

Marxismos

Há pouco mais de cem anos morria na mais triste miséria, em Londres, um judeu banido e triste: Karl Marx. Desde então ele não deixa ninguém dormir. Uns, lendo e relendo insaciáveis suas teorias do homem e da sociedade e querendo colocá-las em prática. Outros, com medo de que se concretizem aquelas mesmas teorias.

Nada na vida intelectual é mais intrigante para mim do que o mistério da sobrevivência de Marx. Suas obras escritas há um século ou século e meio continuam mais vivas e influentes do que todas as que se escreveram depois. Grande parte delas para contestar a Karl Marx.

A primeira questão que se coloca é este valor de atualidade das teorias de Marx. Não pode haver dúvida a respeito quando se verifica que suas obras estão sendo discutidas e republicadas mais intensamente do que a de todos os pensadores sociais que o sucederam. Por quê? Além de discutidas, as obras de Marx são objeto de edições, críticas, de análises exegéticas, bem como de contestações e polêmicas como nenhuma outra. Ocorre até um fenômeno de revalorização cíclica, que faz suceder, a tempos de grande entusiasmo marxista, períodos de desinteresse.

Algumas de suas obras, depois de décadas de esquecimento, voltam de repente a chamar a atenção suplantando toda biografia posterior.

Há também com Marx o caso espantoso de obras inéditas dele, às vezes simples notas de estudos, borradores, que ele jamais pensou em publicar, mas que uma vez lançadas a público, provocam polêmicas acaloradas. Como entender essa vitalidade extraordinária?

Chama a atenção igualmente a validade atribuída às obras de Marx, por estudiosos das especialidades mais diferenciadas, havendo o caso daqueles que, segundo suas tendências, preferem Marx jovem, como o dos que preferem o maduro. Há, ainda, os que veem nele o mero clássico do seu campo, com o qual não se identificam, mas cujas contribuições estão longe de desprezar; e obviamente, também, os fanáticos antimarxistas, que dedicam sua vida intelectual a combater a peste onde quer que ela viceje.

Não é exagero dizer que para a maior parte das ciências humanas a obra de Marx é considerada basilar. Assim é para a história e a economia como para a sociologia, para a ciência política como para a antropologia, além da psicologia, a psicanálise, a filosofia etc. etc. Qual é a explicação desta universalidade e de tamanha valorização?

Outro aspecto assinalável dessa questão é que para cada um desses campos a bibliografia mais reputada é constituída em grande parte por obras de polemização com Marx. Vale dizer que mesmo aqueles que se opõem às suas ideias não podem desconhecê-las. Ao contrário, constroem suas obras digerindo Marx. Muitos desses ruminadores, empenhados embora em demonstrar que seus clássicos são outros, a seu pesar, voltam sempre explícita ou implicitamente a dialogar com as teses de Marx.

Seu vulto e sua importância são tamanhos que, em face dele, Comte e Spencer calam e empalidecem. Durkheim, Pareto, Veblen, Sorokim, Mannheim e Aron ruminam. Spengler, Toynbee e Kroeber desconversam. T. Parson, Radcliffe-Brown e Lévi-Strauss particularizam. Como se vê, trata-se em alguns casos da suplantação por Marx de seus contemporâneos e sucessores. Em outros casos, da imposição tão opressiva dos temas de Marx sobre eles, que encontram saída recuando para particularismos ou fugindo do debate. Nos melhores casos trata-se de vidas intelectuais fecundas, mas desgastadas em polemizar com Marx num esforço desesperado para fugir à tentação de acatá-lo.

Para uns a temática de Marx, lida em suas obras ou redescoberta na pesquisa e no estudo, constitui objeto fundamental de meditação. Outros, consumindo um Marx de segunda ou terceira mão, fazem do marxismo uma paródia de que se descartam alegremente.

Até aqui tratamos os opositores, mas há também toda a multidão dos que aderiram a Marx. Seja criticamente a partir do seu campo de cultivo do saber, dentro do qual buscam retomar a perspectiva de Marx e incorporar suas contribuições. Esse é o caso de Max Weber, de Marcuse, de Sartre, do Hobsbawm, de Leslie White, de Gordon Childe, de Habermas. Outro é o caso de pensadores políticos que buscaram herdar Marx por inteiro, vale dizer, tanto o pensador quanto o militante socialista e revolucionário. Aqui se situam, primeiro, os companheiros de Marx, com os quais polemizou muitas vezes, mas cujas obras, elaboradas como desdobramentos ou divulgações da sua própria, se tornaram clássicas. Estão nesse caso, em lugar de destaque, Engels e, a distâncias crescentes, Kautsky, Plekhanov e Bukharin. Vêm a seguir os revolucionários marxistas em que encontramos na primeira fila Lenin e Trotski, Stalin e Mao Tsé-tung, Fidel Castro e Ho Chi Minh, enquanto revolucionários exitosos. Como teóricos, compelidos a pôr em prova de fogo as teorias de Marx, frente a situações históricas concretas, conseguiram acrescentar algumas contribuições originais. Ainda nesse grupo de clássicos se situam os revolucionários fracassados, que tanto no calor da luta como depois, no esforço de reflexão sobre a derrota, enfrentaram problemas teóricos que lhes permitiram levar adiante o pensamento de Marx. Lembro-me comovido principalmente de Rosa Luxemburgo, Gramsci, Lukács e Togliatti e nosso Mariategui.

De todos eles sobreviveram, até dias próximos de nós, muito poucos. Principalmente Mao Tsé-tung, enquanto esteve à frente da China, responsável pelo maior esforço de repensar Marx, à luz dos condicionamentos da maior das revoluções sociais. Aqui também se situa Fidel como o único protagonista de uma revolução original que não é parida pela derrota numa guerra, nem surge na esteira de exércitos vitoriosos ou nos conflitos decorrentes de guerras de libertação nacional, mas como o fruto e produto de um projeto revolucionário voluntarista através de uma intervenção racional na história. Lukács é um caso à parte; emparelhado dentro de uma revolução autocontida, se configurou como um heterodoxo em face dos marxismos modernos.

Exceto seu caso particular, todos esses pensadores marxistas não apenas exploraram as potencialidades explicativas de suas próprias revoluções como pagaram um preço por ela, que consistiu, principalmente, em escrever obras circunstanciais, elaboradas ao calor do combate. Nós os encontramos mais vezes buscando soluções para problemas cruciais no plano da ação do que construindo sistemas coerentes de explicação. Outro percalço advém da exigência da própria ação sobre a teoria, em que razões de conveniências práticas ou motivações circunstanciais desencadeiam polêmicas, provocam depurações e cristalizam axiomas ao arrepio do pensamento de Marx.

Os núcleos modernos de criatividade marxista podem talvez ser reduzidos a três quanto a suas orientações. O soviético, difundido desde Moscou, mas plantado por toda parte, é uma ortodoxia infecunda. Sua qualidade positiva é a fidelidade aos textos clássicos que difunde generosamente. Sua deficiência maior decorre da necessidade de definir e defender, em nome do marxismo, diretrizes políticas que respondem na verdade a razões de Estado ou a contingências de uma política de potência mundial. Mas sobretudo pelas condições de uma revolução encurralada no plano internacional e pela necessidade de opor ao mundo capitalista uma ameaça paralisante de represália que garanta sua própria segurança, o que resulta numa opressão interna cada vez mais insuportável. Nada disto, porém, explica nem justifica a espantosa infecundidade teórica do socialismo real, senão a condenação que recai fatalmente onde existe uma verdade oficial e se proíbe errar segundo critérios burocráticos; e é isto o que sucede naquelas sociedades estancadas por ditaduras partidárias nominalmente proletárias.

Outro núcleo de criatividade marxista, também infecundo devido à sua orientação exegética, é o cultivado na Europa capitalista, principalmente na França, como imensos esforços acadêmicos por encontrar nos textos de Marx respostas para todas as indagações, mas sem nenhuma capacidade ou disposição para olhar o mundo das coisas com a mirada de Marx. Há um terceiro núcleo, embora incipiente, porém mais ativado que os outros pela ideia de uma revolução possível, que é o dos revisionistas do Terceiro Mundo. Eles se opõem ao núcleo exegético principalmente pela necessidade de questionar os clássicos, cujas visões deformadas do mundo extraeuropeu e cujo arcaísmo com respeito aos processos sociais em curso não são conciliáveis com sua percepção da realidade circundante e com o imperativo de formular uma teoria operativa da revolução socialista nas condições presentes das nações subdesenvolvidas.

Naturalmente, essas qualidades críticas do revisionismo representam mais aspirações que realidade. Contudo, como elas correspondem às condições específicas de desafio teórico que enfrentam, contêm potencialidades que mais cedo ou mais tarde vão florescer. No momento presente, sua virtude única é seu descontentamento que o opõe frontalmente a todos esses marxismos ortodoxos, de fato tão exacerbados, que horrorizariam o velho Marx.

Voltemos, agora, às indagações iniciais sobre a atualidade, a vitalidade e a universalidade das teses de Marx. A primeira observação que se impõe é que essas qualidades dizem respeito a Marx e não aos marxismos. Vale dizer, ao seu núcleo básico de estudos e não aos desdobramentos, aplicações e reformulações a que deu lugar na forma de catecismos mais ou menos ortodoxos. Marx, elaborando uma teoria explicativa da dimensão social totalmente comprometida com a militância política para a transformação revolucionária da sociedade, se colocou numa posição irredutivelmente polêmica. Era inevitável, por isso, que sua obra fosse não só questionada no plano acadêmico, como qualquer outra teoria explicativa, mas também contestada no plano político por aqueles que não desejavam uma transformação revolucionária da sociedade.

Mas se tudo isto explica a reação polêmica à obra de Marx, não explica sua sobrevivência nem seu valor de atualidade. Para isto devemos buscar outra causa. Ela está, a meu ver, na validade científica da obra de Marx, que superando a contestação mais cuidadosa, veemente e até implacável de algumas das inteligências mais brilhantes de seus conterrâneos, contemporâneos e de seus sucessores, sobrevive a todas essas provações. É inegável que aqui também estamos diante de um argumento, pelo menos, parcialmente verdadeiro. No entanto, ele apenas assevera a validade da obra de Marx, uma vez que o elemento de comprovação da validade por nós utilizado é tão só sua resistência às críticas.

Uma terceira ordem de argumentos seria a de que Marx sobrevive é pelo caráter genérico de sua obra, que, tal como a Bíblia, por exemplo, tratando de tudo, sempre ao modo de generalizações vagas, pode servir indefinidamente de inspiração a estudiosos, como fonte de autoridade, sustentando as posições mais contraditórias. Efetivamente a obra de Marx tem um caráter muito geral e os textos marxistas um caráter frequentemente genérico. Esse seria o caso, por exemplo, das tentativas de Engels e de muitos dos seus servidores de aplicar o materialismo dialético a todos os campos do saber, o que, além de uma temeridade, parece ser mera tolice filosófica.

O valor de atualidade das teorias marxistas tem uma outra explicação mais convincente, embora enormemente ambiciosa. Estaria em que as teses principais de Marx constituiriam uma primeira formulação de uma ciência geral da sociedade que não foi levada à frente — seja porque a ciência social está academizada, seja porque o marxismo se dogmatizou —, e subsistiria como um esforço único, para o qual teriam que apelar obrigatoriamente os pensadores sociais de todas as especialidades, como sua fonte principal de inspiração. A obra de Marx constituiria, assim, uma espécie de denominador comum da história, da sociologia, da economia, da antropologia, tal como cada uma delas se cristalizou, tão departamentalizadas. Um denominador comum inexplícito e para muitos até inconfessável e por isso mesmo jamais elaborado, como seria necessário para se incorporar à ciência.

O argumento é especioso! Primeiro, porque parte do reconhecimento da importância da contribuição de Marx por parte de alguns especialistas nas ciências humanas, para inferir daí uma suposta validade comum. Segundo, porque atribui à obra de Marx o caráter de corpo de saberes, espécie de ciência elementar de sustentação das demais Ciências Humanas que, todavia, não teria sido incorporada às mesmas. Essa carência explicaria as suas principais deficiências.

Levando adiante o argumento, poderíamos indagar se as vicissitudes da obra de Marx — permanentemente questionada mas jamais contestada, fielmente cultuada mas raras vezes cultivada com fecundidade — se deveriam ao radicalismo das duas ordens de reação contraditórias que provocaram. Por um lado, a negação pelo que veio a ser a ciência oficial com voz nas universidades tão comprometidas com a sustentação ideológica da ordem vigente que não podia retomar como seus os temas tratados por Marx, em virtude de seu caráter irredutivelmente revolucionário. Por outro lado, a dogmatização do marxismo por parte dos movimentos revolucionários e da inteligência oficial a que deu lugar nas sociedades socialistas. Os primeiros viram em Marx, principalmente, o ancestral humanístico dignificador de valores políticos de que não participavam; para os outros, o marxismo seria uma ortodoxia que deveriam cultuar ritualisticamente como condição de fazer carreira.

É provável que esse argumento tenha algo de verdadeiro. Mas não contém, visivelmente, toda a verdade. Por um lado, ele funcionaliza a ciência acadêmica que não poderia nesse campo ter e manter uma coerência ideológica estrita, nem uma fidelidade tão explícita à ordem e ao sistema, qualidades que não revela em nenhum outro setor.

Os movimentos revolucionários e a intelectualidade socialista, por sua vez, ainda que politicamente condicionados em seus trabalhos teóricos, estão desafiados a dar respostas a tantas questões candentes, que acabariam por romper com o seguidismo e com a ortodoxia. Não seria, portanto, apenas a contradição entre uma vocação conservadora oposta a uma vocação revolucionária que explicaria estas discrepâncias. O dogmatismo de uns e o empirismo de outros seriam, talvez, contingências decorrentes de que os pensadores de cada campo, cultuando seus próprios arbítrios, colheriam os frutos que lhes correspondem.

Não serei eu o juiz que esta polêmica exige. O que posso dar aqui é meu testemunho, feito principalmente de espantos diante do vulto de Marx. Vivi minha vida intelectual embolada com ele, querendo ficar possuído do seu espírito e me livrar dele, mas querendo construir suas utopias que fiz minhas no mundo das coisas. Creio até que foi Marx quem me fez antropólogo, por uma boa razão de ter lido, aos 20 anos, o clássico de Engels, *A origem da família, da propriedade e do Estado,* que tantos anos depois tentei reescrever em *O processo civilizatório.*

No curso destas décadas aprendi muito Marx. Aprendi principalmente a admirar a vastidão de sua erudição antropológica de que a maioria dos antropólogos acadêmicos não tem a menor ideia. Marx absorveu toda informação disponível no seu tempo sobre povos, raças, civilizações, guerras, conflitos e tudo reelaborou, menos na forma de uma macroeconomia, como se pensa geralmente, mas na forma de uma meta-antropologia que dá aos homens e à sociedade a teoria de si mesmos.

Nunca pude aceitar aquilo que correntemente se atribui a Marx como sendo o centro de seu pensamento: a insistência de que toda história é feita só de luta de classes. Isto é afirmado com base numa frase do *Manifesto comunista.* Não é assim, e Marx o sabia muito bem. Milênios antes de haver classes, havia lutas interétnicas e inter-raciais entre povos extremamente diferentes e com ânimos mais hostis que solidários uns em relação aos outros.

Para mim, como para Marx, a verdade é que, uma vez que a sociedade humana se estratifica em classes, opostas entre si ainda que interdependentes, os conflitos entre seus respectivos interesses passam a ser o principal motor da história. Ainda assim não há como negar que conflitos inter-raciais, interétnicos e internacionais, irredutíveis aos antagonismos de classe que contêm, continuam a motivar povos em lutas, motins, insurreições e guerras.

Só pondero nesta altura que estas questões devem ser vistas à luz da concepção antropológica da cultura, que é aquilo que humaniza os homens e lhes permite engendrar *modus vivendi* que viabilizam a convivência humana dentro de toda essa conflitualidade. A percepção genial de que a vida social se explica mais por antagonismos do que por interdependências, a assunção de uma postura ética e utópica diante da sociedade, e a ideia de que a história é suscetível de intervenções intencionais de caráter transformador, que são as revoluções, constituem, a meu juízo, a razão de ser verdadeira da sobrevivência do pensamento de Marx.

É fácil indicar contradições em Marx, mesmo porque, ao longo de sua vida, ele reviu muitas de suas concepções. É também possível apontar desacertos dele e não poucos. Entretanto, a maioria dos corrigidores e revisores de Marx atiram no vazio. Seja porque supervalorizam aspectos irrelevantes de sua obra. Seja porque os vaticínios não cumpridos de Marx permanecem vivos, enquanto utopias ou como determinações do destino humano.

Um erro frequentemente atribuído a Marx é a frustração de sua expectativa de que o proletariado iria prevalecer rapidamente sobre todas as outras classes. Isso não ocorreu! Entretanto, se definirmos como proletariado não o operariado fabril, mas ampliando o conceito para todo o corpo dos assalariados, isso ocorreu. Embora o proletariado urbano e o campesinato, tal como Marx os conheceu, tenham obsolescido, só cresceu o número de pessoas que vendem sua força de trabalho.

É também o caso da revolução de Marx, concebida para situações de superação do capitalismo onde ele exaurira completamente suas potencialidades, e onde os trabalhadores fossem mais numerosos e os sindicatos mais fortes. Não foi assim; o que ocorreu na história como efetivação do socialismo não se deu como superação do capitalismo plenamente desenvolvido, mas em substituição deste, onde ele não medrou suficientemente, condenando a respectiva sociedade ao atraso. Assim é; mas, em compensação, surgiu uma inesperada via evolutiva do socialismo como a escandinava e outras que se andam tentando por aí, dentro do ideário tão marxiano do socialismo em liberdade.

Ultimamente, entrou de novo em moda afirmar a morte de Marx e do marxismo. Não é impossível que isso aconteça e seria até desejável. Não há, porém, nenhuma possibilidade de que isso se faça, através da economia de mercado, como a porta da felicidade humana. Uma superação concebível do marxismo, ainda que consista num desafio mais complexo que qualquer outro, seria a associação de uma ciência social, comprometida com o destino humano, com uma nova institucionalidade política, que possibilite realizar as melhores potencialidades humanas. Falo de realizá-las autenticamente, dentro das ambições de Marx. Ele próprio a descreveu uma vez como a explicitação absoluta pelo homem de suas faculdades criadoras, sem outro requisito prévio que a evolução histórica precedente que tornará a totalidade dessa evolução um fim em si mesma. Marx conclui elegantemente seu raciocínio com esta pergunta que ecoará nos próximos milênios: Que será isso, senão uma situação na qual o homem não se reproduza a si mesmo de uma forma determinada, senão que produz sua totalidade; em que não procura perdurar como algo formado pelo passado, mas se coloca no movimento absoluto do *devenir*?

Sem medo de pensar Cuba

Estive em Havana em maio de 1989, para as comemorações do trigésimo aniversário da Revolução Cubana. Ali fui condecorado com um grupo de intelectuais por Fidel Castro, com a Medalha Haydée Santamaría. Vendo a Revolução Cubana como o acontecimento mais importante de toda a história política da América Latina, é de compreender como aquela homenagem me comoveu.

Creio que a mereci. Gosto muito de ser um dos intelectuais que se põem ao lado da Revolução Cubana como a revolução de nossos povos, feita de lucidez, ousadia e garra. Indomável na resistência ao Império. Irrepetível em sua singularidade histórica, ela opera, desde que se desencadeou, como um motor de incitação de nossas lutas pela transformação social de nosso triste mundo latino-americano.

Cuba sozinha, sendo embora tantas vezes menor, vale mais, internacionalmente falando, que todos nós latino-americanos juntos. Vale no sentido de que existe mais peremptoriamente e de que representa um papel mais relevante, altivo e ativo no quadro mundial, o que não ocorre com todo o imenso resto que somos nós todos. Em Havana fui entrevistado por Esther Perez e Arthuro Arango, que produziram, com minhas palavras, um texto polêmico que, publicado pela revista da Casa de las Américas, alcançou grande repercussão, provocando debates no partido e na universidade. Inclusive uma carta honrosa do ministro da Cultura, dizendo que começava ali uma discussão profunda sobre o caráter e o destino da Revolução Latino-Americana. Traduzo e resumo a seguir o texto lá publicado.

Falando do desalento que corre o mundo das esquerdas nesses começos da década de 90, acentuei que não é a esquerda latino-americana que está desalentada, desanimada: é a esquerda mundial que está acovardada. Andando pelo mundo a falar destas coisas, encontro demasiado desânimo e a falta de algo em que acreditar, até entre gente jovem. Sendo como sou um homem de esquerda, me dói este sentimento desesperançado que encontro aonde quer que vá.

Por exemplo, quando o PCI pede a adesão ao PSI, considerando que na Itália existem 2 milhões de comunistas e apenas 200 mil socialistas, me pergunto se esta entrega é um enlouquecido cavalo de Troia contra os socialistas italianos, ou é o quê? Um partido com a tradição do PCI não ter um discurso próprio é uma coisa espantosa.

Na Espanha também esbarrei com a mediocridade das esquerdas entusiasmadas demais com o êxito econômico obtido graças ao ingresso no Mercado Comum Europeu. Na França deparei até com ex-esquerdistas tão assustados com a carência de bens na Terra que pedem ao Terceiro Mundo que desista de industrializar-se porque não há lugar para mais ninguém no círculo dos ricos. Tudo isto mostra que parcelas ponderáveis das esquerdas deram um passo para trás, avassaladas frente a uma direita agressiva, soberba e até insolente.

Há poucos meses eu dizia aos alemães — e não estou pedindo nenhum nazismo — que vejo com tristeza a Alemanha, que sempre teve como seu tema, como sua causa, a humanidade, entregar-se aos Verdes como sua ideologia mais ativa e influente. Não existe ali nenhum pensamento generoso, aberto ao humano. Hoje, eles só têm olhos para o seu verde jardim, muito lindo, muito cheio de graça, numa religião ecológica cheia de mérito, mas sem sensibilidade nem mensagem frente ao destino humano. Os europeus em geral engordam cada vez mais, estão prósperos como nunca, mas também medíocres como nunca. Sua meta parece se resumir a ter mais do que já têm.

Claro que isto também acontece na América Latina. A quantidade de gente que era de esquerda, que era pró-Cuba, e que hoje só busca e encontra formas de escapismo é de espantar. Sei que é muito lucrativo abandonar a posição cubana. Por exemplo: Mário Vargas Llosa nunca teve muito espaço na imprensa no Brasil quando falava com sua própria voz. Hoje, como porta-voz da direita, quando vai lá é um herói, com páginas inteiras nos grandes jornais e todo o Sistema Globo de Televisão a serviço de sua glória. Como se vê, a direita está organizada internacionalmente, para enaltecer, para apoiar, para subornar intelectuais que a apoiam ou que tenham uma atitude ambígua. Mas castiga e condena, marginaliza os intelectuais que têm uma posição de esquerda e a pedra de toque é a postura frente à Revolução Cubana.

Discuti também com meus entrevistadores cubanos, como uma das questões básicas que se colocam hoje em dia, a carência de materiais latino-americanos para a discussão política entre nós. O que precisamos não é o que atualmente está sendo oferecido. Não adianta nada, na América Latina, fazermos novas edições do "18 Brumário". Por mais importante que seja como texto histórico, não é a partir dele que iremos entender a América Latina. Precisamos é explicar a Revolução Cubana, porque é algo nosso que deu certo, que conseguiu êxito; ou a guatemalteca, que não deu certo. Ou a nicaraguense, na confusão em que está. E isto com uma análise de maior profundidade e com textos mais abertos e menos formais. Precisamos, igualmente, entender e explicar por que países como o Brasil, o México e a Argentina, feitos para a prosperidade até no capitalismo, se afundam cada vez mais na miséria.

Uma de minhas amarguras é o sentimento da mediocridade com que às vezes se pensa e se fala da Revolução Cubana, como se ela fosse uma extensão de outras revoluções, quando na realidade se trata da primeira revolução socialista original. Senão, vejamos o que aconteceu na União

Soviética: lá, as tropas estavam desertando, um milhão de soldados desertavam, o país estava afundado numa crise tremenda. Nestas circunstâncias, dentro desta crise e da subversão total que ela desencadeou, é que o Partido Comunista fez a Revolução Soviética. É inegável que Lenin não teria conseguido aquilo sem uma guerra mundial — a primeira — e sem a deserção em massa. É igualmente inimaginável a revolução no Leste Europeu sem a Segunda Guerra Mundial. A China, também, é impensável sem a luta de libertação nacional. A Revolução Vietnamita começa por igual, pela mesma via.

Cuba tem a originalidade de que sua revolução é produto de um projeto revolucionário explícito, no qual se dá combate para tomar de assalto o poder com o propósito de transformar a sociedade. Sem Moncada não haveria Sierra Maestra, digo sempre. Moncada é a mãe de Sierra Maestra. Quem subiu a Sierra não foi qualquer um, foi Fidel Castro, o autor deste documento extraordinário que é "A história me absolverá".

Com base numa leitura equivocada da Revolução Cubana, surgiu a ilusão de uma revolução heroica e rápida. Quem subisse a montanha com doze homens e resistisse lá durante uns dois anos conseguiria encontrar um túnel entre a serra e o poder. Muitos tentaram isso e não conseguiram.

A Revolução Cubana é mais complexa e original. Foi Cuba que primeiro conseguiu cristalizar o ideal revolucionário da América Latina. Todos nós quiséramos uma façanha como essa, e é claro que muitos tentaram repetir a via cubana. Hoje estamos em busca de uma compreensão mais profunda, sabendo que já não é possível repetir aquele feito com o mero voluntarismo.

Entretanto, o que cumpre assinalar aqui é que esta Revolução Cubana é o que há de mais parecido com o ideal de um ato revolucionário autônomo e pleno, de uma vontade de intervenção intencional na história que gerou um processo irreversível de transformação socialista de uma sociedade. E precisa ter consciência e orgulho disto.

Falando do contexto socialista mundial de hoje, trinta anos depois, o que temos? Por um lado, colocam-se diante de nós uma série de transformações. Há uma série de alterações. A própria União Soviética tenta fazer uma revolução dentro da revolução. Pensávamos que era impossível uma transformação tão profunda a partir do próprio Partido Comunista, por iniciativa do próprio poder. Era inimaginável a capacidade que se começa a ter de aceitar contestações internas, a capacidade de conviver com a informação, de não peneirá-la, de deixar que ela flua. Inclusive a ousadia de repensar a institucionalidade política e socioeconômica.

A União Soviética não tinha nada neste sentido. Em todas as suas décadas de socialismo cultivou-se a teoria da ditadura do proletariado. Ora, falar de proletariado, a meu ver, na União não faz muito sentido. Depois de setenta anos, falar do proletariado como o agente do poder é negar que houve uma transformação social profundíssima. Hoje, é o sistema educacional que decide a estrutura social soviética. Por exemplo, 80% das pessoas que têm poder de mando lá passaram pela universidade. "Proletários" lá, hoje, são os que fracassaram na escola.

A importância de que exista um sistema educacional aberto tem de ser valorizada, porque é ele que dá a cada cidadão a oportunidade de aprender, pensar, progredir, explorando plenamente sua capacidade de entender e de fazer. Para mim é espantoso que não haja na sociedade soviética uma teoria política de educação — que é a grande façanha de Lenin — como o grande qualificador social no socialismo. Aquele que desmonopolizou o saber erudito e técnico, abrindo espaço para que gente de todas as classes e castas participasse mais igualitariamente da nova sociedade. Igualmente espantoso é que continue vigente a teoria do proletariado como se fossem os operários das fábricas, de quem Marx falava, os titulares do poder. Estes proletários já desapareceram. Os de hoje, lá, são os que não chegaram à universidade. Porque ou bem se reconhece que a sociedade sofreu uma autotransformação igualizadora e é outra, uma sociedade aberta, ou se admite que não houve revolução.

Marx falou do proletariado num momento de evolução das sociedades capitalistas. Um momento que já passou. Era um movimento que, aparentemente, transformaria toda a massa trabalhadora em operários fabris, porque esta classe crescia exponencialmente. Mas todo crescimento exponencial é autocorrigido. Por exemplo, é exponencial hoje o crescimento dos cientistas. Os cientistas crescem num ritmo incrivelmente alto. Algum ingênuo poderia dizer que dentro de cem anos todos os homens serão cientistas. Mas não será assim. É evidente que esta curva se autocorrigirá da mesma maneira que o crescimento do proletariado foi autocontido, e em determinado momento os serviços e outros setores cresceram mais.

É também um erro alegar que exista uma classe grávida de revolução e que só ela é capaz de fazer a revolução, sem valorizar outros setores que são capazes de assumir uma postura revolucionária. Lenin, Fidel e Mao Tsé-tung nunca foram operários. Ou seja, se eles são capazes de conceber uma revolução, não é graças à superação de suas debilidades pequeno-burguesas como se costuma dizer, mas por outros fatores que possibilitam a pessoas que não são da classe operária representar um papel revolucionário.

É puro misticismo isto de olhar para trás, para aquele momento em que Marx imaginava que os operários chegariam a ser a maioria da população, para, a partir daí, cair no obreirismo político e fundamentar nisto a legitimidade do poder socialista. Muitas coisas precisam ser repensadas, inclusive que Marx nunca viu um motor de explosão, nunca viu um motor elétrico e que teria muitíssimo a dizer se fosse nosso contemporâneo.

Precisamos assumir não os textos de Marx, mas a postura de Marx. Principalmente sua predisposição a contestar tudo, duvidar de tudo, a fim de procurar compreender a realidade concreta em sua dinâmica. E tratar de compreendê-la para encontrar o caminho para transformá-la, passando logo à ação política. Herdar a postura de Marx, muito mais do que repetir seus textos, esse é o principal desafio.

O que eu encontro na União Soviética é um marxismo esclerosado, velho, que repete fórmulas. E encontro a mesma coisa em Cuba. Um pensador aqui também tem que citar Marx para demonstrar que seu pensamento é de Marx, porque se não for dele, não serve. Ter que citar Marx, ter que citar Lenin, isto é ridículo. É atraso. Você lê textos nos quais o autor faz um esforço visível para encontrar uma frase de Marx que encaixe ali, porque algum burocrata vai exigir isso dele. Não é esta a herança de Marx. Nem pode ser a atitude de quem quer transformar o mundo e repensar o pensamento. Ele fez isso com um brilho extraordinário. Nós vivemos dele, nos alimentamos daquele leite, do leite de Marx, que é o leite da coragem de olhar o mundo tal qual é. De lavar os olhos e buscar vias de transformação e criar instituições novas, originais, libertárias e libertadoras.

Já chegou e até tarda a hora de romper todas estas peias mediocrizantes. Não se faz a aventura que a União Soviética está fazendo para adotar as ideias liberais da América do Norte ou da Inglaterra. Faz-se a revolução é para ter coragem de usar a própria cabeça para repensar tanto as filosofias e as ideologias como toda a institucionalidade.

Neste sentido, Cuba avançou muito. Por exemplo, o sistema eleitoral de Cuba, na Constituição cubana, busca modos próprios de ter uma representação mais carnal do povo, uma representação mais próxima que a meramente eleitoral dentro do formalismo democrático-representativo, tão sujeito a manipulações e subornos.

Em Cuba também existe a questão da convivência com a notícia. Por um lado, o povo cubano tem mais notícias que qualquer outro povo da América Latina. Quando leio a revista *Tricontinental* (é uma pena não poder ler essa revista cada vez que sai), recebo muito mais informação do que posso obter no Brasil sobre o que acontece no mundo inteiro. Mas, por outro lado, é indispensável que além desta informação haja espaço para que vozes diferentes falem, para que vozes contestatórias também tenham vez, porque a missão de Cuba é demasiado grande para que se realize de forma bitolada e medíocre.

Cuba tem uma juventude que é hoje a criatura mais nobre, mais bem formada da América Latina. Foi criada na fidelidade à Revolução. Vi algumas situações em Cuba que certos educadores comentaram negativamente, alegando que a educação estava militarizada. Mas eu fiz um estudo comparativo do desempenho cubano e do brasileiro de 60 a 80, e vi que Cuba realizou cem vezes mais. Ou seja, um dos grandes feitos da Revolução Cubana é a façanha educacional. Aqui eu vi como se alça rapazes, moças e crianças para o mundo da cultura letrada e para altos níveis de consciência crítica. Desta juventude cubana, a América Latina tem o direito de esperar que surjam algumas mentes, das mais claras. Mas uma mente clara, criativa, não pode ser criada na base do catecismo. É preciso a contradição. É preciso que se faça a contestação. É preciso não ter medo de pensar.

Por isto é ainda mais importante que Cuba se assuma assim, se abra. Primeiro, porque não há razão para o medo. Se existe uma revolução que está clara para o seu povo, e que o povo assume, é a Revolução Cubana. Inclusive o próprio cerco ajudou isso também. Eu me lembro de uma ocasião em que estive estudando a secundária rural daqui, e uma moça que me guiava, uma jovem comunista, uma menina de 13 anos, negra, falava da preparação militar que às vezes faziam. Eu provoquei-a: "E se acontecer uma invasão?" Ela ficou irada e respondeu hirta: "O meu, eu agarro. O meu, eu enforco." Ou seja, aquela moça estava preparada, em seu coração e em seu corpo, para fazer de Cuba esta coisa dura que é, esta coisa temida que é, esta coisa vigorosa que é. Neste sentido, Cuba tem o que mostrar, tem de que se orgulhar, e tem que ter plena confiança em si mesma.

Isto é ainda mais relevante, creio eu, porque o mundo necessita de Cuba. A América Latina precisa vitalmente, mas o mundo inteiro precisa de Cuba. Cuba é o Terceiro Mundo que deu certo. É a prova viva de que nossas sociedades são viáveis. Toda esta problemática está em debate na América Latina, mas é discutida de um ponto de vista predominantemente liberal, que nega os interesses do povo, não tem olhos para suas necessidades porque só valoriza o lucro.

Se existe uma Nação que superou isto, uma Nação que vejo como a vitrine da América Latina, é Cuba. Em Cuba ficou demonstrado que a América Latina é viável. Foi possível dar a todas as pessoas uma garantia de emprego e de realização pessoal pelo esforço próprio. Foi possível dar a todos a satisfação de comer todos os dias e até três vezes cada dia. Foi possível dar boa educação a todos. Com isto o que mudou foi a qualidade da população. E estas são, sabidamente, as bases indispensáveis para que floresça uma civilização.

Existem intelectuais prestigiosos, e são muitos (Ivan Illich, por exemplo, ou Octavio Paz), que tendem a acreditar e propalam que a América Latina é inviável. Primeiro porque existiria um excesso de gente e eles admitiriam um genocídio ainda maior. Outra teoria vigente é a de que só com mais progresso pela associação com as multinacionais e pela exportação de riquezas naturais sairemos do subdesenvolvimento econômico. Pois bem, ocorre precisamente o contrário, com mais progresso deste tipo, jamais chegaremos a ter um desenvolvimento autêntico e autônomo. Mais industrialização como a paulista, mais exploração de minérios como Carajás, mais destruição da Amazônia não melhoram em nada as condições de vida do povo e só consolidariam nosso papel de proletariado externo das potências cêntricas. Este é o projeto de desenvolvimento que o capitalismo tem para nós e ele já demonstrou exaustivamente o que nos pode dar: mais riqueza aos ricos e mais miséria ao povo.

Acresce a tudo isso que precisamos nos superar intelectualmente na explicitação dos sentidos e das responsabilidades da revolução socialista. E isto só Cuba pode fazer, assumindo-se tal qual é, abrindo-se ao livre debate e chamando a si a responsabilidade de fazer-se a sede da consciência crítica socialista. Urge fazê-lo mesmo porque há no mundo um complô de desmoralização das esquerdas. Nossa juventude, em grande parte, está sendo conquistada por velhas ideias reacionárias apresentadas como novidade pelos prodigiosos sistemas modernos de comunicação e de mistificação das massas.

Para a juventude, olhando a imprensa do mundo, a verdade aparente é que a União Soviética aderiu ao capitalismo e irá converter-se num país capitalista. Ou seja, não há noção de que existe um impulso soviético para melhorar o nível técnico em certos setores e esforços soviéticos para conseguir reequilíbrios no plano político. De fato, isto é lido como uma adesão ao capitalismo. É lido como algo que demonstra que o socialismo é inviável, que o socialismo não teve êxito, já que tanto os chineses quanto os soviéticos voltam atrás. Isto é o que a juventude lê. E isto é muito mau, porque são milhões de jovens que estão perdendo a esperança. O desmoronamento dos países artificialmente socializados do Leste apenas os lança na vala comum onde a América Latina vive o destino do capitalismo periférico e dependente.

Creio, como se vê, que existe um papel que Cuba pode representar simplesmente mostrando suas façanhas. Cuba tem a 55ª parte da população da América Latina. A América Latina tem 550 milhões de habitantes e Cuba tem 10 milhões. É minúscula, mas é mais importante que a totalidade. Cuba é a demonstração do que será a América Latina no dia em que seus povos puderem assumir seus destinos e se organizarem por si e para si. Quem garantiu a independência de Angola foi Cuba. Cuba foi capaz de ter 300 mil homens defendendo Angola. Quando Cuba participa no debate com a África do Sul, o faz com a autoridade de quem representa a América Latina que há de ser. E o faz sem nenhum interesse comercial. Nunca tantas tropas tinham se deslocado de um ponto a outro para o além-mar sem interesse econômico, apenas por uma postura ideológica.

O que a América Latina precisa fazer é o que Cuba fez. Organizar seu próprio povo para trabalhar e produzir para si mesmo. Sobretudo nesta hora em que também nossos povos são chamados a organizar-se como Nação assim como a Comunidade Econômica Europeia está se organizando em Estados Unidos da Europa; ou os saxões do norte estão se unificando também como uma Nação. Nosso papel é tomar este projeto mundial macroétnico com que emerge a civilização do futuro e fazê-lo nosso, criando a Nação Latino-Americana como a estruturação maior da latinidade. Com efeito, só aqui mestiçando-se com todas as raças ela se estruturou para voltar a representar o papel que nos cabe frente aos outros blocos de povos. Essa Nação Latino-Americana e socialista é o que necessitamos para ser a província mais importante da Terra.

A América Latina nasceu sob o signo da utopia. Primeiro, o espanto de Colombo quando chegou às ilhas do Caribe e de Américo Vespúcio navegando pelo litoral brasileiro encantado com o verdor tropical e a beleza dos índios. Ambos se perguntaram se o que haviam encontrado não seria o paraíso perdido. Thomas Morus escreveu *Utopia* baseado nos textos de descrição da população indígena do Brasil, dos cronistas que escreveram entre 1510 e 1540. A própria ideia de utopia, que é pensar o mundo enquanto projeto, nasce, como se vê, vinculada à ideia da América Latina.

Ao mesmo tempo, a América Latina foi e é a província da tristeza, da brutalidade, onde dezenas de milhões de indígenas e de negros foram gastos, queimados, para atender a interesses alheios.

Entretanto, aqui existem algumas coisas que me parecem extraordinárias. Principalmente esta alegria que existe na população cubana e na brasileira. Eu não sou capaz de explicar tanta alegria. Parece irresponsabilidade. Tanta gente com tanta fome, no nosso caso, por que é tão alegre? Quem deveria estar alegre são os gordos finlandeses e suecos, que se suicidam tanto de tristeza. Aqui, a alegria soa um pouco espantosa. Mas seja lá pela razão que for, somos uma gente sem fastio que está pronta para realizar sua potencialidade e para mostrar ao mundo seu gozo de viver, sua capacidade para fazer coisas generosas. Isto, para mim, é a América Latina: a promessa de uma Nação que, apesar de nós, está se construindo a si mesma.

Hoje, fala-se muito na comemoração dos quinhentos anos do Descobrimento. Falando disto na Espanha, eu dizia que para mim a façanha dos quinhentos anos é que existamos, hoje, 500 milhões de latino-americanos. Está pronto o corpo de nossa participação na humanidade. Este corpo tem, agora, que realizar sua potencialidade. Não o fará jamais exportando mais soja para engordar mais porcos no Japão ou frangos na Alemanha. Só o fará quando se organizar para garantir o pleno emprego, a fartura alimentar e sobretudo a educação popular.

Então, a América Latina irá brilhar como uma das mais belas províncias da Terra, e a mais generosa. E isto não por qualquer razão metafísica, poética ou patriótica, mas porque representamos mais humanidades.

Nas nossas ruas se veem caras de negros, de brancos, de orientais, são montões de gentes vindas dos quatro cantos da Terra. Delas somos feitos.

Comentei também com meus entrevistadores sobre este ridículo formalismo na linguagem da esquerda que existe também em Cuba. Exemplifiquei com uma coisa com a qual não concordo de jeito nenhum, que foi o autoritarismo que calou a revista *Pensamiento Crítico*. Para mim, *Pensamiento Crítico* foi muito importante. Fez com que eu conhecesse muitas pessoas que pensavam com originalidade o marxismo, com o fim de levá-lo adiante. Foi nela que li excelentes textos italianos, textos da Indochina, de todo o mundo. Aquilo foi muito importante. E em certo momento Cuba proscreveu-a, deixou de aceitá-la.

Veja, eu não sou exatamente o que possa ser chamado de um marxista formal. Sou o oposto. Mas sei que sou herdeiro de Marx. Se existe intelectual que ame a Revolução Cubana, que desde o primeiro momento esteve aqui, solidário, um deles sou eu. Acontece que eu não sou legível para os cubanos, segundo os critérios daqueles que decidem o que deve ser publicado em Cuba. Não sou acessível para os jovens cubanos. Por quê? Provavelmente porque aqui existem pessoas que acham que sou demasiado contestador. Não correspondo ao marxismo de que eles gostam, um marxismo que deixaria Marx horrorizado. Um marxismo de catecismo, tolo, pequeno. Sem dúvida — graças a Deus ou ao Diabo — Marx sempre mudou seus pontos de vista. Sempre que voltou a escrever alguma coisa, o fez de forma diferente. Por exemplo, cada vez que voltava a falar das classes sociais, fossem as da Inglaterra, da França ou da Alemanha, seus esquemas eram diferentes. Marx respeitava a realidade, respeitava a história. Ou seja, ficaria horrorizado de ver alguém colocado em uma posição estática, imutável, por qualquer sorte de injunção. Eu nunca digo que jamais fui publicado em Cuba, porque isso me envergonha. Mas sempre me pergunto: sobre que base está sendo formada a juventude cubana, se nem gente como eu estiver visível?

Creio que existem façanhas da Revolução que devem ser mostradas. Mas também existe algo, que é a carência de uma atitude mais inteligente, mais aberta, mais pluralista, que deve ser criticada. Ontem, no encontro com o ministro da Cultura, a discussão começou a ficar inteligente, foi uma coisa linda. Quero recordar o momento em que Sánchez Vásquez disse que não era possível assumir o realismo socialista como estética do marxismo, como estética única, porque havia outras. E era evidente que se existia uma coisa na qual a União Soviética não realizou nenhuma façanha, não fez nenhum avanço, foi nas artes plásticas, que eram muito mais avançadas antes da Revolução de 1917. E ele disse que, evidentemente, a teoria oficial também neste campo não ajudava. Foi muito importante. Lá estava também Leopoldo Zea, que durante cinquenta anos teve seu departamento da Universidade Nacional Autônoma do México (UNAM) voltado para os textos latino-americanos. Mas Zea quase não é conhecido em Cuba. E isso é escandaloso.

Comentando a revista em que ambos trabalham, acentuei que o nível de consciência crítica da *Casa de las Américas* é muito menor do que seria desejável. Digo isto porque sou preciosista em relação à Revolução Cubana. Não há nenhuma revista que se compare com o que faz a revista *Casa de las Américas*, que constitui o enlace mais envolvente e mais importante entre a intelectualidade da esquerda latino-americana. Mas sinto que ela atua com uma cautela que raia a mediocridade, e todos sabemos que ninguém dá passos à frente sem o direito de errar. Sem o direito de errar, ninguém avança. Quando se tem que acertar sempre, cai-se na bobagem de só pôr o pé onde outro já pôs. Ninguém progride com isto. A *Casa* e a revista têm que reivindicar o direito de errar, porque só errando é que se pode progredir para que ela venha a ser logo tão inteligente como pode ser.

X
Retornando

[Meu povo]

Voltando ao Brasil em 1976 para aqui me fixar definitivamente depois de tantos anos de exílio, vi logo que o país se dividira, mais cruamente ainda, em diferentes ordens de gente. A primeira diferença que me saltou à vista foi a que separa os que já comeram, sobretudo os que comem há gerações, dos que ainda não comeram. Nos bem-nutridos é visível a beleza, a esbeltez, que admirei extasiado na praia de Ipanema. Os que não comeram, ao contrário, vi exibindo sua fraqueza e feiura, em quantidades maiores do que meu coração suporta, em massa, por toda a Baixada. Meu povo, lá de Montes Claros, já meio feio, ficou mais feio ainda. Até as meninas da feira perderam a graça natural da juventude. É o povão que não comeu, quase nunca comeu, mas que nos anos da ditadura comeu menos ainda.

No Rio observei, porém, que os famintos não são os mais tristes. Isso é evidente pela alegria desenfreada que o carioca pobre exibe, sobretudo nas suas grandes festas como o Carnaval. Alegria provavelmente compensatória da própria beleza e da vida azarosa que levam. Os ricos, ao contrário, carregam um ar culposo e umas caras de fastio, de gente enfarada de comer e envergonhada de si mesma. Suas jovens mulheres não, estas são cada vez mais belas.

Outra diferença que salta à vista é a que contrasta e opõe, de um lado, os que estão contentes com o Brasil tal qual é, e do lado oposto, os indignados e os inconformados. Os primeiros, vivendo à tripa forra, estão sempre prontos a dizer que o Brasil está em desenvolvimento. Afirmam peremptórios que, prosseguindo nos trilhos em que estamos assentados, qualquer dia, dentro de alguns anos, não se sabe quantos, mas com certeza, o Brasil afinal dará certo. Nosso mal seria a juvenilidade. "Somos um povo jovem", afirmam de boca cheia. A verdade, todos sabemos, é justamente o contrário. O Brasil é cento e tantos anos mais velho do que os Estados Unidos e o que experimenta é uma modernização reflexa, superficial, que, se enriquece prodigiosamente os ricos, empobrece cada vez mais o grosso da população.

As duas características principais desses brasileiros contentes são: sua segurança de que o ruim no país é o povo. Nele estaria o defeito essencial, responsável pelo nosso desempenho medíocre, dentro da história. Outra característica, ainda mais nítida, é sua conformidade com a ordem vigente. Não chegam a elogiar a ditadura, mas assumem a postura de quem a entende como um mal necessário. Seus intelectuais até a explicam copiosamente como fruto e produto natural e inevitável de nosso passado que não é culpa de ninguém. Tem piorado ultimamente, acrescentam, descobrindo de repente os números censitários. Mas isto se deve principalmente à irresponsabilidade das esquerdas, sobretudo dos governos populistas, acrescentam.

A imensa massa dos marginalizados forma o corpo dos conformados, que vendo o mundo como uma fatalidade, resultante da ação de deuses e de demônios arbitrários, não entendem nem explicam nada. Tratam é de exorcizar-se nos cultos para sobreviver e talvez até ganhar no bicho.

Não nos equivoquemos, porém, com essa massa de gente pobre e iletrada, afundada na pobreza, cujo saber escasso só se transmite por via oral. Ela é a camada mais criativa do Brasil no plano cultural. Quem duvidar disso que preste atenção no Carnaval e veja o vulcão de musicalidade e fantasia que ele desencadeia cada ano; ou vá uma vez assistir no primeiro dia do ano o Festival de Iemanjá para apreciar ali uma deusa inventada pelo criouléu carioca, em que se sintetizam a sereia dos marujos, as divindades negras da água e a Mãe de Deus, na forma de uma deusa afro-grega que faz o amor e propicia a seu povo mais amor.

Tendo no rádio e na televisão seus meios de informação, são doutrinados e envenenados permanentemente, correndo sempre o risco de se alienarem ainda mais, tornando-se joguetes na mão dos que controlam esses instrumentos. Isto foi efetivamente o que sucedeu na última eleição presidencial, quando o povaréu votou no candidato que os meios de comunicação construíram detalhe por detalhe, fazendo crer que se tratava de um jovem e heroico salvador, estilo príncipe de telenovela. Assim surrupiaram, mais uma vez, o poder, pelo controle do Estado que sempre regeram.

Mais penosa ainda é a postura das classes médias, que aderem francamente ao discurso das classes dominantes, sem qualquer resquício de consciência própria. No povão, apesar de sua vulnerabilidade, corre um rio profundo, uma consciência histórica que o faz recordar e reverenciar governos populares que se preocuparam com seu destino e que por isso foram derrubados, mas que são ignorados e detestados pelas classes médias que os classificam de populistas.

O que mais me espantou foi a postura de meus companheiros inconformados e iracundos: todos estavam sobretudo perplexos. Muitos dos mais combativos deles, decepcionados com o fracasso da luta guerrilheira, desiludidos da revolução fácil, desbundaram. Outros buscaram novos caminhos de ação, quando não se resguardaram debaixo das asas do partido da oposição consentida, esperando ali tempos mais promissores.

Os reformistas, como eu, ou de orientação social-democrática, entre os quais logo me filiei, tomaram dois caminhos paralelos. Uns, tentando retomar a linha histórica mais fecunda que o Brasil viveu, a do trabalhismo, se estruturaram liderados por Leonel Brizola, no PDT. Outros, oriundos das lutas sindicais, se organizaram no PT, muito proximamente associados às comunidades eclesiais de base da Igreja progressista.

O sistema ditatorial então vigente, ainda seguro de si, começava a afrouxar espontaneamente as rédeas, abrindo espaço para alguma democratização. Menos movido pela oposição — aqui também não se derrubou nenhuma Bastilha — do que talvez pelo descontentamento que grassava nas tropas, cuja oficialidade já não podia suportar a vergonha em que viviam de não poderem sair fardados na rua, pelo ódio que liam na cara de todo mundo.

Acresce que o sistema podia confiar também, naturalmente, na imensa máquina de comunicação que montou, de imprensa, de rádio e de televisão, sabendo bem que por seu caráter cruamente mercantil, ela era capaz e estava vocacionada não só para vender refrigerantes, mas também para vender ideias e entorpecimentos. Não menor era a confiança que provinha de sua capacidade de subornar e de corromper através do clientelismo, do empreguismo e de toda sorte de favores com que a ditadura se habituou a cevar todas as suas cúpulas.

Lembro-me bem do espanto que provoquei quando disse, ao chegar, que o governo de Jango não caiu por seus defeitos, mas foi derrubado por suas qualidades. Todos pareciam se haver esquecido de que o próprio governo norte-americano se mobilizou mandando tropas, munições, mantimentos e combustíveis para Vitória, com ordem de invadir o Brasil, para entregá-los ao governo alçado de Minas Gerais em Belo Horizonte. Vale dizer, a direita tinha aceitado o risco de uma Guerra do Vietnã no Brasil e os Estados Unidos ousaram preparar a própria invasão, tal a oposição que faziam ao governo Goulart, pela ameaça que ele representava de uma reforma agrária aterrorizante para a reação interna e de um controle dos capitais estrangeiros, inadmissível para os norte-americanos e para outras centrais do capitalismo internacional.

Foi também de espanto a reação que provoquei, recordando que Jango esteve à cabeça do governo mais popular que existiu no Brasil, e que podia perfeitamente ter resistido, se aceitasse o desencadeamento de uma guerra civil. Vi gente pasmada ao perceber que Jango, com seu reformismo, foi o governo mais avançado que tivemos, aquele que lutou mais fundamente para implantar as bases de um Brasil novo, capaz de gerar uma prosperidade extensível a todo o povo. Embora reformista, ele foi percebido, sentido e temido como revolucionário, provocando uma contrarrevolução preventiva para impedir a execução das reformas de base que estavam sendo levadas a cabo. A esquerdinha, em sua eterna ingenuidade, só admite uma revolução pronta e perfeita como nunca sucedeu em parte alguma, dizem eles próprios. Enquanto não se alcança esta tola utopia, se opõem com horror a todo reformismo, preferindo entregar-se à direita como exóticos, mas fiéis, serviçais da ordem.

Durante mais de duas décadas uma barreira de silêncio pesou sobre esses fatos, a ponto de interromper a sucessão histórica natural que teria dado continuidade à postura política predominante em 1964. Barreira não só de silêncio, mas também de calúnia e desinformação, uma vez que todos os grandes jornais, toda a imprensa falada e televisiva se mancomunaram para negar a história real e colocar em lugar dela uma ficção enobrecedora da ação golpista dos militares que se deixaram subornar pelos norte-americanos para dar o golpe anticonstitucional que interessava aos latifundiários e às empresas internacionais.

Tiveram êxito, sem qualquer dúvida. Tanto assim que se criou no Brasil uma geração intelectual de mulas sem cabeça que, desconhecendo o passado, flutua fora da história. Os mais espertinhos deles inventaram as teorias mais inverossímeis para explicar nossa realidade e legitimar sua postura. A principal delas é a teoria do *populismo,* que descreve os governos que mais lutaram pelos interesses do povo e do país como irremediavelmente ruins porque, sendo demagógicos e antirrevolucionários, operariam como sustentadores da ordem vigente. Os teóricos do populismo não veem a realidade da história. Ao contrário, descrevem o governo de Getúlio Vargas como totalmente detestável porque fascista e o de Jango como repulsivo porque populista.

Trata-se, evidentemente, de uma falsificação, mas ela foi tão repetida através dos anos, com tais ares de unanimidade, que ganhou foros de verdade incontestável porque incontestada. O máximo que se pode alegar a favor dos que a repetem é sua insciência, mas em muitos casos se trata mesmo dessa coisa irremediavelmente classe-medista que é a hipocrisia política. No passado, um falso liberalismo posava de progressista, escondendo que sempre esteve de acordo com a legislação vigente que legaliza o latifúndio e privilegia o capital estrangeiro, opondo-se sistematicamente a qualquer reforma e promovendo golpes militares sempre que se sentiam ameaçados.

Costa e Silva fez inscrever na Constituição da ditadura nada menos que a Declaração dos Direitos do Homem da ONU, exatamente nos anos em que mais torturou e matou no Brasil. Agora, são os porta-vozes da teoria do populismo que, simulando esquerdismos, desmerecem qualquer tentativa concreta de promover reformas estruturais, do mesmo modo que se opõem a todas as revoluções reais que ocorreram no mundo. De fato, eles só estão a favor é da ordem vigente, o que, sendo inconfessável, os obriga a tais malabarismos. Atuam e falam como se exigissem que Getúlio fosse um Lenin, ou que Jango fosse um Mao, e Brizola algum Fidel, numa politicologia maluca.

O certo é que, cultivando um velho ódio, herdado do udenismo, contra todo líder respeitado pelo povo, se juntam à reação que também os odeia. Nesta insanidade chegam a ver e querer que se vejam governos populares derrubados pela reação em contrarrevoluções preventivas em 1954 e em 1964 como meros populismos.

A expressão poderia até ser útil se designasse governos essencialmente demagógicos como os de Ademar de Barros ou Jânio Quadros, que aliciam o voto popular tudo prometendo em seus discursos, tão só para uma vez no poder fazer a política da velha classe. Mas é tão só um absurdo teórico quando aplicada aos movimentos populares reformistas e a seus líderes, responsáveis pelas grandes tentativas registradas em nossa história de reformar as bases institucionais em que se assenta o poderio das classes dominantes. Absurdo, aliás, muito útil como instrumento ideológico do sistema. Sobretudo quando um deles, com ares de líder estudantil, atinge as raias da bobice num texto em que afirma que nada se fez pelo povo no Brasil desde a abolição da escravatura. Sem querer, assumem uma mistura de socialismo de sacristia, uma espécie de neoudenismo cujo empenho é criar uma esquerda de que a direita goste: liberal, entreguista, antiestatal e antipopular.

Esses filosofantes da reação não têm por si mesmos nenhuma importância. Seus representantes merecem referência aqui tão só pela influência que alguns deles chegaram a ter sobre o PT, ameaçando contaminar alguns de seus quadros combativos com sua postura de mulas sem cabeça, que não têm nenhum apreço pelas décadas de lutas sociais do povo brasileiro nem pelas importantes conquistas alcançadas nesse período, apesar de todas as vicissitudes e deformações em que elas vieram muitas vezes envolvidas.

Colocadas nesta terra de ninguém, tendo uns mulas sem cabeça como pastores, estas novas lideranças correm o risco de se desbrasileirarem para se fazerem herdeiros bastardos da ideologia sindical ianque, esquecidos de que as instituições sociais não se transplantam e de que nossa tradição nesse terreno, como em muitos outros, é totalmente diferente e só pode ser mudada a partir de seus próprios conteúdos.

Tudo isto seria de somenos se os mulas sem cabeça não ameaçassem constituir o principal impedimento à confluência dos dois movimentos sociais mais importantes do Brasil moderno, que são o PT e o PDT. Um deles representando as aristocracias operárias sindicalizadas das grandes empresas que compõem uma das principais forças potencialmente transformadoras da história brasileira. O outro, a do trabalhismo, getulista e janguista, que ascendeu agora ao socialismo democrático, para retomar as lutas seculares nas quais os seus quadros sofreram mais perseguições, prisões e cassações do que qualquer outro corpo de protagonistas do quadro político brasileiro.

Esta confluência é indispensável porque através dela é que se irá construindo a nova esquerda, armada, afinal, da consciência crítica de que o Brasil necessita vitalmente. Primeiro, para se capacitar a ver-se a si mesmo como problema, diagnosticando as causas do atraso, responsáveis pela miséria. Mas, sobretudo, para, a partir dessa análise realista, encontrar as brechas da história que nos permitirão concretizar a revolução brasileira como empreendimento concreto, nosso, que se faça aqui, sobre nosso chão, abrindo perspectivas de transformação capazes de beneficiar, aqui e agora, o grosso da população brasileira, até hoje marginalizada.

Tão contrastante é essa massa imensa, afundada na pobreza, com as minorias privilegiadas que formam uma espécie de país rico, dentro do paisão faminto, que cabe perguntar quem é marginal no Brasil. Se marginais são os 60% de brasileiros paupérrimos ou se marginais são os que compõem a parcelinha de 1% dos super-ricos, legítimos representantes atuais da velha classe, desde sempre infiel ao Brasil e ao seu povo. Estes "marginais" é que mais uma vez nos venceram ontem, conspirando e torturando, e nos vencem agora, subornando, mistificando.

Espantos

A ditadura militar, nos seus vinte anos de despotismo, tudo degradou. O que era bom estragou. O que já era ruim piorou. Na economia, de milagre em milagre, empobreceu impiedosamente o povo já miserável, e enriqueceu nababescamente os capitalistas parasitários da especulação e seus associados das empresas estrangeiras.

No plano político, a ditadura desmoralizou tanto os partidos como seus próceres, a maioria deles já imprestável. Acabou até mesmo com os partidos que a apoiavam, para criar novos partidos ainda mais submissos. Todo político com o mínimo de dentes para morder e postura eficazmente combativa foi cassado. Só ficaram no cenário os desdentados, tanto no partido oficial, governista, como na oposição consentida, lambendo o poder com as gengivas.

No plano cultural, a ação da ditadura foi um descalabro. Os brasileiros mais lúcidos foram exilados ou, ficando aqui, se viram confinados e impedidos de exercer qualquer influência. Deixaram assim de multiplicar-se em novas gerações de pensadores, de cientistas e artistas criativos, competentes e fiéis a seu povo.

As antigas universidades federais se viram degradadas, entregues aos piores quadros o seu corpo docente, cujo reacionarismo excedeu mesmo ao dos protagonistas militares da ditadura, como ocorreu na Universidade de São Paulo. A Universidade de Brasília, esperança maior da intelectualidade brasileira, foi avassalada; quase todos os professores altamente competentes que eu levei para lá se viram compelidos a demitir-se e sair em diáspora para não se verem condenados à conivência com a opressão e o opróbrio. A prata da casa chamada para substituí-los fez a universidade descer a níveis de macega goiana. Isto foi o que me fez dizer um dia que a UnB é minha filha que caiu na vida; frase de puro amor paternal, de quem quer muito recuperar a filha decaída.

Simultaneamente a esse assalto às universidades públicas, foram abertas as porteiras para quem quisesse fazer do ensino superior uma traficância, montando sua escola. Criou-se desse modo um proletariado magisterial e estudantil, e um ensino superior de descalabro do qual o melhor que se pode dizer é que, na quase totalidade dos casos, os professores fazem de conta que ensinam e os alunos fazem de conta que aprendem. Esta triste simulação de vida acadêmica, que envolve a imensa maioria do alunado e do professorado brasileiro, é extremamente perigosa dentro de um mundo em que a linguagem da civilização é a ciência cujo domínio é indispensável para que um povo exista para si mesmo e realize suas potencialidades.

A imprensa se concentrou em poucos jornais figadalmente fiéis à ditadura e ao patronato, em que o espírito de empresa arrasou com o sentido de missão do jornalismo clássico. O rádio e a televisão expandiram-se prodigiosamente, fazendo da totalidade do povo brasileiro o seu imenso público, não para servi-lo, interpretando seus interesses e expressando seu espírito, mas para explorá-lo como mercado.

Nestas circunstâncias, os novos instrumentos de comunicação de massa, tecnicamente de uma modernidade e eficácia admiráveis, se converteram em instrumentos de alienação cultural, nos quais só se considera bom o que é bom para vender mercadorias, sem o menor resquício de dignidade moral ou de responsabilidade social.

A situação chega a ser tão escandalosa que eu disse uma vez que o senhor Roberto Marinho é conivente com cada crime de estupro, dos que ocorrem no Brasil em número crescente, tal é a incitação ao erotismo com que sua cadeia de televisão supera todos os índices de audiência e de capacidade de venda do que quer que ele queira vender.

Isso inclui as parcas ideias políticas do seu proprietário, que sem nenhuma desfaçatez declara que acha legítimo tratar a concessão pública de canais de televisão não só como um negócio lucrativo, mas como um instrumento político de conformação da opinião pública. Assim foi, assim é: ontem, para dar todo apoio à ditadura, sem questioná-la jamais; hoje, para apoiar as candidaturas de sua preferência, exatamente aquelas que mais se afastam de qualquer sentido e responsabilidade social frente à população e a qualquer sentimento de nacionalidade.

Heresias

Eu, quanto a mim, acho e confesso que sou mesmo é henricano. Quero dizer: acólito, seguidor daquele santo homem posto entre a Idade Média e a Idade Moderna, nas vésperas dos 1500 — o infante D. Henrique.

Não sei a verdade dele. Quem saberá? Sei a legenda e ela me basta. O príncipe D. Henrique é um homem desdobrado em dois homens inconfundíveis um com o outro. Contrapostos: santo e heresíaco, sábio e engenhoso, realista e utópico.

O infante viveu sua breve vida vestido no camisolão do hábito de Cristo, tecido em lã crua e não cardada. Levou sempre ao redor da cintura, debaixo da barriga, em cima das virilhas e dos colhões, um cinto de espinhos e silício, para se lacerar e queimar, pelo amor de Deus!

Esse santarrão dado a longuíssimos jejuns e a tortuosas confissões, mais de desejosos pensamentos do que de pecados gozosos, se fez o maior sabedor que houve então das artes de navegar. Foi ele quem compôs, peça por peça, a nau oceânica com que os portugueses mapearam a costa da África, desenhando portulanos e plantando feitorias de caçar escravos.

Sua nau era já servida de bússola chinesa, de astrolábio árabe, da vela chamada latina, também muçulmana, e do leme fixo. E surgiu a armada de canhões, cuspindo bolas de ferro e fogo. Era tudo o que o mundo precisava, então, para enfrentar o mar oceânico e descobrir, no além-mar, como de fato descobriu, novos mundos. Tudo obra de Henrique — o pio sábio.

Mas nosso infante tem outros dons que me encantam ainda mais. Ele foi cabeça da heresia chamada henricana, que o santo papa proscreveu raivoso. Segundo acreditava o infante, e eu acho verossímil, a história humana se compôs em três instâncias. Houve um tempo de deus-pai, de que reza o Velho Testamento.

Veio depois o tempo de deus-filho, de que fala o Novo Testamento. É chegado — dizia Henrique — o tempo do Espírito Santo, fonte de todos os milagres, que estaria para começar. Nesse tempo novo, o paraíso se construiria nesse mundo, pelo trabalho dos homens.

É o comunismo, como se vê. A reconstrução intencional da sociedade, segundo um projeto, para fazer a vida humana mais vivível.

Esta heresia é que me ata e atrela ao infante. Sou, eu também, um henricano. Acho até que a própria ideia de um socialismo, seja pio, seja pagão, é ainda mais vetusta. A primeira alegoria dela se inscreve na ventura e desventura de Adão e Eva, postos e expulsos naquele perdido paraíso todo de plástico. Plantas verdes e verdejantes é que não podia ter com pecaminosas flores fornicando para se reproduzirem.

Lá é que um dia Eva, a subversiva, mancomunada com os furores da cobra e as doçuras impuras da maçã, fez a primeira revolução da história. Dela resultou o direito ao orgasmo que suas irmãs tardaram milênios em fluir e agora desfrutam tão ardentemente.

Dela também, temo eu, é que veio o comunismo. Este advém da praga que o anjão de asas sujas e mau hálito lançou sobre aquele Adão apavorado com os efeitos miraculosos do seu pecado: "Ganharás teu pão com o suor de teu rosto!" Era a condenação ao trabalho. Era a destinação humana de reconstruir o mundo como projeto do homem, para servi-lo. Era, outra vez, o comunismo. Assim o entendeu o infante, acho eu. Assim o entendo ao me proclamar henricano.

Marx, nessa história, faz o papel do vermelhinho inocente que, sem saber de nada, quis inventar e inventou um aparato de arrombar as portas da história a fim de pôr em prática, precocemente, a edificação do paraíso prometido. Nisso estamos pelejando, nós do PDT.

A pequena utopia

Em 1980, anistiado por lei, retornei a meu cargo na Universidade do Brasil, agora apelidada de "Federal do Rio de Janeiro", e às atividades políticas. Tendo vivido antes, aqui, e depois nos anos de exílio sempre aliado a Brizola, me integrei com ele no movimento pela redemocratização.

Assumimos posição própria e autônoma dentro do quadro partidário, retornando à principal linha histórica de lutas políticas do povo brasileiro: o *trabalhismo* e o *nacionalismo* de Getúlio, o *reformismo* de Jango que, conosco, transcende para o *socialismo democrático* do Partido Democrático Trabalhista — PDT.

As diretrizes ideológicas de nossa ação política foram fixadas, primeiro, num encontro em Lisboa realizado sob o patrocínio do Partido Socialista Português. Posteriormente, já no Brasil, as adequamos à realidade e as desdobramos na forma de estatutos e regimento de nosso partido.

Ultimamente, no curso da campanha eleitoral de Brizola à presidência realizamos um Foro Nacional de Debates dos Problemas Brasileiros, que se estruturou numa dezena de comissões temáticas que percorreu as grandes metrópoles brasileiras mobilizando os melhores especialistas locais para passar o Brasil a limpo, debatendo com profundidade os problemas mais graves do país.

Através destas etapas fixaram-se diretrizes doutrinárias e se definiram as linhas alternativas de ação que se abrem, hoje, no Brasil, a um governo do PDT. Dentre elas ressaltam as seguintes:

- *assegurar a todos os cidadãos o direito de viver em liberdade como um povo civilizado, sem medo de novos golpes militares e de violências repressivas;*
- *preservar a prodigiosa natureza brasileira representada pela defesa ativa das águas, das terras, da fauna e da flora originais de que nos resta tão pouco;*
- *reservar nossos recursos naturais não renováveis, só admitindo sua exploração para se criarem bases permanentes de produção e de trabalho;*
- *afirmar o primado do trabalho como fonte de todas as riquezas e como o substrato da vida social e da convivência humana;*
- *guardar fidelidade à ordem democrática regida pelo voto para a criação de uma sociedade participativa justa e solidária em que cada cidadão possa influir nas decisões que afetem seu destino;*
- *usar o poderio do Estado para erradicar os preconceitos que tanto humilham a milhões de brasileiros de origem índia e negra, bem como as disparidades sociais que degradam os brasileiros paupérrimos achacados por enfermidades curáveis ou humilhados pelo pauperismo, pelo alcoolismo e pelos vícios;*
- *retomar o crescimento econômico, reorientando-o para a criação de uma prosperidade socialmente responsável.*

Este é o ideário de nosso socialismo moreno cuja utopia concreta e imediata consiste em forçar os órgãos e serviços públicos a concatenarem suas ações no atendimento dos requisitos essenciais para um desenvolvimento social generalizado, sobre as seguintes bases:

1º) *reordenar a economia a fim de dar garantia de pleno emprego a todos os brasileiros;*

2º) *reorganizar a agricultura para assegurar fartura alimentar a todas as famílias;*
3º) *escolarizar todas as crianças brasileiras nas Casas Comunitárias e nos CIEPs;*
4º) *implantar serviços públicos de assistência médica com pessoal responsável pela saúde de cada parcela concreta da população;*
5º) *dar solução ao problema da moradia popular garantindo a cada família um lote, servido de água, luz e transporte, onde ela possa ir edificando sua casa própria em cooperação com seus vizinhos.*

Tenho a mais profunda convicção de que tudo isto é perfeitamente factível e pode ser alcançado em pouco tempo. Jamais se fez porque jamais se consolidou aqui um poder comprometido com o povo brasileiro. Nascemos e existimos desde sempre como um proletariado do mercado mundial que só se ocupa efetivamente de atendê-lo. Este programa mínimo, aparentemente modesto, reverteria o sentido da economia nacional, deixando de centrá-la no lucro para fazê-la atender prioritariamente às necessidades da população. Uma vez implantado, veríamos florescer aqui uma civilização bela e solidária.

XI
Fazendo

Política cultural

Num balanço de minhas atividades à frente da Secretaria de Ciência e Cultura, escrevi certa vez que a cultura é, para mim, o modo singular de um povo exercer sua humanidade: audível, na língua que fala ou na forma que canta; visível, nas coisas típicas que faz; observável, nos seus modos peculiares de conduta. Assim entendida, a cultura é atributo nosso, mas o é também dos xavantes e dos chineses.

Em todos os milhares de modalidades de vivências culturais, podem ser distinguidos certos aspectos da cultura, nos quais é mais ardente a preocupação de criar beleza, de expressar alegria ou de manifestar sentimentos. A estas particularidades é que se atribui, habitualmente, o conceito de forma de expressão cultural. Para muita gente é difícil meter na cabeça que balé e samba, feijoada e xadrez sejam modalidades diferentes de expressão cultural.

Às vezes é útil, ainda que seja sempre perigoso, falar de cultura popular e cultura erudita. Gosto de pensar que essas são as duas asas da cultura que, sem vigor em ambas, não voa belamente. É preciso reconhecer que uma não é melhor nem pior, superior ou inferior à outra. São apenas diferentes e, porque distintas, se intercambiam, abeberando-se reciprocamente. Populares são, para nós, as formas livres de expressão cultural das grandes massas, que nos dão seu exemplo maior no Carnaval carioca, como a principal dança dramática que jamais se viu. Eruditas são as formas escolásticas, canônicas, de expressão cultural, como o balé e a ópera, por exemplo, cultivadas por alguns, vivenciadas por pouquíssimos, mas admiradas por um grande público.

O importante neste campo, como em outros, é não cair em sectarismo. É tão ridículo o populesco, que só tem ouvidos para o seu samba, como o basbaque que só aprecia gêneros e estilos eruditos de expressão cultural desenvolvidos por outros povos, como a ópera ou o balé. Nosso desafio está precisamente em criar, no plano cultural, com fundamento em nossos modos de ser, gêneros equivalentes a eles. Novos gêneros que cultivemos com gosto e, quem sabe, até exportemos. É igualmente importante não nos fecharmos aos gêneros clássicos, hostilizando-os porque são exógenos. Ganhando o grande público, eles se fizeram, para muitos povos, modos de coparticipação nos valores da civilização a que pertencem. Rejeitá-los seria cair num provincianismo detestável. Reverenciá-los boquiabertos como formas perfeitas e intocáveis, sem a ousadia de recriá-los a nosso jeito, é igualmente boboca.

Dentro desta conceituação de cultura, política cultural não pode ser mais do que o estímulo generoso do Estado para que a criatividade popular e a erudita floresçam, sem nelas jamais interferir. A mão do Estado é sempre uma mão possessa, onde quer que ela queira ditar normas ou impor diretrizes culturais.

Estou orgulhoso do que fizemos na Secretaria de Cultura. No campo dos tombamentos, uma atitude nova nos fez sensíveis tanto à necessidade de preservar peças do patrimônio barroco, desde sempre louvadas, como muitas outras coisas; por exemplo, a Casa da Flor. Outro exemplo é o tombamento de trechos quilométricos da cidade do Rio de Janeiro, para ter a garantia de que as gerações que se sucedam à nossa vejam a cidade com os olhos com que nossos avós a viram. Mais importante ainda, ou mais gozoso, foi promover o tombamento de 100 km de praias, de lagos e de encostas do Estado do Rio.

Nós as preservamos da depredação dos especuladores não só porque são belas, mas também porque a vocação do Rio é o turismo que um dia nos há de enriquecer. Para tanto só teremos de deixar o mundo ver a maravilha que o Rio é. Um milagre feito à mão por Deus num dia em que Ele, inspirado e alegre, fez uma montanha coberta de mata virgem e a meteu mar adentro formando praias, ilhas e enseadas para mostrar de quanta beleza Sua criação é capaz.

Outra iniciativa importante foi a institucionalização do Corredor Cultural pela cidade do Rio de Janeiro. Uma única Lei municipal preservou, em 1983, 1.300 imóveis do centro tradicional do Rio, garantindo limites adequados de altura para os milhares de prédios vizinhos, cuja renovação é livre. Preservou-se assim a ambiência cultural urbana e permitiu-se a revitalização, orgânica e lenta, do centro da cidade. Isto é o que se vem processando ao longo de mais de seiscentos licenciamentos de obras, desde então, ao arrepio de todas as metodologias quantitativas vigentes de ordenação do crescimento urbano.

Comparem-se as quantidades: 1.300 imóveis em quatro anos de Corredor Cultural e cerca de novecentos imóveis excepcionais, tombados em 45 anos de existência do Patrimônio Histórico Nacional. Naturalmente as qualidades dos dois conjuntos de bens são muito diferentes, e o tratamento que recebem também; mas não há como negar os méritos deste remédio heroico que é o tombamento, quando usado competentemente.

Só nos dói a dor do que não pudemos fazer por falta absoluta de meios. Dói, principalmente, não termos uma televisão. Pode uma Secretaria da Cultura não contar com este instrumento supremo da cultura de massas? Pode o Estado, pode a Nação consentir que a TV seja regida quase exclusivamente como um negócio, dando ao público o que venda mais mercadoria boa ou ruim?

Em compensação, pela dor do que nos falta, tivemos as alegrias do que fizemos de novo, sobretudo a contribuição cultural que demos para melhorar a qualidade da educação pública. O acesso de todo o povo ao domínio da leitura é condição indispensável ao nosso florescimento cultural pleno. Não se pense que ela venha tirar qualquer coisa do vigor de criatividade da cultura popular. Muito ao contrário, pela alfabetização, nosso povo, integrado na civilização letrada em que está imerso, criará muito mais nos gêneros e estilos que cultiva.

Outra alegria nossa, das maiores, foi dar ao Rio uma nova e bela Biblioteca Pública Estadual. Ela funciona por si mesma como um grande centro de cultura, atendendo a milhares de pessoas diariamente, dando-lhes não só livros mas todos os instrumentos audiovisuais de informação, de estudo e de recreação como os vídeos, filmes e toda sorte de gravações. O mais importante, porém, é que essa grande biblioteca será a central coordenadora de uma rede de centenas de bibliotecas menores instaladas nos Centros Integrados de Educação Pública (CIEPs) ao longo de todo o Estado. (Ai, sonhos meus, tantos, desfeitos pela mediocridade alheia...) Através delas daríamos livros, livros a mãos-cheias, a todo o povo. O livro, bem sabemos, é o tijolo com que se constrói o espírito. Fazê-lo acessível, desmonopolizá-lo, é multiplicar tanto os herdeiros quanto os enriquecedores do patrimônio escrito da literatura e das ciências que é o bem maior da cultura humana.

Além de funcionarem como bibliotecas, os CIEPs foram planejados para funcionar como instituições polivalentes no campo da animação cultural, proporcionando às comunidades a que servem um polo de vivência, recreação e esporte nos fins de semana, com a introdução dos valores locais como escolas de samba infantis e núcleos folclóricos.

Trouxemos de volta, com a ajuda de Leonel Kaz, a *Revista do Brasil,* que Monteiro Lobato tornou uma voz da consciência brasileira e que hoje o Rio de Janeiro reassume e devolve a todos os homens de cultura do Brasil.

Um gênero novo de arte surgiu conosco no Rio, graças à criatividade de Carlos Scliar. Não me contentando com as artes plásticas expressas no quadro, no painel, na escultura, no objeto belo, pedi a ele que desse plasticidade em cor e forma a um edifício escolar inteiro. No caso concreto, a ideia foi embelezar uma escola em São Gonçalo que, como num ato mágico, transformou-se numa escola colorida. Belíssima.

No campo da museologia, enorme foi nossa messe. Citemos apenas alguns exemplos. Criamos e inauguramos, com a presença do ministro da Cultura da França, a Casa França-Brasil, para visualizar os cinco séculos de bom convívio que tivemos com os gauleses. (A casa foi reinaugurada depois por uns burocratas infecundos.) Deixamos em montagem o Museu do Carnaval, que dará ao visitante do Rio a visão da beleza esplêndida e do ritmo dos desfiles das escolas de samba, em qualquer dia do ano. Concluímos o projeto de criação de um Museu da Civilização Rústica, com o fundamento na qual esses brasis se constituíram.

A fazenda Colubandê, dignamente restaurada, devia receber uma réplica do melhor mobiliário rústico brasileiro. Ao redor dela, plantamos um enorme pomar com todas as frutas de antigamente. Será um santuário de todas as árvores frutíferas, inclusive de passarinhos, para ver se eles voltam a revoar outra vez.

Lutamos sem êxito — e esta luta vamos retomar — com os ministros da Cultura do Brasil e de Portugal para conseguir comovê-los e chamá-los à lucidez de converter o velho Paço Imperial do Rio num Museu da Civilização Luso-Brasileira. Nossa cultura mutante, ameaçada, necessita vitalmente regar essa matriz essencial do nosso ser, tão desprestigiada frente ao apreço circunstancial que se vem dando, ultimamente, às matrizes de alguns grupos neobrasileiros, que nem tão neobrasileiros são.

Alguns desses fazimentos me deram um soberbo sentimento de glória. Insisto em citar o arco com que Oscar coroou o Sambódromo doando à cidade o que será, doravante, seu símbolo. A transformação de uma escola enorme e feia, por Scliar, em prodigioso objeto de arte, criando um novo gênero plástico. A alegria de participar da homenagem que o Brasil prestou, no Teatro Municipal, pleno de público como nunca, a essa grande cantora que é Clementina de Jesus, o que enraiveceu inumeráveis bobocas. A salvação de 100 km de praias e encostas. A volta de Boal do exílio. A pintura mural pelas ruas. As crianças nos teatros e concertos. A cultura viva. E ainda o Monumento a Zumbi, um bronze de Benim, para alegria da negritude.

Os CIEPs

O principal encargo que recebi de Brizola foi o de organizar o Programa Especial de Educação destinado a reformar o Ensino de Primeiro Grau no estado. Realizamos, então, sem exagero, uma verdadeira revolução educacional, com a implantação dos Centros Integrados de Educação Pública — CIEPs, cada um deles destinado a dar educação de dia completo a mil crianças.

Criamos, também, com a ajuda de Tatiana Memória, um modelo novo de instituição, destinado a dar assistência social às mães e às crianças: as Casas Comunitárias. Elas substituem as creches — necessariamente pequenas e dificilmente multiplicáveis —, pondo em seu lugar núcleos locais de convivência e distribuição de suprimento alimentar e de provimento de assistência médica para atender a mais de 3 mil crianças e suas mães nas áreas mais carentes.

O conjunto das Casas Comunitárias — que cuidam das crianças do ventre da mãe até os 6 anos — e dos CIEPs — que as tomam, então, para educá-las até a oitava série, até os 14 anos — constitui uma forma nova, criativa e integrada de fazer frente ao problema da educação popular que constitui um dos mais graves desafios com que se defronta o Brasil. Por suas ambições e pelo muito que chegou a realizar, este programa constitui o principal projeto de educação que se concretizou no Terceiro Mundo. Este é um feito da maior relevância porque poucas matérias estão a exigir tão urgentemente uma programação governamental ampla e séria como a educação pública. O nosso Programa Especial de Educação, ademais de um empreendimento arquitetônico e construtivo sem par em qualquer parte por sua grandeza, foi a experiência pedagógica mais complexa, mais democrática e participativa, além de ser a mais bem-sucedida que tivemos no Brasil.

Sua implantação resultou de uma consulta a todo o professorado do Rio de Janeiro, de que participaram ativamente, em reuniões locais, 58 mil professores. Mil deles, para isto eleitos, voltaram a reunir-se em grupos menores, regionalmente. Afinal, se juntaram cerca de trezentos delegados na cidade de Mendes, onde foram fixadas as Diretrizes e Bases do Programa Especial de Educação.

Ali se definiu como objetivo fundamental a eliminação do terceiro turno e a criação de uma escola honesta, que se cristalizou no CIEP. Ali também se aprovou todo um corpo de outras medidas, logo postas em prática. Entre elas se destacavam os programas especiais de aperfeiçoamento do magistério, com a criação de cursos de formação de alfabetizadores, com professoras recém-formadas e selecionadas por concurso, que dedicavam metade das suas oito horas de trabalho nos CIEPs à sua própria formação.

Nesses cursos formávamos também, com a mesma intensidade, professoras regentes de classe para a quinta série, com a tarefa específica de consolidar sua capacidade de ler e escrever. O Programa Especial de Educação produziu também material didático para todos os CIEPs, não só de orientação diária para a professora, mas também na forma de exercícios diários para cada aluno.

Nossas classes dominantes de filhos e netos de senhores de escravos sempre olharam a população pobre, predominantemente negra ou mulata, como uma reles força de trabalho, um precário carvão humano para queimar na produção de mercadorias. Em consequência, jamais privilegiaram a escola pública comum, como ocorreu em todos os países que se modernizaram. Ao contrário, deixou que a escola se deteriorasse, não dando ouvidos a todos os educadores responsáveis que clamavam contra essa cegueira política e essa irresponsabilidade social.

Anísio Teixeira — como de resto todos os nossos verdadeiramente grandes educadores — pregou a vida inteira que a educação não pode ser privilégio de classe, porque numa civilização letrada todos têm que aprender a ler, escrever e contar. Se se medisse como objetivo real da escola o que ela efetivamente alcança, se poderia dizer que nosso sistema educacional existe apenas para ensinar a maioria de seus alunos a desenhar o próprio nome. Isto, aliás, é o que se chama de alfabetizado em nossas estatísticas. A imensa maioria das crianças brasileiras saem da escola, depois de três ou quatro anos, incapazes de ler um anúncio de jornal ou de escrever um bilhete. Precisamos abrir os olhos para a realidade de que isto não se dá por acaso, mas como resultado real da escola que temos.

Efetivamente temos uma escola pública essencialmente desonesta porque se ajusta, de fato, à minoria dos seus alunos. Aqueles oriundos das classes médias, que têm casa onde estudar e, nessa casa, quem estude com eles. Exatamente os que, a rigor, nem precisariam da escola para ingressar no mundo letrado. Em consequência, repele e hostiliza o aluno-massa, que dá por imaturo e incapaz. Até prova que assim é, através dos célebres testes de prontidão. Só se esquece de que 80% de crianças que fracassam nesse teste são exatamente as pobres, que mais necessitam da escola pública, porque só nela teriam uma porta para a escolarização e a instrução.

Disto resulta que mesmo em metrópoles ricas como São Paulo, Rio ou Belo Horizonte, só uma minoria de algo como 30% dos alunos completa a quarta série primária. Assim é porque nossa escola do passado, já precária, deteriorou-se irremediavelmente nas últimas décadas, ao desdobrar-se em turnos. Isto se deu quando ela foi chamada a atender a massa de alunos pobres que se concentrou nas cidades, quando a população brasileira, majoritariamente rural, passou a ser predominantemente urbana.

A escola de dia completo, vale dizer, a que atende seus alunos das 7 ou 8 da manhã até às 4 ou 5 da tarde, não é nenhuma invenção do Brizola nem minha, nos CIEPs. Este é o horário das escolas de todo o mundo civilizado. Todas essas horas de estudo são absolutamente indispensáveis para fazer com que o menino francês aprenda a ler e escrever em francês, ou o japonês em japonês. Oferecer a metade dessa atenção e às vezes menos ainda a uma criança mais carente que a daqueles países, porque afundada na pobreza e porque recentemente urbanizada, é condená-la a fracassar na escola e depois na vida.

Aliás, se poderia até alegar que este fracasso é, de fato, um sucesso, porque as classes dominantes brasileiras têm efetivamente como meta educacional não educar o povo, mas deixá-lo bronco e xucro para fazê-lo assim mais manipulável. Só peço que não se caia na tolice de dizer que isso corresponde ao regime em que vivemos e que só um socialismo de tipo cubano permitiria educar a nossa população. Não é assim: o capitalismo foi capaz de dar boas escolas, escolarizando toda a sua população. Inclusive necessitou fazê-lo para realizar suas potencialidades, o que só é possível com uma força de trabalho letrada.

Há quem diga, em sua ignorância, que escola não é pensão. Besteira. Onde há escola de dia completo, que retém seus alunos por oito horas, é indispensável dar-lhes pelo menos uma refeição. Isto é o que se faz no mundo inteiro. Quando os pais podem pagar, pagam; mas os filhos cujos pais não pagam comem também a mesma comida. Não se serve lá é o cafezinho, com um copo de leite e uma fruta, que dávamos nos nossos CIEPs. Isso é compreensível, eles lá têm seja seu *petit déjeuner*, seja seu *breakfast*, seja seu *desayuno* que nossa gurizada não tem. Tivemos também que servir o jantar, porque deparamos nas áreas periféricas, que é onde se concentram os CIEPs, com populações tão carentes que nenhuma criança deixou nunca de comer o jantar dos CIEPs por preferir a ceia de casa.

Como em todas as escolas do mundo, dávamos ginástica e recreação, indispensáveis para crianças em fase de crescimento e, sobretudo, para quem estuda numa escola de dia completo. Acrescentamos a isso o banho diário, que corresponde ao bom hábito índio-brasileiro de se banhar todo dia, mas também à necessidade de fazer frente à praga de piolhos, sarna e pereba, que chagam nossas crianças das camadas pobres.

Há também os ignaros que acusam os CIEPs de faraonismo. De fato, eles representam a política oposta à vigente até hoje entre nós. O secretário de Educação de Carlos Lacerda — dono, aliás, de um colégio para meninos ricos — dizia que criança que vive em barraco pode perfeitamente estudar em escola de barraco. Desde então difundiu-se a ideia de que o povo não precisava de bons edifícios escolares. Eu me recordo de que a escola em que estudei, numa cidade do interior de Minas, era o melhor edifício da cidade. As escolas feitas pela Primeira República ainda estão de pé e são belos edifícios. Recordo ainda que as vinte e tantas escolas deixadas por Anísio Teixeira e construídas na década de 1930 custariam hoje, cada qual, muito mais caro do que um CIEP.

Atrás dessa crítica, o que se esconde é a velha ojeriza da classe dominante brasileira e de seus intelectuais servis ao nosso povo, que para ela não merece nada. Por isso somos o segundo produtor mundial de alimento, mas nas últimas décadas diminuiu a produção de feijão ou de farinha de mandioca, que é o que o povo come, enquanto crescia a de álcool, para quem tem carro, e a de soja, para engordar porco no Japão ou frangos na Alemanha.

Os CIEPs são edifícios de concreto pré-moldado que custam 30% mais barato do que a construção habitual com tijolos e têm a imensa vantagem de poderem ser feitos em seis meses. Por essa razão é que Brizola pôde realizar no seu programa educacional a maior obra educativa de que se tem notícia.

Ao concluir o governo em março de 87, deixamos prontos 127 CIEPs (112 deles funcionando plenamente); 47 mais em fase final de construção e equipamento, programados para serem postos em funcionamento no mês de agosto, e 105 em montagem. Para 111 mais tínhamos os terrenos comprados e todos os pré-moldados necessários para construí-los estavam fabricados e pagos nos canteiros de obras das empreiteiras. Estes são números reais, verdadeiros e comprovados. Quem duvidar que procure a edição de 11 de março de 1987 da revista *Veja:* lá poderá ver a fotografia de todos e de cada um destes CIEPs ou dos terrenos em que eles seriam construídos. Vale dizer que isto não é matéria que admita qualquer contestação, porque está plenamente documentada e a documentação é acessível a quem queira ver.

Apesar do peso das tarefas governamentais, prossegui em minhas atividades de escritor. Assim é que publiquei em 1986 um novo livro: *Aos trancos e barrancos: como o Brasil deu no que deu,* que é uma revisão satírica da história do Brasil no século XX e um libelo contra as classes dirigentes brasileiras, nominalmente liberais, mas sempre propensas ao golpismo e responsáveis por uma realidade social descaradamente privilegiadora dos ricos e perversa para o povo.

Outro livro meu, publicado recentemente, é *América Latina: pátria grande,* uma coletânea de ensaios sobre o espaço cultural em que nossos povos vivem seu destino, submetidos a formas espoliativas de intercâmbio econômico que os impedem de realizar suas potencialidades.

O Carnaval e o Sambódromo

Na qualidade de secretário de Cultura, me dediquei a outros fazimentos. Assim é que criei, no Rio de Janeiro, esta beleza de coisa que é o Sambódromo. Além de funcionar como um grande estádio para os desfiles de Carnaval, ele é uma imensa escola pública. Até ter sua casa própria, as escolas de samba desfilavam em diversos locais, principalmente na avenida Rio Branco e na avenida Presidente Vargas, no centro da cidade. Desde 1984 as principais escolas desfilam no Sambódromo, edificado sob minha direção para o governador Leonel Brizola, segundo projeto arquitetônico de Oscar Niemeyer, que fez dele o mais belo conjunto monumental da cidade, e de seu glorioso arco um novo símbolo do Rio de Janeiro.

Antigamente o desfile se realizava em estreita passarela de 7 metros de largura, emparedada pelas arquibancadas numa extensão de pouco mais de 700 metros. Hoje conta com amplos espaços da passarela do samba, que é o Sambódromo. O desfile se realiza rodeado e assistido por 8 mil edificações onde ficam os camarotes e arquibancadas, com 60 metros de extensão cada um, construídos sobre pilotis. A ideia do arquiteto era devolver o chão do desfile ao povo carioca, único realmente capaz de apreciar, em toda a grandeza dela, sua principal festividade.

A criação do Sambódromo foi toda uma façanha, uma vez que dentro de curtos 120 dias ali se fundiram 17 mil metros cúbicos de concreto, perfazendo 85 mil m² de obra da mais requintada qualidade.

Sua edificação se impôs ao verificar-se que, em dois anos de gastos com montagem e desmontagem das arquibancadas provisórias de tubos de ferro e bancos de madeira, se gastava o suficiente para uma edificação definitiva.

Pairava, porém, a dúvida sobre a conveniência de empreender uma edificação tão gigantesca para uma festa que dura três dias. O argumento definitivo surgiu com a ideia de meter cerca de duzentas salas de aula debaixo das arquibancadas, o que converteu o Sambódromo, no curso de um ano inteiro, numa imensa escola pública, capaz de atender a 5 mil alunos.

Assim é que o Sambódromo acabou se desdobrando em três unidades: a Passarela do Carnaval; um dinâmico e múltiplo Centro Integrado de Educação Pública; e a praça da Apoteose, destinada tanto ao Carnaval como a festivais de música, teatro, balé etc. Desde que foi construída ela é utilizadíssima. Suas potencialidades são, porém, ainda maiores porque bem aproveitada ela representa toda uma inovação e enriquecimento dos desfiles de escola de samba.

Com efeito, chegando à praça, depois de completado o desfile sequencial em que se desenvolve seu enredo e que só pode ser entendido por iniciados — ou seja, pelo apreciador carioca —, a escola vê abrir-se à sua frente o amplo espaço da praça da Apoteose. É o desafio de, num esforço final, ali retomar a alegria das danças mais espontâneas que realiza habitualmente em sua quadra de ensaios, dançando para um outro público, só capaz de vê-la como um imenso balé. Para tanto a bateria se adianta e se localiza no centro da praça e ao redor dela revoluteiam, dançando, as várias alas. Ou a escola simplesmente dá uma larga volta, numa bela coreografia, e perfaz o caminho de retorno até o princípio do desfile, como fez a Mangueira, arrastando atrás de si todo o público da Passarela, e que foi a glória da campeã do Carnaval de 1984, quando se inaugurou o Sambódromo.

É de assinalar que este balé final que arremata o desfile na praça da Apoteose é oferecido a um público não iniciado, feito sobretudo de turistas, que pagam cerca de cem dólares para vê-lo e cujo número aumenta a cada ano. Para isto é que lá estão as maiores arquibancadas do Sambódromo, capazes de abrigar cerca de 40 mil pessoas e dotadas de melhor serviço de bar e restaurante.

Para as escolas de samba, o Sambódromo representou também uma emancipação, uma vez que passaram a ter uma participação crescente nas enormes rendas que dão os desfiles, livrando-os assim de amparos vexatórios, de peditórios humilhantes e até mesmo de subsídios governamentais, que costumam vir com exigências.

O Memorial da América Latina

Havendo perdido a eleição para o governo do Rio, me vi na situação incômoda e ridícula de não querer sair à rua, tantíssimos eram dos meus 2,5 milhões de eleitores que queriam consolar-me. Escapei indo para Minas a convite do governador para planejar e executar um programa de desenvolvimento social que incluiria uma centena de CIEPs e muitas mais Casas Comunitárias. Bem sabia que meu papel seria o de azeitona no bolo de Newton Cardoso; mas o dele seria o bolo de minha azeitona, aflita para sair dos frustrados carinhos cariocas.

Seis meses depois, vendo que Newton não era de nada e acatara submisso o veto de Sarney aos meus planos de multiplicar os CIEPs de Brizola, briguei e saí. Sou homem de tanta sorte que, na semana em que saía de Minas, fui chamado por Orestes Quércia e Oscar Niemeyer para colaborar num dos empreendimentos mais gratificantes que a vida me proporcionou: o planejamento cultural do Memorial da América Latina.

Este projeto foi nada menos que da maior e mais bela iniciativa cultural do Brasil moderno. Altamente relevante, tanto pela majestade de sua concepção arquitetônica que se deve a Oscar Niemeyer e constitui, talvez, a mais bela das suas obras extraordinárias, como por sua alta missão de pretender vincular São Paulo com todos os centros de criatividade cultural da América Latina.

Para alcançar esses objetivos, o Memorial prevê contar com a primeira Biblioteca Latino-Americana da América do Sul, organizada para funcionar como um centro de documentação e de estudos, através do livro, do filme, do disco e dos novos recursos da informática. Conta, também, com um Salão de Atos, destinado a acentuar a identidade latino-americana e a despertar o orgulho de todos os latino-americanos por nossas matrizes indígenas, africanas, ibéricas e outras, e para recordar e honrar os heróis das lutas de libertação e de esforços de edificação da América Latina.

O Memorial conta, ainda, com o Pavilhão da Criatividade Popular, que funciona como um grande museu vivo da melhor arte popular brasileira e latino-americana, e com um grande auditório, a Aula Magna, destinada a convenções, congressos e programas musicais.

O núcleo principal do Memorial será, porém, o Centro Brasileiro de Estudos da América Latina, que concederá anualmente o Prêmio São Paulo, de 100 mil dólares, para Letras, Ciências, Artes e Humanidades. Outorgará, também anualmente, três cátedras do Memorial, para dar a estudiosos maduros a oportunidade de escrever livros de importância relevante para São Paulo, para o Brasil ou para a América Latina. Concederá, ainda, numerosas bolsas de viagem, para intensificar o intercâmbio de jovens intelectuais latino-americanos. A função principal do Centro será, entretanto, a realização de seminários mensais temáticos de Balanço Crítico, sobre o estado do conhecimento em cada área do saber; e o patrocínio de congressos internacionais, para discutir temas e problemas latino-americanos.

[O Projeto Caboclo]*

Pés descalços, Darcy Ribeiro contempla da varanda de seu quarto o mar de Copacabana. O barulho da avenida Atlântica — onde morava havia décadas num apartamento de um quarto — quase cobre a voz rouca. Darcy, numa de suas últimas entrevistas (do dia 24 de janeiro de 1997), se esforça para detalhar o que considera o maior sonho de sua vida. Teimoso como de costume, não dá ouvidos a Gisele, a fiel assessora, que recomenda moderação. Ele se entusiasma e esquece o barulho lá fora. Em duas horas de conversa, Darcy fala sem parar do Projeto Caboclo — ideia original e apaixonada de colonização da Amazônia. No fim, cansado, nem pode se levantar da poltrona para despedidas. O projeto de montar na selva espécies de tabas de caboclos para plantação e exportação de produtos típicos foi o único sonho que o câncer impediu Darcy de realizar.

Por que tanta empolgação com o Projeto Caboclo?

DARCY RIBEIRO: É o projeto mais importante que já surgiu no Brasil. Não é porque é meu, não. Deve ser tratado com grandeza porque é grande. Vivi um tempo grande com os índios e alcancei uma compreensão boa

---

* Entrevista concedida a Aziz Filho e Catia Seabra, publicada em *O Globo*, 18/2/97, p. 21.

da vida deles. Há cinquenta anos estou nesse assunto. Em 1950, fiz o primeiro projeto de colonização da Amazônia. Meu interesse era o índio. Quando vivi lá, o interesse passou a ser duplo. Como salvar o índio e o jardim da Terra? A quantidade de pessoas preocupadas com isso no mundo é enorme.

Dá para explorar e, ao mesmo tempo, proteger a Amazônia?

DARCY RIBEIRO: Alguns querem plantar capim, convertendo a Amazônia num pampa tupiniquim. É uma completa insanidade. A floresta está em terras muito ruins. Ela vive de si mesma, do oxigênio que tira do ar e dela própria. Quando você destrói, não tem jeito de recompor. Exposta à erosão do sol, dá um capim muito pior do que o nativo de Goiás. Há também a ideia de levar para lá colonos do Sul; da Bahia, de outros lugares. Eles não conhecem a floresta e, quando chegam, querem reproduzir a paisagem da terra natal. O mais importante da floresta são os povos da floresta. Os índios e os caboclos. Cada vez que o progresso chega, acaba com o habitat e os expulsa para a cidade. A população brasileira culturalmente mais rica em adaptação ecológica é da Amazônia. O povo da floresta herdou 10 mil anos de adaptação. Sabe o nome de todas as plantas, dos animais. E o uso também. Há 64 espécies frutíferas de alta qualidade já identificadas na Amazônia, das quais usamos catorze ou quinze. Cupuaçu é a melhor coisa do mundo para fazer sorvete e refresco. Para produzi-lo, o empresário privado, que é imediatista, tem de derrubar a floresta. O caboclo e o índio sabem que é preciso cinco anos ou mais para uma plantação florestal dar certo. Há como pôr essas árvores dentro da floresta, sem devastar. Pode derrubar um ou outro galho que impede o sol de entrar. Você pode plantar quantidades imensas dessas árvores. A seringa é natural de lá, mas quem produz é São Paulo. Você pode melhorar enormemente a vida dos seringueiros se levar mudas de São Paulo para intensificar a quantidade de seringueiras lá. Podemos ter sementeiras também. A floresta é mais água do que terra. Há uma quantidade infinita de lagoas. Tucunaré, tambaqui, pirarucu são produzidos em Minas e São Paulo e não na Amazônia. Isso é doidura.

De que forma seriam organizados os agentes econômicos da Amazônia que imagina?

DARCY RIBEIRO: Teremos, de saída, seis áreas de 5 mil hectares da floresta virgem. Talvez chegue a dez porque há instituições com terra lá que vão querer participar também. Seriam dez comunidades caboclas. Cada comunidade será feita com cinquenta famílias. Cada uma vai receber um salário mínimo. Cinquenta salários mínimos é o que ganha um tecnocrata. Na comunidade haveria uma casa grande, com televisão, escola e lugar para baile para o caboclo não ficar isolado. Eles mesmos fariam o casarão, com madeira, cipó e folha de palmeira e as cinquenta casas menores dispostas em círculo, em volta da casa-grande. Farão também uma grande roça coletiva de mandioca, milho, o diabo, para garantir a alimentação.

Por que o senhor não tentou fazer isso antes?

DARCY RIBEIRO: Nos últimos dez anos, tentei de todos os modos tocar isso, mas tinha tanta coisa para fazer que não dava para fazer direito. A sensação que tenho é que vai dar certo. É um acontecimento importante na história brasileira. Não faltam no Brasil jovens que queriam dar anos de vida a uma experiência tão fascinante. A quantidade de jovens na Europa que estão cansados de ficar fazendo teses em cima de teses de doutorado e querem fazer alguma coisa concreta não está no gibi. O pessoal científico, como eu, vai trabalhar de graça. Estou preparado. As pessoas confiam que vou fazer porque as coisas que eu falei que ia fazer eu fiz. Isso me dá uma grande responsabilidade. Se eu morrer, já resolvi a sucessão. Tudo continua.

Quem manda nisso tudo?

DARCY RIBEIRO: Quem manda é a Fundação Darcy Ribeiro, onde quem manda sou eu. Vamos contratar uma firma de auditoria, a Price Waterhouse. Quem vai bancar é uma ONG da Holanda, mas quero dinheiro daqui também.

O senhor diria que esse é o seu projeto mais importante, até do que a UnB e os CIEPs?

DARCY RIBEIRO: É o mais importante da minha vida. São as duas coisas que mais quis na vida: salvar a floresta e seus povos. É claro que, como todo experimento, pode fracassar. Mas tem base científica para não fracassar.

XII
Romanceando

[Quatro livros de ficção]

Desde muito cedo me apeguei à literatura. Até fiz dela uma de minhas janelas de comunicação com o mundo, com a vida. Fui, minha vida inteira, sou, um insaciável leitor de poesia e de romance. Acho até que meu espírito está mais construído do que li nesses gêneros do que de minhas outras leituras.

Minha primeira tentativa de escrever um romance, precocíssima, se deu aos 20 anos, quando compus *Lapa Grande,* um texto de cerca de 250 páginas. Horroroso! Felizmente nunca foi publicado, nem se publicará. Creio que isto se deu porque, no curso da vida, os temas antropológicos que versei tinham tanta seiva humana que estancaram minha necessidade de exprimir-me literariamente.

Só no exílio, pouco a pouco, retomei esse velho filão. Primeiro, no Uruguai, onde escrevi a primeira versão, um esboço ainda, do que seria meu romance *Maíra*. Serviu-me, então, para sair do esgotamento em que caí, no esforço enorme de escrever *O processo civilizatório*. Entrando em *surmenage*, a única que tive na vida, interrompi, por ordem médica, o trabalho e fui tirar umas férias na casa de uma italiana que me dava bons vinhos aquecidos na lareira. Escrever aquelas páginas de meu romance, deixando de lado o livro teórico, me tirou da estafa e permitiu que eu retornasse a ele, com a possibilidade de completá-lo poucos meses depois. Aprendi desde então que descanso é fazendo outra coisa.

O esquema de *Maíra*, em suas linhas gerais, já o definia como um romance da dor e do gozo de ser índio. Retomando, ali, minhas memórias, consegui encarnar, dar vida ao drama de Avá, uma espécie de índio-santo sofredor, na sua luta impossível para mudar de couro, deixando de ser sacerdote cristão para voltar a sua indianidade original.

Retomei depois meu romance, de que havia perdido as anotações, tal como ele existia registrado na memória, durante minha prisão num quartel do Exército em 1969. Então o escrevi mais largamente, fixando a estrutura geral do livro. Mas também o abandonei assim que me veio a liberdade.

Só fui completá-lo em 1974/75, para sair da tensão em que me afundei depois da operação de câncer. Suponho até que foi aquela experiência de ver a morte cara a cara, minha morte, como uma possibilidade real e concreta, que desatou as peias e me deu a coragem de expressar-me carnalmente como se requer de um romancista.

Depois escrevi *O mulo*, começado além dos Andes e terminado em Copacabana. Ele é ou quer ser o retrato psicológico de nossa classe dominante rústica, em sua bruteza de gastadores de gente no trabalho, em sua fome insaciável de terras latifundiárias, em seu desejo de poder. Imaginava — o título já o diz: o mulo — que dele resultaria um personagem detestável e eu queria muito que o leitor o odiasse. O tiro me saiu pela culatra. Seu Filó é apenas comovente. Isso tem o romance de forte; saindo vomitando, às golfadas, do inconsciente, nunca é maniqueísta.

Ao contrário do chamado romance social que exalta humildes mas heroicos lutadores populares, em *O mulo* eu retrato o nosso povo roceiro, sobretudo os mais sofridos deles que são os negros, tal como os vi, sempre mais resignados que revoltados. Além da espoliação de sua força de trabalho e de toda sorte de opressões a que são submetidos, nossos caipiras sofrem um roubo maior, que é o de sua consciência. O patronato rural se mete em suas mentes para fazê-los ver a si mesmos como a coisa mais reles que há.

Guardo em mim recordações indeléveis das brutalidades que presenciei em fazendas de minha gente mineira e por todos estes brasis, contra vaqueiros e lavradores que não esboçavam a menor reação. Para eles a doença de um touro é infinitamente mais relevante que qualquer peste que achaque sua mulher e seus filhos. Esta alienação induzida de nossa gente, levada a crer que a ordem social é sagrada e corresponde à vontade de Deus, é que eu tomei como tema, mostrando negros e caboclos de uma humildade dolorosa diante de patrões que os brutalizavam das formas mais perversas. Tanto me esmerei na figuração destes contrastes que um pequeno bandido político em luta eleitoral contra mim fez publicar alguns daqueles meus textos de denúncia como se expressassem minha postura frente aos negros.

O mulo foi para mim mais uma ocasião destas que não perco de testemunhar o quanto somos um país enfermo de desigualdade. Se as relações inter-raciais são mais fluentes entre nós que em outras partes — apesar do peso do preconceito que reina aqui —, as relações sociais no Brasil são infranqueáveis. A distância que separa os ricos dos pobres é abismal.

O negro, somando sua cor discriminada à pobreza em que está imerso, sofre duplamente a carga dos preconceitos. Esta é a herança hedionda da escravidão que fomos o último país do mundo a proscrever. Foi ela que criou entre nós uma mentalidade que permanece viva e ativa nas nossas classes dominantes rústicas que continuam a fazer do Brasil um engenho de gastar gente.

Minha terceira novela, *Utopia selvagem*, é uma espécie de fábula brincalhona, em que, parodiando textos clássicos e caricaturando posturas ideológicas, retrato o Brasil e a América Latina. O livro foi tomado apenas como piada, em suas várias edições no Brasil. Ninguém aqui se deu conta de que tinha algo mais do que piadas e gozações. Assim foi até que me vi desmascarado com uma tese apresentada na PUC-Rio por João Domingos Maia e, depois, nas edições eruditas que saíram na Alemanha, na Itália e na França, com dezenas de notas de pé de página, mostrando o substrato erudito da engraçada novela.

Em *Maíra*, mostro o índio real de carne e osso e nervos e mente, enredado na sua cultura como nós na nossa, mas capaz de todos os pensamentos e sentimentos. Na *Utopia,* trato é com índios de papel, tal como Macunaíma. Índios emblemáticos que servem para discutir temas e teses muito civilizadas, tal como a cristandade e a conversão, o machismo e o feminismo, a vida e a morte, o saber e a erudição, a pátria e o militarismo, o socialismo e a liberdade. Para versar este assunto até meti no texto, meio intempestivamente, uma paródia de Orwell, *1984.*

Além de convocar para minhas tertúlias clássicos como Morus, Shakespeare, Montaigne, Rousseau, Swift, Tocqueville, Hegel, Marx e muitíssima gente boa, ponho na berlinda a prata da casa. Seja encarnando nossos heróis fundadores como Vespúcio, Staden, Carvajal e Orellana, o bispo Sardinha e Bolívar; seja dando a palavra a Anchieta, Gândavo, e a Joaquim, Mário e Oswald de Andrade, bem como a Glauber, que não podia faltar nesta fuzarca.

O último romance que escrevi — *Migo* — é uma espécie de retrato psicológico do intelectual na sua forma de romancista provinciano e um mergulho na mineiridade. É, na verdade, um romance confessional em que me mostro e me escondo, sem fanatismos autobiográficos. Mais revelador, porém, acho eu, do que sou e do que penso, do que seria possível na primeira pessoa.

É um texto muito trabalhado, mais que os outros. Não, talvez, pela tarimba que alcancei, mas sim por ter como fulcro a própria escritura. Seu destino, temo eu, será o dos outros romances meus: ter êxito onde não devia. Efetivamente, já começa a ser traduzido mundo afora. Não alcanço nunca aquilo que constitui meu desejo mais fundo e verdadeiro: produzir livros que tenham centenas de milhares de leitores. O que alcanço é uma literatura para leitores sofisticados, por isso mesmo, prontamente traduzida e frequentemente reeditada, mas com tiragens discretas demais para meu orgulho.

Nesses quatro romances o que faço, de fato, é voltar a banhar-me nas águas em que me banhei. Em *Maíra,* retomo minhas vivências de jovem etnólogo, nos muitos anos de grato convívio que tive com índios, pelos matos do Brasil. Em *O mulo,* recordo minha gente sertaneja, meus tios e avós, fazendeirões rudes, gastadores de gente. *Utopia selvagem* é o livro de minhas leituras e de minhas preocupações espirituais maiores, que ali, brincando, brincando, consigo expressar de forma talvez mais clara que em outras obras. *Migo* é minha autobiografia inventada, uma vida que eu até poderia ter vivido se tivesse publicado *Lapa grande* e ficado em Minas.

A experiência de romancista é das mais fortes de minha vida. Criar personagens e fazê-los viver seus destinos, amando seus amores, sofrendo suas dores, é pelo menos comovente.

Melhor ainda é o sentimento de que se vai penetrar na intimidade do leitor, invadir sua alma, irisar seu corpo — porque se ele não se abre para o romance também não goza —, fazendo-o sentir, como verdades carnais, minhas fantasias.

Estas as qualidades supremas de reconstituição da vida, de comunicação sentida de ideias e emoções no romance, se alcançam com uma verdade mais funda e real que nos textos científicos. Se alcança, por igual, um reconhecimento que os ensaios, por exitosos que sejam, não nos dão.

Nenhum leitor de meus livros antropológicos me perguntou nunca o que os leitores dos meus romances perguntam. Vai haver uma guerra no fim do mundo? Existe outra vida para além da morte? Os índios como selvagens têm competência para amar realmente? Essas e muitas questões mais eu tive que responder em muitos países. Creio, por isto, que no romance se alcança com leitores ou leitoras um grau de comunicação bem próximo do que só se experimenta no amor.

[Maíra e a experiência da ficção]*

Toda as pessoas me perguntam por que eu, um antropólogo conhecido, lido em vários países, decidi ser romancista. É como se eu houvesse cometido um pecado, uma infidelidade e eu gosto das infidelidades. Mas, essencialmente, eu sempre quis escrever um romance, e escrever este que eu acabo de escrever e de publicar foi uma das experiências intelectuais mais ricas da minha vida, e aprendi que esta coisa de romancista não é tão sofrida como eles dizem, ou se é sofrida é um sofrimento muito bom. Eu me diverti muito escrevendo este romance, mas é totalmente diferente do trabalho científico. Quando eu escrevo um ensaio científico é como se eu cavalgasse o meu espírito. Eu o cavalgo e o conduzo a expressar certas coisas, a dizer certas coisas. Mas, pelo contrário, o romance é que me cavalga, é diferente, ele sai de dentro de mim. E é incrível, eu escrevi este romance depois da minha operação, já que eu estava descansando da operação no Peru. O tema é o drama indígena e eu o escrevi no Peru. Ele diz respeito à experiência que eu tive vinte e cinco, trinta anos antes. A primeira coisa incrível é como nós estamos cheios de memórias, como tudo o que aconteceu está guardado em nós.

---
* Depoimento gravado no México, em 1978, para o LP *Voz viva da América* e reproduzido originalmente no livro *América Latina nação*, p. 25-31.

Se você abre uma janelinha, de maneira adequada, saem todas as palavras, saem os sentimentos do mundo, saem os sentimentos das coisas. Então, na ponta do meu lápis, saíam frases inteiras em línguas indígenas que eu imaginava que já tinha esquecido; e saíam observações, percepções. O que este romance tem como vantagem, se tem alguma vantagem, é de que nele é o próprio indígena que fala, não é um branco falando sobre o indígena, é a visão do mundo do indígena que eu pude perceber em anos e anos de convivência com eles. Eu acredito que consegui dar voz a eles, a estes indígenas com os quais convivi.

Agora, eu diria também — e isto é um pouco espantoso — que, se na minha obra existe algo que representa sabedoria, não está nos meus ensaios científicos, está nos romances, ou seja, sabedoria como compreensão do mundo, como atitude em direção ao homem, como atitude solidária e aberta, como sabedoria no sentido velho da palavra sabedoria, está no romance e não está nos ensaios científicos. Ou seja, eu que escrevi centenas de páginas sobre etnologia indígena, sobre antropologia indígena, no romance eu consigo expressar o mundo indígena muito melhor, porque o verossímil é muito mais próximo à verdade do que o factual científico, que o empírico. O empírico é uma seleção de fatos sobre a multiplicidade inumerável de fatos possíveis e o verossímil é uma construção de um fato possível. Esta construção faz com que o texto seja não só muito mais expressivo, mas também muito mais verdadeiro, porque apresenta homens e pessoas em sua totalidade.

Agora, já que falei tanto do romance e já que satisfiz, talvez, aos ouvintes do México e de não sei mais de onde, falando esta língua de vocês, tanto nossa ou do futuro, por que não me deixam falar a minha língua? Eu quero ler um capítulo do meu romance em bom português, na língua na qual eu sinto que me expresso totalmente, que eu domino completamente. Deixem que eu leia um capítulo do meu romance em português e preste bem atenção leitor, escute com atenção. Se escuta com bastante atenção cada dito que é dito, vai talvez compreender. Não está tão longe do espanhol como se pensa. Atenção, eu vou ler um capítulo que eu escrevi bem no meio do livro, não tem nada com o livro, chama-se "Egosum", e é sobre o autor do livro:

"Não pode ser lembrança. Nunca estive lá. Jamais. Ninguém esteve. Entretanto me lembro bem. Vejo dentro de mim, recordo com toda precisão, aquele deserto gelado e o vento furioso estremecendo a estação espacial. Estarei louco? Creio que sim. Provavelmente sempre fui meio maluco. Pelo menos desde aquele dia em que pintei a água da cidade. Verde-paris? Permanganato de potássio? O resultado foi azul. Um azul de metileno que sei bem quanto azul é. Alguém disse que aquele pacote de quilo daria para pintar o mar. Veneno? A água do reservatório e a dos encanamentos, esta eu sei, menino vi, sofrido: ficou perfeitamente azul.

A máquina mais complexa então, e a mais fascinante, era a locomotiva da Central. Chegava cada noite badalando, apitando iluminada, pistoneando, bufando, cuspindo fogo e fumaça; partia no outro dia de manhã, engalanada. Ah! viajar de trem. Entretanto ele jorrava todo dia uma multidão de gente e, ávido, engolia outra maior, no dia seguinte. Eram os meus que iam ser baianos na vida, como eu.

Anos meus desaflitos aqueles. Desensofridos, desinfelizes, em que eu era igualzinho a mim e me sabia. Hoje, quem sabe de mim? Metade tenho refeita de madeira, meio peito com um braço, o direito, e a cabeça inteira. Eu sou resto. Do mais sabe Jesse que me desfez e refez, tirando peças insubstituíveis da criação perfeita e inumerável que eu exemplificava.

Antes disso, muito antes, andei vestido em outros couros, ocupado em outros trabalhos. Uns inenarráveis, como a viagem dentro da caçarola sideral em que naveguei entre estrelas com Oscar e Heron. Ali, na escuridão do fundo da panela plana e imensa, de ferro fundido, caçávamos e éramos caçados. Procurávamos os homens sem coração para sangrá-los, mas com muito medo deles, que nos podiam sangrar também. E com muito cuidado para não ferir os homens com coração. Nosso pavor maior, entretanto, era a esfera da memória que voava sobre nossas cabeças, dizia Oscar. Precisávamos saber onde estava para não a ver. Quem a olha apaga na mente toda lembrança.

Outros casos muitos, sei, mais narráveis. Ou seriam, se valessem a pena. Uns e outros tão verossímeis, agora, como toda matéria de memória. Nisso se confundem. Uma jaqueira ao luar, último pouso dos seresteiros da noite naquela cidade minha. Um homem que pedala num órgão o ofício fúnebre de Couperin e faz surgir do chão tripeças de esquifes, pobres e ricos. Ambos são igualmente consistentes como matéria de memória. A jaqueira existiu, é certo, mas já não há, senão no meu peito. O homem, aquele que não há, sou eu. Ambos subsistem iguais na lembrança, são esquecimentos preteridos. Quem sabe deles sou eu, e eu não sei nada.

Mas nada disso vem ao caso. O importante aqui, agora, é lembrar como cheguei a ver o Avá que era Bororo e se chamava Tiago. Assim o conheci. Vi-o uma vez, emplumando os ossinhos da filha morta de bexiga. Estava muito consolado, declinando, no compasso certo, uma ladainha em latim. Anacã, ao contrário, nada tinha com funerais, nem era Bororo, mas Caapor. Companheirão muito querido. Era baixinho, gordo, risonho. O mais parecido com um intelectual que eu encontrei num índio.

De tudo dava notícias, querendo saber mais: — E Uruantã, meu trisavô, você conheceu? Você viu? Onde foi? Quando o vi pela primeira vez eu procurava, no meio daquela indiada que só falava tupi, quem estava gritando:

— Ó quêi bói. Ó ráit maic.

Havia aprendido aqueles berros com uns gringos que andaram filmando por lá. Ficamos amigos. Tanto que um dia, num gesto de ternura, me deu seu sangue. Foi assim: eu estava deitado na rede, olhando aquela gente viver sua vidinha de todo dia, pensando e escrevendo, concentrado. Ele estava do outro lado da casa, deitado com a mulher na rede. Ela lhe fazia cafuné, catava piolhos e os estralava nos dentes. De lá Anacã me gritou:

— Ê saé, ne é apiay eté.

Eu disse que era verdade, que era assim. Estava mesmo muito triste. Conversamos: ele de lá, eu de cá. Ele dizia que eu parecia estar ali na casa com eles, mas não. Estava longe, muito longe. Provavelmente com minha mulher... Pouco depois veio deitar-se comigo, trazendo nos dedos bem juntinhos de sua mão canhota uma meia dúzia dos seus piolhos mais gordos, que aninhou na minha cabeça carinhosamente.

— É pra mulher catar.

Um amigão, Anacã. Tantas lembranças tenho dele. Entre outras, o vejo rabiscando meu caderno para fazer de conta que escrevia: queria impressionar os parentes. Melhor ainda foi quando, depois de meses de isolamento, me chegou a última carga e nela o Quixote. Agarrei o livro, me deitei na rede e comecei a ler e a gargalhar, como louco, devolvendo-me a mim. Quando pus o livro no chão, ele pulou dentro da rede, agarrou o livro, abriu e começou a gargalhar também. Para Anacã, aquilo era uma máquina de rir.

Aqueles meses de convívio inelutável da maloca quase me enlouqueceram. Só na prisão das quatro paredes me senti assim contido e constrangido. Condicionados a viver em casas com muros e portas para nos isolar, para nos esconder, não suportamos aquela comunicação índia sem fim, de dia e de noite, vivendo sempre uma vida totalmente comungante. Eu às vezes fugia para me procurar pelos matos. O grave é que me danava, quando via que mandavam os meninos atrás de mim, temendo que me perdesse. Ó tempos meus longínquos aqueles em que eu me exercia como gente, aprendendo a viver a existência dos outros, mas sentindo-me irremediavelmente atado e atolado no fundo de mim.

Ali senti, pela primeira vez, o duplo gosto terrível do medo e do desejo de morrer. Um homem pálido, infeliz, órfão de seu filho único, se declarou inharon. Todos fugiram me arrastando com eles para deixar o raivoso sozinho na aldeia. Ele podia pôr fogo nas casas se quisesse; matar os cachorros; cortar os punhos das redes; arrombar os camucins e fazer toda estrepolia que precisasse até se acalmar. Pateava e esturrava no pátio, com o arco e a fecha à mão, pronto para atirar. Furioso como o guerreiro na hora de sangrar o inimigo odioso.

Eu, idiota irreparável, irresponsável sem remédio, quis ver a cara dele. Fugi e fui me acercando devagar, com muitíssimo cuidado, por trás das casas. Quando saí no pátio, ao lado de uma casa, para olhar, dei de cara com o inharon. Estatelei! Ele também! Ficamos ali, um segundo ou um século, não sei, nos olhando incandescidos. Quando me voltou o ânimo espavorido, me virei de costas e saí andando passo a passo, devagar, muitíssimo devagar, esperando o coice da flechada nas costas e desejando e temendo que viesse. É agora, pensava e dava um passo. Não foi agora, mas agora será. E dava outro passo. Nada! Andei assim, passo a passo, flechada a flechada, esperando, esperando, até chegar ao fim da casa. Aí desembestei entre duas casas e saí correndo para o meio do mato.

Parei a uns 100 metros, apavorado com o silêncio do inharon. Teria eu desmoralizado totalmente o infeliz com minha burra curiosidade de querer ver o ódio feroz de um índio desesperado? Afinal me reconciliei comigo ao ouvir o esturro forte com que ele retomava o seu papel de furioso.

A fúria assassina dele, que a todos apavorava, a loucura feroz do inharon que um homem só pode exercer uma vez na vida, era uma fúria com regra. Era uma loucura lá deles. Não se aplicava a mim. Assim entendemos ambos, eu e ele, suponho.

Mas não aprendi. Continuo pela vida afora querendo ver furiosos, cara a cara. Creio que só para depois sair correndo apavorado.

Quando tive, eu mesmo, que ficar furioso uma vez, me controlei e quase sufoquei tomado da tristeza mais vil. Mas quando me veio a hora do medo, do medo derradeiro, do medo feroz de saber, afinal, com certeza certa que sou mortal e que viverei, doravante, de mãos dadas com a minha morte; então, só então, percebi que urgente é viver. Estou aprendendo.

Que dizer? Que calar, da golfada de amor? Corpo e alma de tantas santanas que escorrem de meus recordos. Quantas foram? Quantas serão? Dez, uma, nenhuma? Ó longos breves enganos que salgam a carne da vida. Salve.

Gratia plena. Ave.

Um dia disse que seria imperador, para pasmo dos meus súditos. Não supunham sequer, os inocentes, que o meu reisado é o do divino, na antiga Capela do Rosário.

Minas, aquela, há ainda ó Carlos e haverá, enquanto eu houver. É um território da memória que eu vou recuperar, se o tempo der. Ali luzem, eu vi, barrocos profetas vociferantes. Entre eles um me fala sem pausa nem termo. É o da boca queimada pela palavra de Deus: Isaías.

Ó feros fogos que não me queimam. Quisera o fogo inteiro da verdade toda, eu que só conheci brasas fumegantes e o gosto de fel diluído no mar.

Que mais quisera, implacável, esse meu pobre coração insaciável? A beleza, talvez, se fosse um exercício livre, inocente, aberto. Impossível?

Também e principalmente quisera a glória — como o oxim. A glória de ficar depois de mim, por muito tempo, cavalgando na memória dos netos do filho que nunca tive. Permanecer. Mas como? Não sei. O que sei é da minha inveja enorme das vidas na morte dos meus dois amigos amados e apagados: Ernesto e Salvador.

Ai vida que se esvai distraída, entre os dedos da hora, tirando da mão até a memória do tato dos meus idos. Só persistimos, se tanto, na usura da memória alheia, à véspera do longo esquecimento."

Epílogo

Vivo e trabalho urgido por um nervo ético, movido por um furor criativo, e ativado por tal ambição de fazimento que não tenho sossego. Esta minha servidão cansa muito, é verdade, mas dá uma satisfação que nenhum lazer supera.

Meus defeitos ou qualidades maiores, não sei bem, são esta alegria brincalhona que me tira do sério e uma obsessão irresistível por variar. Tantas peles encarnei na vida que não pude realizar-me plenamente em nenhuma delas. Fui, sou, etnólogo de campo, indigenista militante, antropólogo teórico, educador apaixonado pelo ensino público básico, e também criador e reformador de universidades. Acresce a isto os ofícios de ensaísta crítico e de romancista confessional, além de ex-revolucionário e militante e político reformista. Que mais?

Esta exagerada variação de rumos e gêneros não é recomendável a ninguém, bem sei, e à minha biografia não terá sido proveitosa. Mas a verdade é que diverte muito mais. Afinal, vivemos não só para servir, mas também e principalmente para viver, e é nisto que mais quisera me esbaldar.

Confesso aqui, meio vexado, que me doeram demais as duas derrotas feias que sofri quando perdi a eleição para governador do Estado do Rio de Janeiro em 1986; e também a de Brizola, para a presidência em 1989. Tive 2,4 milhões de votos. A mim me faltaram uns 500 mil para ganhar, a Brizola, menos ainda, para ir ao segundo turno. Que é que tantíssimos eleitores estavam fazendo que não nos viram, não nos amaram e até nos rejeitaram? Sei lá. Apenas sei, de ciência certa, e confirmei ali, que os fatos são teimosos. Só disse: as urnas falaram, eu me calo; mas fiquei com uma suspeita funda de que fui logrado.

O objetivo da política, segundo os melhores mestres, é alcançar o bem comum pela única via praticável que é atendendo a vontade geral, expressa através de eleições livres. Como contestar? Não contesto, mas alego que isto vale é para longos prazos e muitas eleições sucessivas, em que se vá pondo debaixo do controle das leis as forças do suborno, do engodo e da falsificação eleitoral.

Foi a pior trombada que eu levei na vida. Vi, entretanto, que como as demais, poucas, era absorvível. Mesmo porque as coisas, uma vez ocorridas, são inevitáveis. E não me esqueço nunca de que há também as alegrias, não poucas, do amor, das vivências, das aventuras que também chovem na gente. Graças!

Esta é a conta dos meus feitos e malfeitos: dicas, escrituras, fazimentos. Não é pouco. Podia é ser muito mais, não fossem tantas as borrascas que me caíram em cima e tantos os freios de que tive de livrar-me. Relevei, mesmo porque temo e suspeito que as coisas importantes de minha vida estão por vir, são as que hei de fazer, me ajude.

Rio de Janeiro, setembro de 1990

Cronologia de vida e obra

1922
Nasce em 26 de outubro de 1922, em Montes Claros, Minas Gerais. Filho da professora Josefina Augusta da Silveira Ribeiro e do farmacêutico Reginaldo Ribeiro dos Santos, tradicional família da região. É o segundo no meio de três filhos do casal. Mestra Fininha, apelido de sua mãe, é o nome de uma das principais avenidas da cidade.

1925
Falecimento do pai aos 3 anos. Mais tarde viu na falta da autoridade paterna um ganho: "Fui feito dessa ausência e de outra, que é não ter filhos. Como não fui domesticado e não domestiquei ninguém, fiquei com um espaço de liberdade que poucos têm."

Muda-se com a família para a casa dos avós maternos, também em Montes Claros.

Realiza os primeiros estudos no Grupo Escolar Gonçalves Chaves e no Ginásio Episcopal de Montes Claros.

Apaixona-se por Juju, menina de sua idade. Ao vê-la na igreja, comungando, ajoelhou-se ao lado e comungou sem ter feito a primeira comunhão, ganhando com isso uma surra da mãe.

1933
É uma criança esperta, curiosa e travessa. Joga um pacote de azul de metileno na caixa-d'água da cidade ao ficar sabendo, pelo tio, que aquilo daria para pintar o oceano Atlântico, ganhando com isso outra surra da mãe.

1934
Torna-se coroinha da igreja. Encarregado de tocar o sino com apenas uma badalada no sino grande e outra no pequeno, deu diversas badaladas no grande, assustando a cidade, que pensou que era um incêndio. Aí teve a carreira de coroinha encerrada.

1936
Dá-se uma mudança de hábito, passa a ler compulsivamente e devora a biblioteca do tio Plínio. Lê muitos livros, romances, as obras de Allan Kardec, com as quais fica impressionado.

1937
Apaixona-se e mantém um caso com Almerinda, a prostituta mais cotada da cidade. Tal relação, segundo ele, "teve um efeito enorme sobre mim. Fez-me sentir homem feito".

1939
Muda-se para Belo Horizonte e ingressa na Faculdade de Medicina, mas não se sente vocacionado e abandona o curso no 4º ano. Convive com Fernando Sabino, Paulo Mendes Campos e Hélio Pelegrino, de quem foi colega na faculdade.

1942
Escreve o romance *Lapa grande*, que chegou a ser enviado para um concurso da Editora José Olympio. Mas foi rejeitado e segundo ele mesmo "felizmente nunca foi publicado".

Lê o livro *A origem da família, da propriedade privada e do Estado*, de Friedrich Engels. O primeiro livro que leu "com o olho e com o sovaco".

1943
Em contato com o sociólogo Donald Pierson, diretor da Escola de Sociologia e Política de São Paulo, ganha uma bolsa de estudos e realiza o curso de Ciências Sociais. Mantém contatos com o antropólogo Claude Lévi-Strauss e participa de um grupo de estudantes "comunistas".

1947
Concluído o curso, passa a trabalhar, como etnólogo, no Serviço de Proteção ao Índio (SPI), junto com Rondon, realizando pesquisa de campo com os índios do Pantanal e da Amazônia. Permaneceu no SPI até 1956.

1948
Casa-se com Berta Gleizer Ribeiro, também antropóloga, etnóloga, museóloga, e vão para Mato Grosso trabalhar como pesquisadores entre os índios.

1950
Publica seu primeiro livro — *Religião da mitologia Kadiwéu* —, que recebeu o prêmio Fábio Prado, da União de Literatura de São Paulo. O livro foi reeditado em 1970 com o título *Kadiwéu: ensaios etnológicos sobre o saber, o azar e a beleza*.

1952
Promovido a diretor da Seção de Estudos do SPI, passa a viver dez anos alternadamente entre os índios e no Rio de Janeiro, trabalhando junto com os irmãos Villas-Bôas.

1953
Cria o Museu do Índio, no Rio de Janeiro, reconhecido pela Organização das Nações Unidas para a Educação, Ciência e Cultura (Unesco), como o

primeiro no mundo contra o preconceito e com o objetivo de difundir a cultura indígena.

Ingressa na Escola Brasileira de Administração Pública (EBAP) da Fundação Getúlio Vargas (FGV) como professor e passa a lecionar Etnologia brasileira.

1954
Afasta-se da militância comunista, aproxima-se do trabalhismo e do governo de Getúlio Vargas.

Viaja para Genebra, a convite da Organização Internacional do Trabalho (OIT) e elabora um estudo, em convênio com a Unesco, sobre o impacto da civilização sobre os índios para a edição de um manual sobre os povos indígenas de todo o mundo.

1955
Formula, junto com os irmãos Orlando e Claudio Villas-Bôas, a criação do Parque Indígena do Xingu.

Leciona Etnologia e Língua Tupi-Guarani na Faculdade Nacional de Filosofia, da Universidade do Brasil (atual UFRJ), onde organizou o primeiro curso de pós-graduação em Antropologia.

Com a eleição de Juscelino Kubitschek para presidente, é convidado a participar da elaboração do plano educacional do novo governo, junto com Anísio Teixeira.

1956
Lidera a campanha nacional pela escola pública durante o governo de Juscelino Kubitschek.

1957
Nomeado por Anísio Teixeira como diretor da Divisão de Estudos Sociais do Centro Brasileiro de Pesquisas Educacionais (CBPE) e cria a *Revista de educação e ciências sociais*.

Publica *Arte plumária dos índios Kaapor*, em coautoria com sua esposa Berta Ribeiro.

Publica *Culturas e línguas indígenas do Brasil*.

1958
Profere discurso solene no sepultamento do marechal Rondon: "Nenhum de nós, ninguém, pode substituir-vos. Mas talvez mil reunidos sob o patrocínio do vosso nome possam tornar menos gritante o grande vazio criado com a vossa morte."

1959
Eleito presidente da Associação Brasileira de Antropologia.

Nomeado por decreto pelo presidente Juscelino Kubitschek para planejar, junto com Anísio Teixeira e membros da Sociedade Brasileira para o Progresso da Ciência (SBPC), a Universidade de Brasília.

1961
Inaugura o Parque Indígena do Xingu, sob a direção dos irmãos Villas-Bôas.

1962
Nomeado primeiro reitor da Universidade de Brasília, tendo Anísio Teixeira como vice-reitor.

Publica, em forma de livro, o *Plano orientador da Universidade de Brasília*.

Publica *A política indigenista brasileira*.

Assume, em agosto, o cargo de ministro da Educação e Cultura na gestão do presidente João Goulart. Cria o Fundo Nacional de Ensino e determina a aplicação de 12% da receita da União para o ensino.

1963
Nomeado chefe do Gabinete Civil da presidência da República no governo de João Goulart, apresenta o plano de reformas de base, acirrando o ambiente político.

1964
Monta um esquema de resistência ao golpe militar, em 31 de março, mas não encontra apoio suficiente. Último membro do Governo a deixar o Palácio do Planalto, consegue, com ajuda do deputado Rubens Paiva, um pequeno avião Cessna e, junto com Waldir Pires, consultor-geral da República, foge para o Uruguai, onde obtém asilo político.

Perde os direitos políticos em abril, com o Ato Institucional nº 1, junto com a demissão dos cargos de professor da Universidade do Brasil e de etnólogo do SPI.

Contratado como professor da Faculdade de Humanidades e Ciências da Universidad de la República, em Montevidéu.

Esboça a obra *Estudos de antropologia da civilização*, em cinco volumes.

1965
Colabora com textos publicados nas revistas *Marcha* e *Cuadernos de Marcha*, dirigidas por Carlos Quijano. Mantém contatos com o jornalista e escritor Eduardo Galeano.

Prepara o primeiro esboço do romance *Maíra*.

1966
Com passaporte uruguaio, viaja pela Europa, Rússia e Cuba, onde mantém encontros com Fidel Casto e Che Guevara. "Sempre me lembrarei dessa conversa com Che Guevara. Ele era suave e duro como ninguém. Eu me desmanchando, palavroso em argumentações."

Dirige, no âmbito da universidade e fora dela, o Seminário de Política Cultural Autônoma para a América Latina, em colaboração com Ángel Rama.

1967

Organiza o Seminário sobre Estruturas Universitárias, envolvendo representantes de diferentes áreas da Universidad de la República, que resultou numa publicação em dois volumes: *La estructura de la Universidad a la hora del cambio*.

1968

Organiza, junto com Ángel Rama, a *Enciclopédia Uruguaya*, em fascículos e vendida em bancas de jornal. Mas seu nome não aparece no expediente devido à condição de exilado político.

Regressa ao Brasil, em outubro, após absolvição pelo Supremo Tribunal Federal (STF), mas é preso logo após a edição do AI-5, em dezembro, e encarcerado por 9 meses.

Publica *O processo civilizatório: etapas da evolução sociocultural*.

1969

A Universidade de Columbia, dentre outras dos EUA, convida Darcy para lecionar e realiza gestões levando o problema para a Associação Internacional de Universidades e a União de Universidades da América Latina no sentido de libertá-lo da prisão.

É transferido para a prisão na Ilha das Cobras, sob os cuidados da Marinha. Devido ao fato de ter recebido a Ordem do Mérito Naval em grau de grã-cavalheiro, tem direito à "prisão de almirante" numa cela bem mais confortável.

Prepara a segunda versão do romance *Maíra*.

Absolvido e solto em setembro num julgamento conduzido pela Auditoria da Marinha. Porém, com a discordância do Exército, foi obrigado a deixar o país, retornando ao exílio, agora na Venezuela.

Contratado pela Universidad Central de Venezuela (UCV) como professor de antropologia e encarregado de dirigir um seminário de renovação da UCV. Em seguida, leciona na Universidade de Mérida e mantém diversos contatos com o *métier* intelectual de Caracas.

Publica *As Américas e a civilização: processo de formação e causas do desenvolvimento cultural desigual dos povos americanos.*

Publica *Os índios e a civilização: a integração das populações indígenas no Brasil moderno.*

Publica *A universidade necessária.*

Publica *Propuestas: Acerca de la renovación,* em Caracas.

1970
Publica *Os índios e a civilização.*

1971
Convidado por seu amigo, o presidente Salvador Allende, muda-se para o Chile e ocupa o cargo de assessor especial, realizando diversas atividades, como a redação dos discursos do presidente.

1972
Ministra aulas na Universidade do Chile.

Publica *Os brasileiros: 1. Teoria do Brasil.*

Publica *Université des Sciences Humaines d'Alger.*

1973
O presidente do México, Luís Echeverria, suspeitando que ele corria risco de vida no Chile, designa o escritor Juan Rulfo para ir até Santiago buscá-lo e não o encontra. O presidente do Peru, Velasco Alvarado, antecipou-se enviando o sociólogo Carlos Delgado para convidá-lo a "ajudar a pensar a revolução peruana".

Muda-se para o Peru, onde passa a assessorar o presidente Velasco Alvarado.

Participa da criação do Centro de Estudos de Participação Popular, patrocinado pela ONU, junto com o matemático Oscar Varsavsky, inventor da simulação computacional. Dá-se a criação do que Darcy chamou de "socialismo cibernético".

Recebe encomenda do jornal venezuelano *El Nacional*, na comemoração do seu trigésimo aniversário, para escrever os prognósticos e reflexões sobre os próximos trinta anos e publica o ensaio "Venutopias 2003", republicado em outros veículos e no livro *Ensaios insólitos*.

1974
Separa-se da esposa Berta Gleizer Ribeiro.

Viaja a passeio para Portugal, quando descobre um câncer no pulmão e transfere-se para Paris, onde lhe é sugerida uma cirurgia, que é recusada.

Obtém licença do governo brasileiro para se submeter a uma cirurgia no Rio de Janeiro, onde foi extirpado o câncer pulmonar.

Publica *La Universidad Peruana*.

1975
No Rio de Janeiro, enquanto se recuperava da cirurgia, foi entrevistado pelo escritor João Antônio, cuja matéria "Olá, professor. Há quanto tempo!", publicada no jornal *Ex*, concorreu ao Prêmio Esso de Jornalismo.

Os militares, vendo que já estava recuperado da cirurgia, aumentam as pressões para que deixe o país.

Retorna ao Peru e encontra o presidente Alvarado doente e seus planos de governo desativados.

Elabora estudos de modernização para as universidades do México e Costa Rica. Torna-se, como disse, "sapateiro remendão" de universidades.

Publica *Configurações histórico-culturais dos povos americanos*.

1976

Retorna definitivamente ao Brasil e fixa residência no Rio de Janeiro.

Publica o romance *Maíra*.

Publica *Uirá sai à procura de Deus: ensaios de etnologia e indigenismo*.

1977

Entrevistado por Clarice Lispector para a revista *Fatos & Fotos*, de 14 de março de 1977, declara que "só os romancistas são intelectuais... Agora, como romancista, posso dar palpite em qualquer coisa".

Participa da 29ª Reunião Anual da SBPC, em São Paulo, onde faz uma análise crítica ao Movimento Brasileiro de Alfabetização (Mobral). Sua palestra "Sobre o óbvio", após transcrita, constitui-se num de seus mais belos ensaios, que encabeçou a coletânea *Ensaios insólitos* (1979).

1978

Passa a viver com a arquiteta Claudia Zarvos, 33 anos mais nova que ele.

Convidado pela Universidad Autónoma de México (UNAM), para gravar um disco (long-play) — *Voz Viva de América Latina* —, um projeto de memória e fixação da voz de grandes personalidades da região.

Participa do Ato de Protesto, numa concorrida palestra no Teatro da PUC de São Paulo, contra o projeto Emancipação dos Povos Indígenas, proposto pelo Ministério do Interior.

Entrevistado por seu amigo, o cineasta Glauber Rocha, num táxi no Rio de Janeiro. A "inusitada entrevista" foi publicada na *Folha de S. Paulo*, em 29 de julho de 1978.

Publica *UnB: invenção e descaminho*.

Publica *O dilema da América Latina: estruturas de poder e forças insurgentes*.

1979

Com a promulgação da Anistia, é reintegrado no Instituto de Filosofia e Ciências Sociais da Universidade Federal do Rio de Janeiro (UFRJ), assumindo a diretoria-adjunta do Programa de Pós-Graduação em Ciências Sociais.

Inicia, junto com Leonel Brizola, articulações para a reorganização do PTB – Partido Trabalhista Brasileiro.

Recebe o título de doutor *honoris causa* na Universidade de Sorbonne, em Paris.

Eleito membro do conselho diretor da Faculdade Latino-Americana de Ciências Sociais (FLACSO).

Publica *Ensaios insólitos*.

1980

Ivete Vargas ganha o direito de usar a sigla PTB. Brizola e Darcy fundam o PDT – Partido Democrático Trabalhista.

Participa do 4º Tribunal Bertrand Russell, na Holanda, sobre crimes cometidos contra índios na América Latina e faz uma análise crítica da Fundação Nacional do Índio (Funai).

1981

Publica o romance *O mulo*.

Profere discurso comovente no sepultamento de seu amigo Glauber Rocha.

1982

Elege-se vice-governador do Rio de Janeiro na chapa de Leonel Brizola pelo PDT. Acumula o cargo com o de secretário de Ciência e Cultura.

Inicia a construção dos Centros Integrados de Educação Pública (CIEPs) e entrega 127 unidades ao fim da gestão.

Publica o romance *Utopia selvagem*.

1984

Inaugura o Sambódromo, termo cunhado por ele mesmo, no Rio de Janeiro.

Cria a Biblioteca Pública Estadual do Rio de Janeiro.

Cria a Casa de Cultura Laura Alvim e apoia a criação da Casa França-Brasil, visando o intercâmbio cultural.

Publica *Nossa escola é uma calamidade*.

1985

Publica *Aos trancos e barrancos: como o Brasil deu no que deu*, uma narrativa cronológica das mazelas da história do Brasil. Um livro bem recebido pelo público adolescente e infantojuvenil.

1986

É reintegrado como pesquisador sênior do Conselho Nacional de Desenvolvimento Científico e Tecnológico (CNPq).

Candidato ao governo do Rio de Janeiro pelo PDT, é derrotado por Wellington Moreira Franco.

Publica *América Latina: a pátria grande*.

Publica os três volumes de *Suma etnológica brasileira*, em colaboração com Berta G. Ribeiro.

Publica *O livro dos CIEPs*.

1987

Convidado, em maio, pelo governador de Minas Gerais, Newton Cardoso, assume a Secretaria Extraordinária de Desenvolvimento Social, com a finalidade de implantar os CIEPs no Estado. Em setembro demite-se do cargo, alegando o desinteresse do governo no projeto.

O nome oficial do Sambódromo do Rio de Janeiro passa a ser Passarela Professor Darcy Ribeiro.

Convidado pelo governador de São Paulo, Orestes Quércia, fica responsável pelo projeto cultural do Memorial da América Latina; projeta o Pavilhão da Criatividade e define o acervo da Biblioteca do Memorial.

1988
Inaugura o Memorial dos Povos Indígenas, projetado por Oscar Niemayer, no eixo monumental de Brasília.

Publica o romance autobiográfico *Migo*.

1989
Participa da inauguração do Memorial da América Latina e apresenta sua obra, o Pavilhão da Criatividade, o local mais visitado do Memorial, que atualmente leva seu nome, e a biblioteca.

Condecorado pelo presidente Fidel Castro com a medalha Haydée Santamaría, concedida pela Casa de las Américas, em comemoração aos trinta anos da Revolução Cubana.

1990
Elege-se senador pelo PDT, no Rio de Janeiro, o único mandato legislativo em sua vida política.

Elabora a lei de tombamento de 98 km de belas praias e encostas, além de mais de mil casas e sobrados do Rio antigo.

Publica *O Brasil como problema*.

Publica o livro autobiográfico *Testemunho*.

1991
Licencia-se do Senado, em setembro, e assume a Secretaria Extraordinária de Programas Especiais do Estado do Rio de Janeiro, no governo Leonel Brizola, a fim de retomar a implantação dos CIEPs e coordenar a criação da Universidade Estadual do Norte Fluminense (UENF), em Campos dos Goytacazes.

Recebe o título de doutor *honoris causa* pela Universidade de Copenhague, na Dinamarca.

Retorna ao Senado e inicia a publicação da *Revista Carta: falas, reflexões, memórias*, periódico de cultura editado pelo seu Gabinete no Senado.

Apresenta projeto de lei sobre transplantes de órgãos, segundo o qual todos aqueles que, em vida, não registrassem legalmente a sua condição de não doadores de órgãos seriam considerados potenciais doadores após a morte.

1992

No Senado, vota a favor do impeachment do presidente Collor.

Publica *A fundação do Brasil: 1500-1700*, em colaboração com Carlos de Araújo Moreira Neto.

1993

Empossado na Academia Brasileira de Letras. Vaidoso confesso, discursou: "Estou certo de que alguém, neste resto de século, falará de mim, lendo uma página, página e meia. Os seguintes menos e menos. Só espero que nenhum falte ao sacro dever de enunciar meu nome. Nisto consistirá minha imortalidade."

Publica *Universidade do terceiro milênio: plano orientador da Universidade Estadual do Norte Fluminense*.

1994

Funda a UENF.

Convidado pelo Ministério da Cultura, participa da Feira Internacional do Livro, em Frankfurt.

Participa das eleições presidenciais de 1994, como vice-presidente de Leonel Brizola, quando Fernando Henrique Cardoso vence no primeiro turno.

Em dezembro, é surpreendido por outro câncer na próstata; é internado no Hospital Samaritano.

Publica *Noções de coisas*.

1995

O campus da Universidade de Brasília (UnB) passa a se chamar campus Universitário Darcy Ribeiro.

Foge do hospital, com ajuda de amigos, e fica em sua casa, em Maricá. Justifica a fuga pela necessidade de concluir *O povo brasileiro: a formação e o sentido do Brasil*, seu livro mais conhecido e visto como sua obra-prima.

Em outubro, no aniversário de 73 anos foi surpreendido com uma grande festa num casarão do Jardim Botânico, promovida por 60 mulheres, ex--esposas, ex-amantes, ex-namoradas e amigas.

Publica *O povo brasileiro: a formação e o sentido do Brasil*. Último volume da obra *Estudos de antropologia da civilização*.

1996

Envolve-se com os projetos da Universidade Aberta do Brasil e da Escola Normal Superior.

Cria a Fundação Darcy Ribeiro, no Rio de Janeiro.

No Senado prioriza a educação e consegue aprovar a nova Lei de Diretrizes e Bases da Educação Nacional (LDB, Lei 9.394/96). Em sua homenagem, foi batizada de Lei Darcy Ribeiro.

Recebe o almejado Prêmio Anísio Teixeira, concedido pela presidência da República às pessoas destacadas na área educacional.

Recebe o Prêmio Interamericano de Educação Andrés Bello, concedido pela Organização dos Estados Americanos (OEA).

Publica *Diários índios*, uma narração da sua convivência com os indígenas, dedicado à sua primeira esposa, também antropóloga, Berta Ribeiro.

Recebe o Prêmio Sergio Buarque de Holanda, concedido pela Biblioteca Nacional, pela publicação do livro *Diários índios*.

Mantém coluna semanal no jornal *Folha de S. Paulo*.

1997

Recebe o título de "Homem de Ideias", concedido pelo *Jornal do Brasil*.

Publica *Gentidades*.

Encaminha a publicação do ensaio autobiográfico *Confissões*, seu último livro, que escreveu "com medo-pânico de morrer antes de dizer a que vim". Mas não chegou a vê-lo publicado.

Recebe a extrema-unção do frei Leonardo Boff, solicitada pelo próprio Darcy: "Boff, quero ter uma conversa metafísica. Quero discutir com você o tema da morte, porque estou enfrentando a morte, o meu último grande desafio."

Falece em 17 de fevereiro. Seu corpo foi velado no Salão Negro do Congresso Nacional, na Academia Brasileira de Letras (ABL) e sepultado no Mausoléu da ABL, no cemitério de São João Batista, no Rio de Janeiro.

Pós-morte

1998

A Câmara dos Deputados institui o Prêmio Darcy Ribeiro, comenda anual com diploma e medalha concedida a 3 personalidades destacadas na defesa e promoção da educação.

Publicação de *América Latina Nação*, coletânea prefaciada por Fernando Gasparian, organizada por José Domingos de Brito e publicada pelo Parlamento Latino-americano.

Publicação póstuma de *Eros e Tanatos: a poesia de Darcy Ribeiro*.

2001
A UENF passa a se chamar Universidade Estadual do Norte Fluminense Darcy Ribeiro.

Publicação da biografia *Darcy Ribeiro: um sociólogo indisciplinado*, realizada por Helena Bomeny e lançada pela Editora UFMG.

2005
Publicação da biografia *Darcy Ribeiro: nomes que honram o Senado*, realizada por Toninho Vaz e lançada pela Editora do Senado.

Agraciado *in memoriam* com a comenda da Ordem do Mérito Cultural, concedida pela presidência da República.

2007
Publicação de *Encontros: Darcy Ribeiro*, organizado por Guilherme Zarvos e publicado pela Azougue Editorial.

2010
Inauguração do Memorial Darcy Ribeiro, no campus da Universidade de Brasília, que recebeu o apelido de Beijódromo, dado pelo próprio Darcy.

2011
Publicação de *Inventários dos arquivos pessoais de Darcy e Berta Ribeiro*.

2014
Lançamento, pela TV Brasil, do documentário *O Brasil de Darcy Ribeiro*, em cinco episódios, dirigido por Ana Maria Magalhães.

2015
Publicação póstuma do livro *O Brasil como problema*, lançado pela Global Editora.

2018
Publicação de *Educação como prioridade*. Organização e prefácio de Lúcia Velloso Maurício, lançado pela Global Editora.

2020
A Escola de Samba Império da Uva desfila com o tema-enredo *Darcy Ribeiro – O Homem muito além do seu tempo!*

2022
Comemoração do centenário de nascimento de Darcy Ribeiro.

Bibliografia essencial de Darcy Ribeiro

ESTUDOS DE ANTROPOLOGIA DA CIVILIZAÇÃO

O processo civilizatório: etapas da evolução sociocultural.
   Edição brasileira (1ª a 3ª): Civilização Brasileira, Rio de Janeiro, 1968/1975.
   Edição brasileira (4ª a 10ª): Vozes, Petrópolis, 1978/1987.
   Edição brasileira (1ª): Círculo do Livro, São Paulo, 1985.
   Edição brasileira (11ª): Companhia das Letras, São Paulo, 2000.
   Edição brasileira (1ª): Publifolha, São Paulo, 2000.
   Edição americana (1ª): Smithsonian Institution, Washington, 1968. Tradução e prefácio de Betty J. Meggers.
   Edição americana (2ª e 3ª): Harper and Row, Nova York, 1971/1981.
   Edição venezuelana (1ª a 4ª): EBUC, Caracas, 1970/1980. Tradução de Julio Rossielo.
   Edição argentina (1ª a 3ª): CEAL, Buenos Aires, 1971/1987.
   Edição alemã (1ª e 2ª): Suhrkamp Verlag, Frankfurt, 1971/1988. Tradução e epílogo de Heins R. Sonntag.
   Edição italiana (1ª): Feltrinelli, Milão, 1973. Tradução de Alberto Pescetto.
   Edição portuguesa (1ª): C.L.B., Lisboa, 1976.

Edição mexicana (1ª): Extemporaneos, Cidade do México, 1976.
Edição cubana: Escola de Ciências Sociais, Havana, 1992.

As Américas e a civilização: processo de formação e causas do desenvolvimento cultural desigual dos povos americanos
Edição brasileira (1ª): Civilização Brasileira, Rio de Janeiro, 1970.
Edição brasileira (2ª a 6ª): Vozes, Petrópolis, 1977/1986.
Edição brasileira (7ª): Global Editora, São Paulo, 2021.
Edição argentina (1ª): CEAL, Buenos Aires, 1969, 3 vols. Tradução de Renzo Pi Ugarte.
Edição argentina (2ª e 3ª): CEAL, Buenos Aires, 1971/1985.
Edição inglesa (1ª e 2ª): E.P. Dutton, Nova York, 1971/1986. Tradução de Barrett e Marie.
Edição italiana (1ª): Giulio Einaudi, Turim, 1973, 3 vols. Tradução de Alberto Pescetto.
Edição mexicana (1ª): Extemporaneos, Cidade do México, 1977.
Edição alemã (1ª): Suhrkarnp Verlag, Frankfurt, 1985. Tradução e epílogo de Manfred Wöhlcke.
Edição cubana: Casa de las Américas, Havana, 1992.
Edição venezuelana: Fundación Biblioteca Ayachucho, Caracas, 1993.

Os brasileiros: 1. Teoria do Brasil.
Edição brasileira (1ª): Paz e Terra, Rio de Janeiro, 1972.
Edição brasileira (2ª): Civilização Brasileira, Rio de Janeiro, 1975/1977.
Edição brasileira (3ª a 9ª): Vozes, Petrópolis, 1978/1987.
Edição uruguaia (1ª): Arca, Montevidéu, 1969. Tradução de Renzo Pi Ugarte.
Edição francesa (1ª): Les Éditions du Cerf, Paris, 1970.
Edição mexicana (1ª): Siglo XXI, Cidade do México, 1975/1987.
Edição argentina (1ª): CEAL, Buenos Aires, 1976.
Edição alemã (1ª): Suhrkamp Verlag, Frankfurt, 1981.

Os índios e a civilização: a integração das populações indígenas no Brasil moderno
   Edição brasileira (1ª): Civilização Brasileira, Rio de Janeiro, 1970.
   Edição brasileira (2ª a 5ª): Vozes, Petrópolis, 1977/1986.
   Edição brasileira (1ª): Círculo do Livro, São Paulo, 1985.
   Edição brasileira (6ª): Global Editora, São Paulo, 2017.
   Edição mexicana (1ª a 6ª): Siglo XXI, Cidade do México, 1971/1985. Tradução de Renzo Pi Ugarte.
   Edição italiana (1ª): Jaka Books, Milão. Tradução de Franco Realini.
   Edição francesa (1ª): UGE 10/18, Paris, 1978. Tradução de Christiane Bricot d'Ans, apresentação de André-Marcel d'Ans e prefácio de Robert Jaulin.

Configurações histórico-culturais dos povos americanos
   Edição brasileira (1ª e 2ª): Civilização Brasileira, Rio de Janeiro, 1975/1977.
   Edição brasileira (3ª): Vozes, 1977.
   Edição brasileira (4ª) Global Editora, São Paulo, 2016.
   Edição americana (1ª): University of Chicago Press, 1970.
   Edição cubana (1ª): Pensamiento Crítico, Havana, 1971.
   Edição uruguaia (1ª): CEL, Montevidéu, 1972.
   Edição mexicana (1ª): Sepsetenta, México, 1972.
   Edição mexicana (2ª): Siglo XXI, 1975.

O dilema da América Latina: estruturas de poder e forças insurgentes
   Edição brasileira (1ª a 5ª): Vozes, Petrópolis, 1978/1988.
   Edição mexicana (1ª a 4ª): Siglo XXI, Cidade do México, 1971/1984. Tradução de Renzo Pi Ugarte.
   Edição italiana (1ª): Il Saggiatore 11, Milão, 1973. Tradução de Mirella Malfatti.

O povo brasileiro: a formação e o sentido do Brasil
   Edição brasileira (1ª e 2ª): Companhia das Letras, São Paulo, 1995.
   Edição brasileira (3ª): Global Editora, São Paulo, 2015.
   Edição mexicana (1ª): Fondo de Cultura Económica, 1999.
   Edição americana (1ª) Florida University Press, 2000.

América Latina nação (coletânea de textos organizada por José Domingos de Brito e com transcrições de Míriam Xavier de Oliveira)
   Edição brasileira (1ª): Parlamento Latino-americano, São Paulo, 1998.

ESTUDOS DIVERSOS

Kadiwéu: ensaios etnológicos sobre o saber, o azar e a beleza
   Edição brasileira (1ª): CNPI, Rio de Janeiro, 1950.
   Edição brasileira (2ª): Vozes, Petrópolis, 1979/1980.
   Edição brasileira (3ª): Global Editora, São Paulo, 2019.
   Edição venezuelana (1ª): UCV, Caracas, 1970.

Arte plumária dos índios Kaapor (com Berta Gleizer Ribeiro)
   Edição brasileira (1ª): Civilização Brasileira, Rio de Janeiro, 1957.

Uirá sai à procura de Deus: ensaios de etnologia e indigenismo
   Edição brasileira (1ª e 2ª): Paz e Terra, Rio de Janeiro, 1976.
   Edição brasileira (4ª): Global Editora, São Paulo, 2016.
   Edição espanhola (1ª): Alfaguara, Madri, 1987.

Diários índios: os Urubu-Kaapor
   Edição brasileira (1ª): Companhia das Letras, São Paulo, 1996.
   Edição brasileira (2ª): Global Editora, São Paulo, 2020.

Ensaios insólitos (também publicado com o título *Sobre o óbvio*)
   Edição brasileira (1ª): L&PM, Porto Alegre, 1979.
   Edição brasileira (2ª): Guanabara, Rio de Janeiro, 1986.
   Edição brasileira (3ª): Global Editora, São Paulo, 2015.
   Edição alemã (1ª): Suhrkamp Verlag, Frankfurt, 1980. Tradução de Manfred-Wöhlcke.
   Edição argentina (1ª): Editora del Sol, Buenos Aires, 1986. Tradução de Osvaldo Pedroso.

Aos trancos e barrancos: como o Brasil deu no que deu.
   Edição brasileira (1ª a 3ª): Guanabara, Rio de Janeiro, 1985/1987.

América Latina: a pátria grande
   Edição brasileira (1ª): Guanabara, Rio de Janeiro, 1986.
   Edição brasileira (2ª): BBB Petrobras / Correios, Rio de Janeiro, 2014.
   Edição brasileira (3ª): Global Editora, São Paulo, 2017.
   Edição argelina (1ª): Mimeo, Argel, 1972.

Suma etnológica brasileira (em colaboração com Berta G. Ribeiro)
   Edição brasileira (1ª): Vozes. 3 vols. Petrópolis, 1986.

O Brasil como problema
   Edição brasileira (1ª): Siciliano, São Paulo, 1990.
   Edição brasileira (2ª): Francisco Alves, Rio de Janeiro, 1995.
   Edição brasileira (3ª): Global Editora, São Paulo, 2015.

A fundação do Brasil – 1500/1700 (em colaboração com Carlos de Araújo Moreira Neto)
   Edição brasileira (1ª): Vozes, Rio de Janeiro, 1992.
   Edição venezuelana (1ª): Fundación Biblioteca Ayacucho, Caracas, 1993. Tradução de Aldo Horacio Gamboa e Marcelo Montenegro.

Noções de coisas
   Edição brasileira (1ª e 2ª): FTD, São Paulo, 1994/1996 (com ilustrações de Ziraldo).
   Edição brasileira (3ª): Global Editora, São Paulo, 2014.

Gentidades
   Edição brasileira (1ª): L&PM, Porto Alegre, 1997.
   Edição brasileira (2ª): Global Editora, São Paulo, 2017.

ROMANCES E POESIA

Maíra
   Edição brasileira (1ª): Brasiliense, São Paulo, 1976.
   Edição brasileira (2ª a 9ª): Civilização Brasileira, Rio de Janeiro,1976.
   Edição brasileira (10ª a 18ª): Record, Rio de Janeiro, 1989.
   Edição brasileira (1ª): Círculo do Livro, São Paulo, 1980.
   Edição brasileira (19ª): Global Editora, São Paulo, 2014.
   Edição portuguesa (1ª): Dom Quixote, Lisboa, 1983.
   Edição italiana (1ª e 2ª): Feltrinelli, Milão, 1979/1989. Tradução de Daniela Feriori.
   Edição alemã (1ª): Steinhausen, Munique, 1980. Tradução de Heidrun Adler.
   Edição alemã (2ª e 3ª): Suhrkamp Verlag, Frankfurt, 1982/1989. Tradução de Heidrun Adler.
   Edição francesa (1ª e 2ª): Gallimard, Paris, 1980/1989. Tradução de Alice Raillard.
   Edição espanhola (1ª): Alfaguara, Madri, 1981. Tradução de Pablo del Barco.
   Edição mexicana (1ª): Nueva Imagen, México, 1983. Tradução de Pablo del Barco.
   Edição polonesa (1ª): Wydawnictwo, Cracóvia, 1983. Tradução de Helena Czajka.

Edição inglesa (1ª): Randon House, Nova York, 1984. Tradução de E.H. Goodland e Thomas Colchie.

Edição inglesa (1ª): Pan Books, Londres, 1985. Tradução de E.H. Goodland e Thomas Colchie.

Edição hebraica (1ª): Pecker Literary, Tel Aviv, 1988. Tradução de Miriam Tiure.

Edição húngara (1ª): Európa Könyvkiadó, Budapeste, 1989. Tradução de Barczy Istvan.

O mulo

Edição brasileira (1ª): Nova Fronteira, Rio de Janeiro, 1981.

Edição brasileira (2ª e 3ª): Record, Rio de Janeiro, 1987/1998.

Edição brasileira (4ª): Leitura, 2007.

Edição brasileira (1ª): Círculo do Livro, São Paulo, 1985.

Edição brasileira (5ª): Global Editora, São Paulo, 2014.

Edição italiana (1ª): Feltrinelli, Milão, 1983. Tradução de Daniela Feriori.

Edição espanhola (1ª): Alfaguara, Madri, 1987. Tradução de Pablo del Barco.

Edição alemã (1ª): Ammann, Zurique, 1990. Tradução de Curt Meyer-Classon.

Edição francesa (1ª): Gallimard, Paris, 1990. Tradução de Alice Raillard.

Utopia selvagem

Edição brasileira (1ª e 2ª): Nova Fronteira, Rio de Janeiro, 1982.

Edição brasileira (3ª): Record, Rio de Janeiro, 1986.

Edição brasileira (4ª): Global Editora, São Paulo, 2014.

Edição italiana (1ª): Feltrinelli, Milão, 1983. Tradução de Daniela Feriori.

Edição alemã (1ª): Suhrkamp Verlag, Frankfurt, 1986. Tradução de Maralde Meyer. Minneman.

Edição espanhola (1ª): Alfaguara, Madri. 1987. Tradução de Pablo del Barco.
Edição francesa (1ª): Gallimard, Paris, 1989. Tradução de Ana Maria Alencar.
Edição tcheca (1ª): Odeon, 1989.
Edição italiana (2ª): Negretto Editore, Roma, 2019. Tradução de Katia Zornetta.

Migo
Edição brasileira (1ª e 2ª): Guanabara, Rio de Janeiro, 1988/1989.
Edição brasileira (3ª): Global Editora, São Paulo, 2014.
Edição suíça (1ª): Ammann, Zurique, 1994.

Eros e Tanatos: a poesia de Darcy Ribeiro
Edição brasileira (1ª): Editora Record, Rio de Janeiro, 1998.

EDUCAÇÃO

Plano orientador da Universidade de Brasília
Edição brasileira (1ª): Editora UnB, 1962.

A universidade necessária
Edição brasileira (1ª a 4ª): Paz e Terra, 1969 /1985.
Edição argentina (1ª): Galerna, Buenos Aires, 1967.
Edição uruguaia (1ª): U.R., Montevidéu. Prefácio de Oscar J. Maggiolo.
Edição venezuelana (1ª): EBUC, Caracas, 1971.
Edição chilena (1ª): Editora Uni., Santiago do Chile, 1971.
Edição portuguesa (1ª): Estampa, Lisboa, 1975.
Edição mexicana (1ª): UNAM, México, 1987.

Propuestas – Acerca de la Renovación.
   Edição venezuelana (1ª): UCV, Caracas, 1970.

Université des Sciences Humaines D'Alger
   Edição argelina (1ª): Mimeo, Argel, 1972.

La Universidad Peruana
   Edição peruana (1ª): Editora del Centro, Lima, 1974.

UnB – invenção e descaminho
   Edição brasileira (1ª): Avenir, Rio de Janeiro, 1978.

Nossa escola é uma calamidade
   Edição brasileira (1ª): Salamandra, Rio de Janeiro, 1984.

O livro dos CIEPs
   Edição brasileira (1ª): Bloch Editores S.A., Rio de Janeiro, 1986.

Universidade do terceiro milênio: Plano Orientador da Universidade Estadual Norte Fluminense.
   Edição bilíngue português-inglês (1ª): Revista Universidade do Terceiro Milênio, vol. 1, nº 1, Rio de Janeiro, 1993.

Educação como prioridade
   Edição brasileira (1ª): Global Editora, São Paulo, 2018 (organização e seleção de Lúcia Velloso Maurício).

ESCRITOS AUTOBIOGRÁFICOS

Testemunho
   Edição brasileira (1ª a 3ª): Siciliano, São Paulo, 1990/1991.

Edição Brasileira (4ª): Apicuri/UnB, 2009, Rio de Janeiro e Brasília, 2009.
Edição brasileira (1ª, revista e ampliada): Record, Rio de Janeiro, 2022.

Confissões
Edição brasileira (1ª): Companhia das Letras, São Paulo, 1997.

Bibliografia constantemente atualizada em:
http://www.fundar.org.br

Este livro foi composto na tipografia
ITC Officina Sans Std, em corpo 11/16, e impresso
em papel off-white no Sistema Cameron da
Divisão Gráfica da Distribuidora Record.